데모스테네스 4

나남
nanam

한국연구재단 학술명저번역총서
서양편 456

데모스테네스 4

2025년 2월 25일 발행
2025년 2월 25일 1쇄

지은이 데모스테네스
옮긴이 최자영
발행자 趙相浩
발행처 (주) 나남
주소 10881 경기도 파주시 회동길 193
전화 (031) 955-4601 (代)
FAX (031) 955-4555
등록 제 1-71호 (1979. 5. 12)
홈페이지 http://www.nanam.net
전자우편 post@nanam.net

ISBN 978-89-300-4188-1
ISBN 978-89-300-8215-0 (세트)

책값은 뒤표지에 있습니다.

이 책은 2019년 대한민국 교육부와 한국연구재단이 우리 시대 기초학문의 부흥을 위해 펼치는 학술명저번역사업의 지원을 받은 책입니다(2019S1A5A7069146).

한국연구재단
학술명저번역총서
456

데모스테네스 4

데모스테네스 지음
최자영 옮김

Demosthenes

데모스테네스 ④

차 례

데모스테네스 ①

데모스테네스 ②

데모스테네스 ⑥

데모스테네스 ⑦

일러두기

1. 이 책은 그리스어 원문과 영문판, 프랑스어판, 일본어판을 함께 참고하여 번역했다. 미국 Loeb 총서의 *Demosthenes*〔C. A. Vince 외 편집 및 번역, 1962~1978〕를 기본으로, 그 외에 그리스어 Kaktos 판본, *Demosthenes*(1994), 프랑스 Belles Lettres 판본, *Démosthène plaidoyers politiques*(O. Navarre & P. Orsini 편집 및 번역, 1954), 일본 京都大學學術出版會의 西洋古典叢書《デモステネス 弁論集 1》(2006) 등을 참고했다.
2. 'demos(데모스)'는 민중, 민회(*ekklesia*), 행정구역으로서의 촌락 등 여러 가지 의미로 쓰인다. 행정구역을 지칭하는 경우, 구(區)로 번역했다.
3. 인명·지명 표기에 있어 외래어표기법보다 그리스어 발음을 우선시했다. (예: 아테네 → 아테나이, 테베 → 테바이, 다리우스 → 다레이오스)
4. 본문 중에 표기된 숫자는 고전 원문의 쪽수(절)이다.
5. 참고문헌 표기에 있어, 고대 문헌의 장과 절은 '12. 34.'와 같이 표기했는데 '12장 34절'을 뜻한다.
6. 고대 아테나이 화폐단위는 1탈란톤 = 60므나, 1므나 = 100드라크메, 1드라크메 = 6오볼로스이다. 탈란톤과 므나는 주조 화폐가 아니라 무게(*money*)로 측량하며, 드라크메와 오볼로스는 주조 화폐(*coin*)이다. 탈란톤은 소 한 마리 가격에 해당하며, 소의 팔과 다리를 사방으로 늘여 편 상태의 모양(머리는 제거)으로 만든다. 금속의 가치에 따라 1탈란톤의 은은 더 가볍고, 동은 더 무겁다.

24

티모크라테스를 비난하여

해제

〈티모크라테스를 비난하여〉는 기원전 353/352년, 디오도로스를 위해 데모스테네스가 작성했다. 디오도로스는 티모크라테스를 고소했는데, 그 혐의는, 고소장에 따르면, 티모크라테스가 특정인들에게 이익이 되는 법을 제안했다는 것이다.

연대는 불확실해서, 일부는 기원전 355년으로 간주하기도 하고, 다른 이는 그보다 앞서는 것으로 보기도 하는데, 에게해 동부 헬라스 도시들의 불평이 표출된 다음, 카리아의 마우솔로스에게로 사신이 파견되었을 가능성이 있다. 그곳 도시들의 자치 원칙이 그 때문에 침해받는다는 점과 관련하여 경고하려는 것이었다.

기원전 344년 초, 사신들이 카리아에서 돌아온 다음, 페르시아 왕에 대한 호의를 증명하기 위해, 아이깁토스 화물선을 나포하고 선적한 화물을 전리품으로 몰수했다. 당시 아테나이는 아이깁토스와 개전 상태가 아니었으나, 페르시아 왕 아르타크세르크세스의 적은 자동으로 아테나이의 적이 된다는 사실을 보여 주고 싶어서였다.

이러한 상황과 관련하여, 마우솔로스에로 파견된 아테나이 사신 3명이 삼단노선을 타고 카리아로 향했다. 선장(조타수)은 아르케비오스와 리시테이데스였다. 가는 길에 아이깁토스의 나우크라테스에서 출항한 화물선을 만났는데, 배를 나포하여 화물을 몰수하여 아테나이 도시를 위한답시고 팔아 버렸다. 현행 규정에 의하면, 몰수한 화물은 선장이 보관했다가, 귀국하면 공공금고로 귀속시켜야 한다. 그런데 이들은 화물이 아니라 9탈란톤 30므나의 금전으로 사신들에게 건넸고, 사신들은 그 금액 일체를 다 납입하지 않았던 것 같다.

에욱테몬은 안드로티온과 구원(舊怨)의 앙숙으로, 디오도로스와 함께 그를 고소하면서, 이런 상황을 기회로 삼았다. 당시 아테나이는 제 2차 해상동맹과 대외 관계에서 발생하는 질곡에서 군비를 확충하려 했다. 여기에 자금이 필요했으므로, 아리스토폰의 제안에 따라 불법의 공금횡령을 고소할 위원회가 구성되었다. 에욱테몬이 삼단노선의 선장인 아르케비오스와 리시테니데스를 위원회에 고소했다. 이 사건은 500인 의회의 예비심사를 거친 다음, 민회에 상정되었다. 3명 사신은 소(訴)에 말리지 않기 위해 서로 책임을 전가했다. 이때 에욱테몬이 제안한 조령이 가결되었는데, 조령에 따르면, 실제로 납입해야 할 책임자들을 대신 세우지 않는 한, 선장들이 공금을 납입해야 했다.

안드로티온과 그 동료들은, 법에 따라 두 배 금액을 물 형편이 되지 않는 상황에서, 에욱테몬의 조령이 불법이라고 규정하고 소(訴)를 제기했다. 그러나 이런 시도는 성공하지 못했다. 그런 다음 이들은, 수하 사람들을 통해, 돈을 납입하려 하나 두 배를 낼 수는 없다는 말을 시장에 퍼뜨렸다. 한 해가 저물고, 공적 채무를 청산해야 할 때가 가까워지자, 이들은 구금될 위험에 처하게 되었다.

이 사건 재판의 결과는 불명확하다. 오르시니에 따르면, 이 재판으로 안드로티온이 정치적으로 영향을 받은 것 같지 않다고 한다. 기원전 346년에 조령을 제안하여 민회에서 가결된 사실이 그런 정황을 증명한다는 것이다.[1] 동시에 이 변론은 법조문, 조령, 재판관의 맹세 등 공적 문서를 소개했다는 점에서 가치가 높다고 평가받는다. 물론 이 공문서들의 진위 여부에 대해서는 이견이 있다. 또 이 변론은 법의 제정 과정, 매년 법의 수정 절차 등에 대한 귀중한 정보를 포함한다.

---

1 P. Orsini & O. Navarre, *Démosthène plaidoyers politiques*, Tome I, Paris, Les Belles Lettres, 1954.

1. 제 소견에, 재판관 여러분, 티모크라테스 자신도 당면한 소송의 책임이 본인 아닌 다른 사람에게 있다는 말은 하지 못할 것 같습니다. 적지 않은 액수의 돈을 우리 도시에서 빼내려고 타당성도 공정성도 없는 완전히 비합법적인 법안을 제안했으니까요. 재판관 여러분, 이 법이 통과된다면 다른 많은 질곡을 초래하고 공익을 저해할 것이라는 점에 대해 제 말씀을 들으신다면, 바로 하나하나 여러분이 아시게 되겠습니다만, 한 가지 가장 심각하고 가장 긴급한 것이라 제가 보는 것부터 기탄없이 말씀드리겠습니다. 2. (피고가 제안한) 이 법은 여러분이 모든 현안에 대해 맹세하에 행하는 표결을 폐기하고 무효화하는 것이고, 도시의 공익을 위하려는 것도 아니에요. 어떻게 그러냐고요? 이 법이 정치체제의 근간이 되는 재판소로부터 부당행위에 대해 법이 규정한 가중 벌금을 과하는 권한을 빼앗아서, 일부가 면피하도록 하는 것이니까요. 이미 여러 해 동안 여러분을 우려먹고 공금을 횡령한 이들은 공공연히 들켰는데도 도둑질한 돈을 아직 돌려주지 않는 겁니다. 3. 여러분의 권리를 지키려고 저항하기보다 몇 사람에게 사적으로 호의를 사는 것이 훨씬 더 쉬운 것이어서, 이 사람(티모크라테스)은 저들로부터 돈을 받아 챙기면서 그것을 손에 넣기 전까지는 이 법을 들여오지 않았어요. 그러나 저는 여러분에게서 받은 것이 아무것도 없으면서 여러분을 지키기 위해 1천 드라크메를 잃을 위기에 처해 있습니다.

4. 선출되어 공직에 임한 이들 가운데 다수가 다루는 현안이 막중하여, 다른 어떤 사안보다 여러분의 주의를 요한다고들 합니다. 어떤 다른 이가 이미 이런 주장을 한 것이 타당한 것이라면, 지금 저도 그 같은 말을 할 자격이 있다고 봅니다. 5. 저로서는 법을 도외시한 어

떤 다른 것이 우리 도시의 민주와 자유를 위해 득이 된다고 말할 수가 없기 때문입니다. 이 점에 대한 면밀한 검토 여부가 지금 여러분 손에 달렸습니다. 다시 말하면, 도시에 해악을 끼치는 이들을 다스리기 위해 제정한 다른 모든 법을 무효로 하면서 티모크라테스의 법을 통과시킬 것인지, 아니면 (티모크라테스가 제안한) 이 법을 폐기하고 다른 법을 유효하게 할 것인지 하는 것입니다. 간단히 말해서, 바로 이것이 오늘 여러분이 결정해야 하는 사안의 요지입니다.

6. 지금까지 조용하게 살아왔다고 자처할 수 있는 제가 지금 부득이 법적 소송과 공적 기소에 연루된 데 대해 여러분이 의아해하지 않도록, 제가 현안과 무관할 수도 있는 약간의 설명을 더 하려 합니다. 아테나이인 여러분, 한번은 제가 비열하고 말썽꾼인 데다가 신의 적(敵)인 사람에게 걸려들었고, 급기야 도시 전체가 말려들었는데, 그이가 안드로티온이었어요. 7. 에욱테몬[2]이 당한 것보다 더 악랄하게 제가 변을 당한 겁니다. 에욱테몬은 그냥 돈만 잃었어요. 그런데 저는 말이죠, 만일 저를 노린 그의 흉계가 적중했다면, 재산뿐만 아니라 생명을 잃었을 것이에요, 실로 모든 이가 누리는 평범한 죽음의 권리도 저에게 주어지지 않았을 거란 말이죠.[3] 보십시오, 온전한 정신

---

2 에욱테몬은 안드로티온의 상대소송인이다. 도시 재정이 어려웠을 때 안드로티온은 에욱테몬을 고소했는데, 수세청부인으로 거둬들인 세금을 도시에 납부하지 않았다는 혐의였다. 에욱테몬은 유죄 선고를 받으면 전 재산을 몰수당할 위기에 처했다.

3 이 변론의 발화자인 디오도로스는 다른 여느 사람처럼 쉽게 죽음을 택하기도 어려웠다. 부모를 학대했다는 혐의를 받았는데, 그런 이는 법에 의해 매장이 금지되었기 때문이다.

을 가진 이라면 입에 담는 것조차 꺼리는 그런 비난으로서, 제가 제 아버지를 죽였다고 하면서, 불경죄로 공소[4]를 제기하여 재판에 회부한 겁니다. 그런 그가 5분의 1의 지지표도 얻지 못하여 1천 드라크메의 벌금을 물었지요. 저는, 사필귀정(事必歸正)으로 풀려났어요. 한편으로 신들의 가호와 다른 한편 여러분 재판관들의 도움이 있었던 것이죠. 8. 그러나 저를 부당하게 궁지로 몰아넣었던 이를 저는 화해할 수 없는 적으로 간주합니다. 그런데 그가 재산세 징수 및 축제용 기물 제조 관련하여 전체 도시 공동체를 기만했고, 또 여신, (부족의 이름을 따오는) 영웅들,[5] 도시에 속하는 많은 돈을 횡령하고 내놓지 않은 사실을 알고, 제가 에욱테몬의 도움을 받아 그를 상대로 소(訴)를 제기했습니다. 도시를 위해 기여하는 동시에 제가 당한 피해를 구제할 수 있는 호기라 생각했던 겁니다. 제가 의도한 바는, 저는 제가 원하는 것을 이루고 그는 마땅히 죗값을 치르는 것이었어요.

9. 사실은 의심의 여지가 없었으나, 무엇보다 먼저 의회가 유죄 결정을 내렸고, 그다음 민중[6]이 온종일 본건을 다루었으며, 다시 두 차례에 걸친 1,001명 재판소를 거침에 따라, 더 이상 여러분의 돈을 돌려주지 않을 수 없게 되자, 티모크라테스가 이 같은 모든 절차를 깡그리 무시하고는, 이 법을 발의한 겁니다. 신들의 신성한 재물과 도시의 자산을 그가 갈취[7]할 수 있게 한 이 법은 의회, 민회, 재판소의 결

---

4 *graphe*.

5 *eponymoi*.

6 *demos*. '민중' 혹은 '민중의 민회'를 뜻한다.

7 하르크라티온(기원후 2세기 사전편찬자)에 따르면, '*hosion*'은 흔히 '공적(公的)'

정을 무효로 돌렸고, 원하는 모든 이가 공금을 횡령하도록 면허를 내준 것이었지요. 10. 이 모든 짓거리를 근절하는 한 가지 해결책을 우리가 찾아냈어요. 그것은 이 법을 불법으로 탄핵하고, 현안을 여러분의 결정을 통해 무효화하는 것이죠. 제가 사건의 자초지종을 간략히 요약하여, 이 법으로 인해 발생한 부정에 대해 여러분이 더 잘 이해하고 검토할 수 있도록 하겠습니다.

11. 아리스토폰[8]이 민회에서 제안한 조령은 조사위원회를 구성하고 신전이나 공공기금을 횡령한 사실을 알고 있는 이가 위원회에 고발[9]하도록 하는 것이었어요. 그래서 에욱테몬이 아르케비오스[10]와 리시테이데스[11]를 고발했는데, 선주였던 이들이 9탈란톤 30므나 상당액

인 것을 뜻한다. O. Navarre와 P. Orsini(프랑스어 번역 판본, Les Belles Lettres)에 따르면, '*hiera*'는 신과 제사에 쓰이는 공적 자금, '*hosia*'는 다른 목적에 쓰이는 공적 자금은 물론 사적 재산으로 뜻한다. 참조, Aristoteles, *Athenaion Politeia*, 43. 6. "법에 따르면, 종교문제(*hiera*) 3건, 전령과 사신(*keryxis kai presbeiai*)에 관해 3건, 세속적인(*hosia*) 것 3건을 다룬다."

8 아제니아 출신 아리스토폰은 고명한 아테나이 정치가로서, 생애 75번이나 위법제안(*graphe paranomon*)으로 고소되었으나 한 번도 유죄 선고를 받지 않은 것으로 유명하다.

9 *menysis*(고발). 민주정체를 전복하려는 배반이나 음모 등을 고발하는 것으로서 흔히 실행에 옮기기 전에 정보를 제공하는 것이다. 남녀, 혹은 자유인, 예속인, 이방인 등을 가리지 않고 누구나 의회나 민회에 혐의자의 이름을 고할 수 있다. 그러면, 정보 제공자가 원고로 나서지 않아도, 예외적(대개는 살인사건이라 해도 원고가 있어야 고소사건이 성립한다)으로 의회나 민회에서 조사에 착수할 수 있다. 그 한 예가 기원전 415년에 있었던 헤르메스상 절단사건이다.

10 아르케비오스는 아르케비아데스의 아들로서 금석문에 삼단노선주로 나타난다.

11 리시테이데스는 부유한 시민(Demosthenes, 21. 157)으로, 이소크라테스의 제자이며 마우솔로스의 사신을 실어 나른 배의 삼단노선주였다.

의 해상기금[12]을 횡령했다는 것이었습니다. 그(에욱테몬)가 의회에 나타나 예비심사[13] 안건을 제안했어요. 그 후 민회[14]가 이 의제로 다루기로 했지요.

12. 에욱테몬이 연단에 올라서 여러 가지를 이야기하는 중에 다음과 같은 말도 했어요. 마우솔로스[15]에게로 파견된 멜라노포스,[16] 글라우케테스,[17] 안드로티온[18] 등 사신들을 실어 나르는 삼단노선이 배를 나포했고, 그 재물 소유주인 상인들이 여러분 앞에 나타나 탄원했을 때, 여러분은 나포 당시 그 재물은 적의 것이라고 결론을 내렸던 사실 등이었죠. 에욱테몬은 그 같은 상황에서 재물은 도시로 귀속된다는 법조문을 여러분에게 상기시켰고, 여러분은 모두 그 말이 옳다고 받아들

---

12 *naukratitika*.

13 *probouleuma*.

14 *ekklesia*.

15 마우솔로스는 소아시아 서남쪽 카리아의 페르시아 총독이다. 마우솔레이온(마우솔로스의 영묘)은 기원전 350년경에 건립된 것이다. 그 건립은 그의 생전에 시작했으나, 그 사후 왕위를 계승한 그의 누이이자 부인이던 아르테메시아에 의해 완성되었다.

16 멜라노포스는 라케스의 아들로, 아이깁토스(이 변론 §127), 스파르타(371 B. C.) 등지로 여러 번 사신으로 파견되었다. 아리스토텔레스(*Rhetorike*, 1374b 25)에 따르면, 공금횡령으로 칼리스트라토스로부터 고소되어 벌금을 물었다.

17 글라우케테스는 다른 곳에서 정보가 전해지지 않는다.

18 안드로티온(참조, Platon, *Protagoras*, 315c, Gorgias, 487c)은 철학과 소피스트에 몰두했다. 기원전 411년 단명(8개월) 했던 400인 과두정부의 일원이었으며, 그 가운데서도 온건 과두파에 속했던 것으로 추정된다. 디오도로스 시켈리오테스의 전언에 따르면, 공금 채무자로 구금되었으나, 재판을 받거나 채무를 변제하지 않고, 감옥에서 달아났다. 참조, Demosthenes, 22.

였어요. 안드로티온, 글라우케테스, 멜라노포스는 펄쩍 뛰었는데, 13. 제가 사실대로 말씀드리는지 여부를 여러분 모두 아실 겁니다. 이들이 난리 치고 화가 나서 욕을 하면서 삼단노선주들을 내쫓고는, 재물이 자신들 수중에 있다고 인정하고, 그것이 자신들의 것이라고 주장했어요. 여러분은 그들의 주장을 듣고만 있었지요. 고함소리가 멎자, 에욱테몬이 의견을 개진하여, 최선의 방법은 여러분이 삼단노선주에게서 재물을 거두어들여야 하고, 삼단노선주들은 재물을 가지고 있는 이들로부터 받아 내야 한다는 것, 그래도 이의가 있으면, 재판[19]에 회부하고, 패소한 이가 도시에 납부를 해야 한다는 것이었어요.

14. 이들은 이런 조령을 위법인 것으로 공소 제기하고, 현안이 여러분 앞으로 회부되었어요. 경과를 간단히 소개하면, 조령은 합법으로 결정되고, 공소는 기각되었지요. 그래서 어떻게 해야 했겠습니까? 도시가 재물을 수납하고, 내놓지 않은 이는 처벌받아야 하는 것이겠죠. 그런데 실로 거기에 새로운 법이 아무 필요가 없었어요. 여기까지는 이 소송 건 피고인 티모크라테스에 의해 여러분이 무슨 피해를 입은 게 아니었지요. 그런데 그 후 제가 언급한 모든 사안에서 그가 책임이 있고, 여러분이 입은 피해 전부가 그 때문이란 사실을 말씀드리겠습니다. 그가 이들의 술수와 사기행각에 고용된 대리인이 되었고, 제가 분명히 여러분에게 증명하듯이 그들의 부정행각에 발을 들여놓은 겁니다.

---

19 *diadikasia*. '*diadikasia*'는 법적 절차를 뜻하나, 그 뜻은 크게 두 가지가 있다. 하나는 원고와 피고가 서로 다투는 경우이고, 다른 하나는 원고와 피고 없이 쌍방이 권리를 다투는 경우이다. 후자의 예로는 재산교환, 상속권 등과 관련된다.

15. 우선 그가 새 법을 제안한 날짜와 상황을 말씀드릴 필요가 있습니다. 실로 그가 무례하게 여러분을 농락한 것이 드러날 테니까요. 그 때가 스키로포리온달[20]이었고, 이들이 에욱테몬을 상대로 제기한 소(訴)에서 패소했을 때였죠. 그러자 이들이 그(티모크라테스)를 매수하고는, 여러분의 요구를 실천할 준비는 하지 않고 선동꾼을 앞세워 광장[21]에서 떠들어댄 겁니다. 자신들은 빚진 액수만큼만 지불할 용의가 있을 뿐, 그 두 배를 내놓을 수는 없다는 것이었죠. 16. 이것이 새 법에 대한 주의를 다른 데로 분산시키려는 농간과 흉계의 올가미였어요. 상황이 그러했음을 증명하는 분명한 사실이 있습니다. 시간이 흘러도 그들은 여러분에게 내놓아야 할 돈 중 단 한 푼[22]도 지불하지 않았고, 단 하나의 법으로 대부분의 기존 법을 무효로 만들었으니까요. 그 법이란 여러분이 지금까지 제정한 법 가운데서 가장 천박하고 비열한 것이었어요.

17. 제가 고발하는 법에 대해 언급하기 전에, 저는 이 같은 유의 소(訴) 제기와 관련한 기존의 법을 간단히 살펴보려 합니다. 먼저 그에 관한 설명을 들으시면, 다음의 내용을 더 잘 이해할 수 있기 때문입니다. 우리 도시에서 유효한 법들 가운데, 아테나이인 여러분, 법을 제안하려 할 때 어떤 절차를 거쳐야 하는지에 대해 명확하고 정확한 규정이 있어요. 18. 모든 것에 우선하여 먼저 시간의 범위를 설정해야 하

20 6월 중순~7월 중순.

21 *agora*. 광장 혹은 시장.

22 *drachme*.

고, 그에 따라 법들이 제안되어야 합니다. 그런 다음 정해진 기간 안에서도 마음대로 법을 제안해서는 안 됩니다. 먼저 기록하여 만인이 볼 수 있도록 부족을 대표하는 영웅들의 조각상[23] 앞에 세워 두고, 원하는 이가 볼 수 있도록 합니다. 그런 다음에야 이 법이 만인에게 똑같이 적용되며, 마침내 그와 상반되는 법이 무효가 되는 것이죠. 다른 절차도 있지만, 지금 긴히 듣지 않아도 된다고 봅니다. 누구라도 이런 절차를 어기면, 원하는 이는 그에 대해 공소를 제기할 수 있어요.

19. 티모크라테스가 이 모든 점에서 혐의가 없고, 또 그가 제안한 법이 이 같은 규정을 하나도 어긴 것이 없었다면, 그것이 무엇이 되었건, 누구라도 딱 한 가지 혐의로만 그를 고발할 수 있었을 거예요. 그러나 지금은 그가 저지른 부당행위를 하나하나 면밀하게 검토할 필요가 있습니다. 그러니, 저는 그가 처음으로 저지른 잘못에 대해 먼저 여러분에게 말씀드리려 합니다. 그것은 그가 다른 모든 법을 위반하는 법을 제안하려 한 사실이에요. 그다음, 여러분이 듣기를 원하신다면, 그의 다른 부당행위에 대해 이어서 말씀드리겠습니다. 이 법들을 들고 읽어 주십시오. 그러면 그가 어떤 규정도 지키지 않았다는 사실을 여러분이 아시게 될 것입니다. 재판관 여러분, 법을 읽어드릴 때 주의를 기울여 주십시오.

23 솔론은 법이 서기에 의해서 기록되어 부족을 대표하는 영웅들의 조각상 앞에 공시되도록 했다. 서기가 민회에서 법을 소개하면, 시민들이 듣고 판단한다. 참고, Demosthenes, 20. 94.

법 승인 절차

20. 제 1 행정회기[24] 11일째, 민회에서 전령이 기도하고 난 뒤에 법안에 대해 투표한다. 처음에는 의회 관련, 두 번째는 공적 현안, 그다음 9명 아르콘, 그다음 다른 공직자와 관련한 법이다. 의회 관련 법안에 찬성하는 이들이 먼저 거수하고, 반대하는 이들은 그다음에 거수한다. 공적 현안에 대해서도 그 같은 방법으로 한다. 법안에 대한 투표는 기존의 법에 따라 진행된다. 21. 기존의 법 중 일부가 거수를 통해 배척되면, 그 표결이 이루어질 당시 의장[25]으로 있던 이들은 (한 행정회기 중) 세 번째 열리는 민회[26]에서 배척된 법을 심리하도록 한다. 의장들은 이 민회를 주관하고, 제를 올린 다음 바로, 입법위원들이 어떤 방식으로 의논할 것이며 어떻게 그들 보수를 지급할 것인지를 논의해야 한다. 입법위원들은 헬리아이아 법정의 맹세를 마친 이들로 구성된다. 22. 행정부 임직원들이 규정에 준하여 민회를 소집하지 않거나, 의장들이 규정에 따라 돈을 주선하지 못하면, 행정부 임직원 각각이 1천 드라크메의 신성기금을 아테나 여신에게, 의장들은 각각 40드라크메의 신성기금을 아테나 여신에게 바친다. 그리고 공직에 있는 이가 공적 채무를 지고 있으면, 법무장관[27] 앞으로 적시[28]하고, 법무장관은 법에 따라 그같이 고발된 이

---

24 프리타네이아에 대해서는 참조, Aristoteles, *Athenaion Politeia*, 43. 2.

25 *proedroi*.

26 각 행정회기〔1년을 10번의 행정회기(*prytaneia*)로 나누므로 한 달 남짓 한 기간이 된다〕마다 4번의 정기 민회가 개최되는데〔Aristoteles, *Athenaion Politeia*(아테나이 정치제도), 43. 3〕, 그 가운데 세 번째 민회를 뜻한다.

27 *thesmothetai*.

28 *endeixis*.

들을 모두 재판소로 넘긴다. 그렇지 않으면, 법의 개정을 방해한 혐의로 아레오파고스 의회로 들어가지 못한다. 23. 민회가 열리기 전에 원하는 아테나이인은 누구나 제안하고 싶은 법을 적어서 그같이 (부족을 상징하는) 영웅의 조각상 앞에 놓는데, 이는 제안된 법안의 전체 수에 비례하여 입법위원들[29]에게 주어져야 할 시간을 민중이 결정하도록 하기 위한 것이다. 누구든 새 법을 제안하는 이는, 해당 일부터 민회가 열릴 때까지, 흰 판 위에 적어서 대표 영웅 조각상 앞에 전시한다.[30] 헤카톰바이온달[31] 11일째, 민중은 전체 아테나이인 가운데서 5명을 뽑아서 폐기하자고 제안된 법을 입법위원들 앞에서 변호하도록 한다.

24. 이런 절차는 오랜 전통을 가진 것입니다, 재판관 여러분. 수차례 검증되어 여러분에게 이득이 되는 것으로 증명되어서, 누구도 이런 절차가 유익하지 않다고 말하는 이가 없습니다. 당연한 것이, 이런 규정에 무슨 공격적·폭력적·과두적 요소는 없어요. 오히려 인도적이고 민주적으로 모든 것을 표현하도록 합니다. 25. 무엇보다 먼저 그(선조)들은 새로운 법이 도입되어야 하는지 아니면 기존 법으로 충분한지 정하는 결정권을 여러분에게 맡겼습니다. 그래서 만일 여러분이 새 법을 도입하기를 원한다면, 바로 제정 절차를 밟는 것이 아니라, (한 달 남짓한 기간의 한 행정회기 중) 마지막에서부터 두 번째 민회에서

---

29 *nomothetai*.

30 참조, 이 변론 §18.

31 7월 중순~8월 중순.

처리해요. 거기서도 여러분이 법을 가결하는 것이 아니라, 입법위원들이 어떤 조건으로 모일 것인지를 논의하도록 하죠. 더욱이 법에 따르면, 유예기간을 두고 법안을 발의하고자 하는 이들은 (각 부족의) 대표 영웅 조각상 앞에 그 법을 공시하고 누구든 원하는 이가 검토할 수 있도록 했어요. 만일 여러분의 이익을 해칠 것으로 판단하면, 여러분에게 고하고 차분하게 그것을 반박할 수 있습니다.

26. 이같이 다양한 절차를 티모크라테스는 하나도 지키지 않았어요. 법을 검토하지도 않았고, 원하는 이가 읽어 보고 반박할 수 있는 기회를 주지도 않았으며, 법에서 정하는 유예기간을 지키지도 않았던 것이죠. 발의한 법안을 상정하는 민회가 헤카톰바이온달 11일째 열렸는데, 그이는 그다음 날인 12번째 날에 발안했어요. 그날은 크로노스 축제[32]일이어서 의회조차 연기가 되었는데도 말이죠. 여러분에게 적대적인 이들과 공모하여, 판아테나이아 제전을 빌미로, 입법위원회를 소집하는 조령을 통과시키려고 했던 것이죠. 27. 그때 통과되었던 조령을 여러분이 들으셨으면 합니다. 그러면, 모든 것이 그들의 음모에 의해 진행되었고, 자연스레 일어난 것이 아무것도 없다는 사실을 여러분이 깨닫게 될 것입니다. 조령을 들고 여러분께 읽어 주십시오.

---

32 Kronia. 크로니아는 신들의 아버지 크로노스를 위한 축제이다. 여름 밀 추수가 끝나고 새 행정회기가 시작될 무렵인 헤카톰바이온달(7월 중순~8월 중순) 13일, 올림피아 제우스 신역의 일리소스 강변, 크로노스와 레아를 위한 공동 신전 가까운 곳에서 열린다. 훗날 로마 시대로 내려오면, 사투르누스를 위한 축제가 신년 초(12월~1월)에 7일간 개최되었다. 이 기간 동안 예속인에 대한 배려가 주인에 의해 주어지며, 예속인은 원하는 대로 행하고 말할 수 있었다고 한다.

조령[33]

매해[34] 돌아오는 판디오니스 부족의 행정회기, 11번째 날에 에피크라테스가 다음과 같이 제안했다. 제를 올리고 그 물자 공급을 원활하게 하며, 판아테나이아[35] 제전에 무엇이 부족한 것이 있는지 살피기 위해서, 판디오니스 행정부 임원들이 이튿날 입법위원을 소집한다. 이들은 맹세한 이들로서 1,001명으로 구성되며, 의회가 이들과 함께 입법에 임한다.

28. 조령을 들으시면서 여러분이 유념하실 것은, 그것을 기안한 사람이 제식의 물자 조달과 축제의 긴급성을 구실로 얼마나 교묘하게 법령에 규정된 기간을 무시하고 자의적으로 날짜를 정해서 "다음 날"이라고 한 겁니다. 그래서 제가 항의했어요. 그의 목적은, 제우스의 이름을 걸고, 축제 관련 사안을 최선으로 하려는 게 아니라는 것이었

---

33 법조문 서두에 법이 통과된 해 수석장관의 이름이 명기되었는지 여부는 법의 진위(眞僞)를 가리는 주요 지표가 된다.

34 각 행정회기를 맡는 부족의 순서는 추첨으로 결정된다.

35 Panathenaia. 판아테나이아 제전은 아테나이에서 가장 큰 축제로서, 아테나 여신을 기리는 것이다. 대(大)판아테나이아와 소(小)판아테나이아 제전이 있다. 소판아테나이아 제전은 해마다, 대판아테나이아 제전은 4년(*tetraeterika*)에 한 번씩(각 올림피아 제전의 세 번 해), 헤카톰바이온달 말에 열린다. 주요 행사인 행진은 아테나 여신의 면사포(*peplos*)를 아크로폴리스로 옮기는 행사이다. 이 면사포는 처녀 'Atthides(아티데스·아티카의 여인들)'들이 짠 것이다. 이 명칭은 여인 'Atthis'의 이름에서 유래한다. 그녀에 관한 다른 전설도 있으나, 한 전설에 따르면, 그녀는 아테나이 두 번째 전설의 왕 크라나오스(첫 번째 전설의 왕 케클롭스의 아들)의 딸로 처녀(*parthenos*)로 죽었고, '아티카(Attika)'라는 지역 명칭은 그녀를 기리는 것이다.

지요. 아무런 할 일이나 모자라서 보충할 것이 더는 남아 있지 않았거든요. 그런 목적이 아니라, 아무도 미리 알지 못해 반대를 못하는 가운데, 현재 소송 중에 있는 이 법이 통과되어 효력을 갖도록 하는 것이었어요. 29. 그 증거가 있죠. 입법위원들의 회합에서 더 낫거나 더 못하거나 간에 조령이 언급하는바, 판아테나이아 제전의 재정 조달과 관련하여 아무도 어떤 것을 제안하는 이가 없었거든요. 그런데 조령에 거론되지도 않고 또 법이 금하는 사안에 대해, 이 티모크라테스가 아주 뻔뻔하게도 법안을 발의한 겁니다. 법에서 규정한 것보다 조령에서 언급하는 날짜를 더 주효한 것으로 간주한 것이에요. 여러분이 모두 축제 기간[36]을 지키고, 그동안은 공사(公私)의 현안을 막론하고 서로 부당행위를 하면 안 되며, 축제와 무관한 거래를 해서는 안 된다는 법 규정이 있음에도, 그는 전혀 개의치 않고, 어떤 한 개인이 아니라 온 도시에 피해를 끼친 것으로 드러납니다. 30. 여러분이 들으신 법들이 여전히 유효하다는 사실을 알면서도, 또 다른 법에 따르면, 어떤 조령도, 그것이 합법적이라 하더라도, 법보다 더 우선하는 것이 아니라는 사실을 알면서도,[37] 그가 새 법을 발의한 사실은 언어도단 아닌가요? 더구나 이 조령이 불법으로 통과된 것이라는 사실을 스스로 빤히 알고 있는 마당에 말이죠. 31. 축제 기간만큼은 불쾌하

---

36 *hieromenia* (축제 혹은 종교적 행사 기간). 이 기간 동안에는 도시 간 전쟁도 중단될 뿐만 아니라(참조, Thucydides, 3.56, 3.65.), 민회나 재판, 판결 집행, 체포 등이 금지된다. 가끔 디오니시아 제전이나 타르겔리아 축제 때는 구금된 이도 석방되어 축제에 참가하기도 한다.

37 이 같은 원칙에 대해 참조, Demosthenes, 20.92, 23.87.

고 비열한 행위로 인해 피해를 당하지 않도록 도시가 우리들 각각을 보호하고 있는 판에, 티모크라테스에 의해 도시조차 이 같은 안전장치를 박탈당한 채, 바로 그 축제 기간 동안 막중한 피해를 보는 것은 어처구니없는 일 아닌가요? 실로 한 개인이 도시를 운영하는 법을 전복하는 것보다 더 치명적으로 도시를 해칠 수 있습니까?

32. 티모크라테스가 당연히 해야 할 일, 법이 명시적으로 지시하는 사안을 아무것도 실천하지 않았다는 사실은 제가 이미 말씀드린 사실에서 드러납니다. 그리고 곧 여러분은 아주 정확히 알게 될 겁니다. 그가 축제 기간에 법안을 발의함으로써 법에서 규정된 유보 기간을 무시하고 여러분이 곰곰이 검토할 권리를 완전히 박탈했을 뿐만 아니라, 그가 발의한 법안이 기존의 법들과 모순된다는 사실 말입니다. 제가 여기 가지고 있는 법부터 들고 좀 읽어 주십시오. 이 법은 모순되는 법의 도입을 명시적으로 금지하고, 그런 법이 도입된다면, 소(訴)를 제기할 수 있도록 했습니다.

법[38]

33. 입법위원들에 의하지 않고 기존의 법을 폐기할 수 없다. 아테나이 시민은 누구라도 법의 폐기를 제안할 수 있으나, 폐기될 법에 대한 대체 법안을 발의하는 조건부로 그러하다. 의장단[39]은 그 같은 법에 대해 거

38 이 법조문은 삽입된 위작으로 간주된다. 그 내용이 변론 내용과 정합적으로 맞지 않는 부분도 있다고 본다. 참조, O. Navarre & P. Orsini, *Démosthène plaidoyers politiques*, I, Paris, Les Belles Lettres, 1954. pp. 114~125.

39 *proedroi*.

수로 결정하되, 먼저 기존의 법과 관련하여 그것이 아테나이 민중에게 실익이 있는지를 검토하고, 그다음 발의된 법안 내용에 대해 다룬다. 입법위원들이 결정하는 대로 둘 중 하나가 채택된다. 기존의 법에 모순되는 법의 도입은 불가하다. 기존의 법을 폐기하고자 하는 이가 아테나이 민중에게 불이익을 가져오거나 기존의 법에 모순되는 법을 대안으로 제시한다면, 불이익을 가져오는 법안을 발의하는 경우에 적용되는 법에 따라, 그에 대해 소(訴)40를 제기할 수 있다.

34. 법의 내용을 들으셨지요. 우리 도시에는 많은 좋은 법이 있어서, 이 법도 다른 어떤 법에 못지않은 가치를 지닌 것이라고 저는 봅니다. 이것이 공정하고 민중을 극진하게 위하는 것이라는 사실에 유념하십시오. 이 법은 기존 법에 모순되는 것은 도입하지 못하도록 하고 있습니다. 그전에 제정된 법이 폐기된 후가 아니라면 말이죠. 왜 그랬겠습니까? 무엇보다 여러분이 공정하고 성실하게 결정하도록 하자는 겁니다. 35. 서로 모순된 두 개의 법이 있고, 또 쌍방이 사적 혹은 공적 현안으로 여러분의 법정에서 서로 대립하고 있고, 또 이들 각각이 다른 법을 인용하면서 여러분에게 승소의 결정을 요구한다면, 두 쪽에 다 유리한 결정을 내릴 수는 없잖습니까? 말이 안 되지요. 또 여러분의 맹세를 깨지 않고는 결정을 내릴 수도 없어요. 똑같이 유효하지만 모순되는 법을 무시해야 되니까요. 36. 그래서 이 같은 점을 염려하여 여러분을 보호하려고 이 법을 만들었던 것이고, 동시에 여러분을 법의

---

40 *graphai.*

수호자로 세우려 했던 겁니다. 다른 보호장치도 제안되었으나 여러 측면에서 한계가 있었기 때문이에요. 예를 들면, 누군가가 여러분이 지명한 변호인들[41]이 입을 다물도록 유도할 수도 있는 것이거든요. 그런데 이 법은 만인이 미리 볼 수 있게 공시하도록 한 겁니다. 또 이런 경우도 있을 수 있어요. 충분한 시간을 두고 알았다면 반대했을 이들이 보지 못하는 수도 있고, 또 다른 이들은 무관심할 수도 있단 말이에요.

37. 그러나, 제우스의 이름을 걸고, 제가 지금 하듯이 누구라도, 법을 두고 공소를 제기할 수 있는 겁니다. 그런데 이런 경우에도, 누군가가 고소인을 제거해 버리면, 도시가 피해를 보게 되지요. 그렇다면, 올바르고 확실하게 법을 지키는 것이 무엇이겠습니까? 여러분 다수입니다. 최선을 도모하고 검토하는 권리는 아무도 여러분에게서 박탈할 수 없어요. 아무도 여러분을 제거하거나 매수해서 더 좋은 법을 더 못한 법으로 바꾸도록 유인하려 하지 않으니까요. 38. 이렇듯, 입법자는 부정으로 이어질 수 있는 길은 하나같이 다 차단하고, 여러분에게 누를 끼치려 하는 이들을 방치하지 않고 막았어요. 티모크라테스는 자신이 관장하는 한, 이같이 올곧고 공정한 모든 절차를 무시, 왜곡하면서, 말하자면, 기존의 모든 법을 거스르는 법을 제안한 겁니다. 비교 검토도 없고 기존 법을 폐기하지도 않았고, 선택의 기회도 주지 않았으며, 거쳐야 하는 다른 어떤 절차도 거치지 않고 말이죠.

39. 제 소견에, 그가 기존 법에 위배되는 법을 도입했으므로 기소

---

41 *synegoroi* (변호인 혹은 주창자). '*synegoroi*'는 Demosthenes, 20에서는 '*syndikoi*'로 표현되었다.

되어야 한다는 사실에 여러분 모두 동의하시지요. 그러나 그가 위반한 법과 도입한 법의 내용을 아실 수 있도록 서기가 여러분에게 읽어드릴 것입니다. 먼저 그가 제안한 새 법, 그다음 그것이 위반한 기존의 법을 들으시겠습니다.

티모크라테스 법[42]

판디오니스 부족이 행정부로 있던 제 1 행정회기, 12번째 날 티모크라테스에 의해 다음과 같은 법안이 발의되었다. 공금 채무자 가운데 누가 법이나 조령에 의해 가중(加重) 구금형을 받았거나, 앞으로 받게 될 처지에 몰리면, 본인이나 그를 대신한 다른 이가 채무보증인들을 세울 수 있고, 보증인들은 실제로 채무 상당액을 변제할 것이라는 약속 아래, 민중의 표결을 통해 확인받는다. 누구라도 보증인들을 세우려 하면, 의장들은 필히 본안을 표결에 부칠 의무가 있다. 40. 보증인들을 세운 이가 그 보증인을 세우게 된 채무 상당액을 도시에 납부하면 구금에서 풀려난다. 9번째 행정회기에 본인 혹은 보증인들이 채무를 납부하지 못하면, 보증을 세운 이가 구금되고 보증인의 재산은 공금으로 몰수된다. 수세청부인과 그 보증인, 수납인, 공공건물의 임차인과 그 보증인과 관

42 이 법조문 내용은 진본이 아닌 것으로 간주된다. 법이 통과된 해의 수석장관(명칭장관, 아르콘) 이름이 없다. 그 내용은 이 변론 §41, 46, 55, 60, 72, 77, 79, 82 등의 것을 원용한 것이다. Navarre와 Orsini (Les Belles Lettres 판본)에 따르면, 마지막 문장, "누구라도 제 9, 혹은 제 10 행정회기에 공금 채무자가 되면, 이듬해 제 9, 제 10 행정회기까지 채무를 변제해야 한다"는 데모스테네스의 변론 다른 곳에 나오지 않는 내용인데, 공적 채무의 변제 기한이 제 9 행정회기(*prytaneia*)인 사실에서 원용한 것일 가능성이 있다.

련하여 도시의 실무는 현행법에 준한다. 누구라도 제 9, 혹은 제 10 행정회기에 공금 채무자가 되면, 이듬해 제 9, 제 10 행정회기까지 채무를 변제해야 한다.

41. 여러분이 법을 들으셨으니, 청컨대 여러분이 유념하실 것은, 첫째, "채무를 진 이가 가중 구금형을 받았거나 아니면 앞으로 받게 된다면"이라는 것, 그다음엔 수세청부인, (공공건물) 임차인 및 그 보증인들만이 법의 적용을 받게 한다는 사실입니다. (티모크라테스가 제안한) 이 법 전체가 현행법에 모순되는 것이지만, 특히 이런 점에서 그러합니다. 현행법을 들으시면 이해가 가실 겁니다. 읽어 주십시오.

법

42. 디오클레스가 다음과 같이 제안했다. 에우클레이데스[43] 이전 민주정체 아래서 제정된 법과 에우클레이데스 때 확인되어 재기록된 모든 법은 유효하다. 에우클레이데스 이후에 제정되고 또 지금 이후로 제정된 법은, 시효 시작일이 따로 명기되지 않는 한, 제정된 날로부터 유효하다. 의회 서기는 30일 이내에 이 규정을 현행법에 첨가한다. 지금 이후로 서기로 봉직하는 이는 모든 법이 제정된 날로부터 유효하다는 규정을 부기하도록 한다.

---

43 기원전 404년 펠로폰네소스 전쟁이 끝난 직후 아테나이에 들어섰던 30인 참주정이 무너지고 민주정체가 복원(404/3 B. C.) 된 이후 처음으로 수석장관(아르콘)이 된 이가 에우클레이데스이다. 그 무렵 아테나이에서 법을 새로 정비하여 옮겨 적는 작업이 시작되었다.

43. 훌륭한 기존의 법들이 있습니다. 재판관 여러분, 그러나 금방 여러분이 들으신 법은 기존의 법들을 더 분명하고 확실하게 만들고 있습니다. 모든 법이 제정된 날로부터 유효하다고 규정하고 있으나, "시효 시작일이 특별히 명기되지 않는 한"이란 단서를 붙여 놓았습니다. 그 이유가 무엇이겠습니까? 많은 법의 경우 "현재 수석장관의 임기가 끝난 다음부터 유효하다"는 부칙이 달려 있습니다. 그런데 지금 여러분이 들으신 법을 발의한 이는 기존 법들보다 더 나중에 발안하면서, 이미 제정된 날보다 더 늦게 설정해 놓은 기존 법들의 효력 발효 기점을 제정일로 소급함으로써, 여러 법안 발의자들이 의도했던 것보다 더 이르게 효력을 부여하는 것은 옳지 못하다 여겼던 것이죠.

44. 그런데 티모크라테스는 이 같은 법과 상충하는 법을 제안했다는 점을 여러분이 아셔야 합니다. 기존 법에 따르면, 법에 명시된 날짜, 혹은 제정일로부터 법은 유효합니다. 그러나 티모크라테스는 "누구라도 가중 형벌을 선고를 받았다면"이라고 해서 과거로 소급하는 겁니다. 그러니 그는 어느 아르콘의 이름을 특정하여 기점으로 삼지 않았어요. 오히려 자신의 법이 제정일 이전은 물론 우리가 태어나기 전의 시기에도 적용되도록 했어요. 기간을 명시함이 없이 과거를 통틀어 적용되도록 한 겁니다. 티모크라테스 씨, 당신은 법안을 발의하지 않든지, 아니면 기존 법을 폐기해야 하는 거예요. 당신의 목적을 위해 모든 것을 뒤죽박죽으로 만들어서는 안 되는 것이었어요. 자, 다른 법을 읽어 주십시오.

45. 법[44]

자격 박탈당한 이들의 자격회복이나, 신들이나 아테나이 민중에게 채무가 있는 이들의 채무의 말소나 조정[45] 등은, 무엇보다 아테나이 시민이 무기명으로 투표하여 6천 표보다 적지 않은 표의 지지를 얻지 못하면, 인가[46]되지 않는다. 이때(인가될 때) 의회와 민중이 결정하는 방식에 따라 사안이 처리되어야 한다.

46. 자격 박탈당한 이 혹은 채무 말소나 협상을 원하는 채무 불이행자는, 적어도 시민 6천 표 지지에 의해 인가받지 못하면, 표결 안건으로 상정되지 못합니다. 그런데 티모크라테스는, 채무자에게 가중 처벌로 구금형이 내려지면, 보증인을 세움으로써 해방되도록 했습니다. 선행 절차의 타협도 없고, 그런 타협을 위해 주어지는 인가의 절차도 없어요. 47. 허가를 얻는 절차에서도 누구도 마음대로 할 수 없고, 의회와 민회가 결정하는 방식으로 추진해야 합니다. 그런데, 관련 사안에 대해 인가도 주어지기 전에 발언하고 법을 제안하는 데서만 티모크라테스가 부당행위를 한 것이 아니에요. 의회와 민회에 어떤 제안도 하지 않은 채, 은밀하게, 의회가 정회되고 모든 이가 축제로 일을 놓고 있을 때, 법안을 슬그머니 제출했거든요.

48. 그래도, 티모크라테스 씨, 내가 읽어 준 법을 당신이 알고 있

---

44 이 법조문은 후에 삽입된 것으로 추정된다. 관련 내용은 참조, 이 변론 §46, 48.

45 *taxis* 〔(채무) 조정〕. 고대 주석에 따르면 '*taxis*'는 일부 상환 및 분할상환 관련 조정을 뜻한다.

46 *adeia*.

었을 것이니, 사심이 없었다면 당신은 이렇게 해야 했던 거요. 먼저 당신이 의회에서 발언할 수 있도록 신청하고, 그다음 민회에서 토의하고, 그래서 전체 아테나이인이 찬성하면, 현안에 관한 당신의 제안을 작성하여 판단을 구하면 되는 거요. 법에 규정된 유예기간을 지키면서 말이요. 이런 절차를 통해 누군가가 당신이 제안한 법이 도시에 이롭지 않다는 주장을 편다 해도, 적어도 당신은 악의를 가진 것이 아니라 그저 부족한 점이 있어서 적중하지 못했던 것으로나마 보였을 거요. 49. 그러나 지금은 당신이 법안을 그냥 제안한 것이 아니라, 은밀하고도 불법적으로 다른 법안에 섞어서 통과시키려 했기 때문에, 그만 양해받을 자격을 상실하게 되었소. 양해는 모르고 실수한 사람에게 하는 것이지, 당신같이 악의를 가지고 한 사람에게는 해당하지 않소. 바로 이 문제를 다루도록 하겠으나, 지금은 다음 법을 읽어 주시죠.

50. 법[47]

누가 법정, 의회, 민중에 의한 유죄 판결과 관련하여 탄원자가 되어 의회와 민중 앞에 호소하는 경우, 벌금형을 받은 이가 벌금을 납부하기 전에 탄원하면, 공금 채무자가 재판관으로 앉아 있는 경우와 같이 고발 조치한다. 다른 누군가가 벌금형 받은 이를 위해 청원하면, 그 전 재산을

---

47 이 법은 그 진위 여부에 의문이 제기된다. 연대, 수석장관 이름, 법제안자의 이름이 누락되어 있기 때문이다. 또 채무자를 위해 위법을 범한 이에게 내리는 형량이 첫 번째 조항에서 언급되지 않았고, 두 번째, 세 번째 조항에서는 미리 나온다.

몰수한다. 의장단 중 누가, 채무자든 그 채무자를 위한 다른 사람이든, 그 사람을 위한 의제를 상정하도록 하면, 자격 박탈당한다.

51. 재판관 여러분, 이 사건 피고(티모크라테스)에 의해 발의된 법안이 충돌을 빚는 기존의 법을 다 소개하자면 끝이 없어요. 그러나, 다른 것이 아니라면, 금방 읽어드린 법이 언급할 만한 가치가 있습니다. 이 법을 기초한 이는, 아테나이인 여러분, 여러분의 다정과 유약함, 그리고 그 때문에 지난날 여러 번 여러분 자신에게 크나큰 해를 자초했음을 알았던 겁니다. 52. 그래서 그는 공익을 해치는 어떤 구실도 남겨 놓지 않으려고 작정했고, 부당행위로 법에 의거한 절차와 판결을 거쳐 유죄 선고를 받은 이들이 여러분의 선의를 이용하여 청원하고, 불행을 이유로 탄원하는 것은 옳지 못하다고 여겼어요. 그래서 유죄 선고 받은 당사자나 그 외 누구든지 관련 사안에 대해 탄원하거나 발설하지 못하도록 하고, 조용히 정도(正道)를 따르도록 했던 거예요.

53. 그러니, 여러분에게 간청하는 이와 명령하는 이 중 어느 쪽에 여러분이 더 쉽게 양해할 수 있겠냐고 누군가가 묻는다면, 제 생각에, 여러분은 간청하는 이라고 대답할 것 같아요. 전자는 덕성 있는 이의 소치이지만, 후자는 소심한 이의 소치니까요. 법이란 의무를 준수하도록 명령하는 것이고, 탄원자는 간청합니다. 간청이 금지된 곳에서 명령을 강요하는 법이 성립할 수 있겠습니까? 저는 아니라고 봅니다. 여러분이 호의조차 베풀어서는 안 된다고 생각하는 사안에 대해, 어떤 이들의 소원을 여러분의 의지에 반하여 실현되도록 허용한다는 것은 수치스런 거예요.

이어서 다음 법을 읽어 주십시오.

54. 법[48]

사소(私訴), 수행감사, 혹은 현안의 공사(公私) 여부를 불문하고 재판 절차[49]가 선행하는 경우, 또 공매가 진행되는 경우, 장관들은 현안을 재판소로 넘기거나 표결에 붙이거나 법이 금지하는 고소를 허용해서는 안 된다.

55. 그런데 티모크라테스는 법안을 위법하게 발의한 사실을 스스로 증명하려는 듯이, 그 법안 바로 첫머리에서 이런 규정들을 어기고 있어요. 위 현행법에서는, 이미 판결 내린 사안을 다시 재판소로 회부하는 것을 금지하고 있어요. 그러나 티모크라테스에 따르면, 법이나 조령에 의해 처벌된 다음 민회가 다시 같은 사건을 재고하여, 법정의 판결이 전복되도록 하고 벌금형을 받은 이가 보증인을 세울 수 있도록 한 거예요. 현행법은 장관들이 위법하게 표결에 부치지 못하도록 하고 있거든요. 그런데 티모크라테스는, 보증인을 세우면 의장들이 필히 그 이름을 보고하도록 하고, "누구라도 원할 때"라고 덧붙였어요.

56. 다른 법을 읽어 주십시오.

---

48 수석장관, 법제안자 등, 법 제정 연대를 추정할 수 있는 정보가 나와 있지 않다.

49 *diadikasia peri en dikasterio.*

법

재판과 중재는 민주정체하에서 합법적으로 이루어진 것에 한해 유효하다.[50]

그런데 티모크라테스는 그렇지 않도록 했어요. 적어도 징역형이 부과되는 경우 그런 것이 아니라는 겁니다.

법을 읽어 주십시오.

법

공사(公私)를 막론하고 30인 치하에서 이루어진 모든 판결은 무효이다.

57. 거기서 멈추어 주십시오. 말씀해 보십시오, 들으신 것 중 어떤 것이 여러분 모두에게 가장 곤혹스러운 것이고, 또 여러분이 가장 간절하게 염원하는 것이 무엇입니까? 30인 치하에서 일어난 것들이 다시는 재발하지 않게 해 달라는 것 아닙니까? 저로서는 그런 것이라 봅니다. 그러니 그런 점을 배려하여 이 법은, 제 소견에, 저들 치하에서 일어난 모든 것들을 무효로 돌린 것이에요. 그런데 이 사람(티모크라테스)은, 여러분이 30인 치하에서 일어난 것에 대해 한 것같이, 민주정체하에서 일어난 것을 불법으로 간주했어요. 말하자면, 무효로 한 겁니다. 58. 그러니, 이 법을 통과시킨다면, 아테나이인 여러분, 우리는 어떻게 될 것 같습니까? 민주정체하에서 맹세한 사람들로 구

50 참조, Andokides, 1. 87.

성되는 재판소가 30인 치하에서 한 것같이 부당행위를 한 것인가요? 언어도단 아니겠습니까? 그러면 올곧게 결정을 내린 겁니까? 그가 이런 것들을 무효로 하는 법을 왜 도입해야 하는지를 우리가 변명할 수 있겠습니까? 우리가 정신 나간 것이라는 말밖에 할 수 없는 것이죠.

다음 법을 읽어 주십시오.

59. 법

비밀투표로 적어도 6천 명의 시민이 지지하는 경우를 제외하고는, 다수가 아닌 1명에게만 적용되는 법은 제정되어서는 안 된다.[51]

모든 시민을 위한 것으로서 훌륭하고 민주적인 것이 아닌 법 제정은 금지됩니다. 보편적으로 모든 사람이 정치체제에서 동등하므로, 이 법은 법에서도 동등해야 한다는 점을 밝히고 있습니다. 한편으로, 저 못지않게 여러분도 알고 있는 것은 티모크라테스가 누구를 위해 이 법을 제안했느냐는 겁니다. 그러나 그런 점은 차치하고, 다른 한편으로, 그는 자신의 법이 만인에게 같이 적용되는 것이 아니라는 사실을 인정했어요. 수세(收稅) 청부업자와 공공건물 임차인 및 그 보증인들에게 적용되지 않는다는 단서를 자신의 법에 달았기 때문이죠. 당신이 법 적용에서 일부 사람들을 제외할 때, 만인을 위한 법이라는 말은 못하게 되는 거예요. 60. 다음과 같은 주장도 당신은 할 수가 없어요. 사람들 가운데 최대 부당행위자가 수세청부업자이므로

---

51 참조, Andokides, 1.87; Demosthenes, 23.86.

이들에게 법의 혜택을 부여하지 않는다는 주장 말이죠. 실로 공동체를 배반하거나, 부모를 학대하거나, 살인[52]하고 광장에 출입하는 이들은 그보다 훨씬 더 흉악한 범죄를 저지른 겁니다.[53] 이 모든 이들에 대해 현행법은 금고형을 규정하지만, 당신의 법은 그들을 풀어 주자고 한 겁니다. 여기서 다시 당신은 누구를 위해 법을 발의했는지가 드러나요. 그것은 공금 채무자들이지요. 그 채무는 수세청부에 의한 것이 아니라 도둑질한 것, 아니 오히려 강탈한 것으로, 당신은, 제가 보기에, 수세를 염려한 것이 아니에요.

61. 누구라도 이 사람이 발의한 법안과는 반대되는 많은 좋은 법들을 아직도 예로 들 수 있겠습니다만, 그런 것을 다 들자면 정작 그의 법이 여러분에게 완전히 불이익을 초래한다는 사실을 말씀드릴 시간이 없을 것 같습니다. 특히, 그 법은 단 한 개의 현행법에만 모순되는 것이라 하더라도, 그런 사실과 무관하게 여전히 공소 대상이 되는 것으로 여러분에게 드러날 것이니까요. 그러니 어떻게 하는 것이 제게 좋을까요? 다른 법들은 다 제쳐놓고, 일전에 이 사람(티모크라테스)이 발의한 법 하나를 두고 따져 보고, 그다음 제 고소 취지, 즉 이 법이 통과되면, 도시에 크나큰 해를 끼치게 된다는 사실을 말씀드리겠습니다.

62. 다른 현행법들에 상충하는 법을 발의하는 것은 어처구니없는 일이지만, 이것은 별도의 고소가 필요한 것이고요. 같은 이가 일전에 제안한 법에 상충하는 법을 발의했다는 사실은 스스로를 (선행하여 제안

52 '깨끗한 손(*katharai ai cheires*)을 갖지 않은 이'는 살인한 이를 뜻한다.

53 참조, 이 변론 §105.

한 법에 대해) 고소인으로 만드는 것이죠. 상황을 이해하시도록, 이 사람이 일전에 발의한 법을 들려드리겠습니다. 읽어 주십시오.

63. 법[54]

티모크라테스가 제안했다. 아테나이 시민으로 의회로부터 탄핵[55]당하여 현재 감옥에 있거나 앞으로 투옥될 사람은, 그에 대한 유죄혐의 판단이 탄핵법에 따라 행정부 서기에 의해 법무장관들[56]에게 전달되지 않으면, 그들을 감옥에 수용한 날로부터, 공적 사무에 의해 지연되지 않는 한, 30일 이내에 11인이 이들을 재판소[57]로 넘기고, 지연되는 경우에는 가능한 한 조속하게 한다. 피고가 유죄 선고를 받으면, 헬리아이아 법정은 금전이나 다른 방식으로 마땅하게 받아야 할 처벌의 수위를 결정한다. 처벌이 금전으로 산정되면, 납부할 때까지 구금된다.

64. 들으셨지요, 재판관 여러분, 그 대목을 여러분께 다시 한번 읽어 주십시오.

---

54 여기에 차례로 나오는 두 개 법조문은, Navarre와 Orsini (Les Belles Lettres) 에 따르면, 이 변론 §64의 내용과 일부 겹친다. 이 조문들은 기원후 2~3세기 파피루스에서도 발견되는 것으로서 그 기원이 오래된 것으로 보고, 요식인 제정된 해의 장관(아르콘) 이름이 보이지 않지만, 진작(眞作) 인 것으로 추정한다.

55 *eisangelia.*

56 *thesmothetai.*

57 *dikasterion.*

법

처벌이 금전으로 산정되면, 납부할 때까지 구금된다.

그만 멈추어 주십시오. 누군가가 이보다 더 심하게 서로 모순되는 두 가지 사안을 제안할 수 있겠습니까? 한편으로 유죄 선고를 받은 범죄자가 벌금을 납부할 때까지 구금된다고 하고, 다른 한편으로는, 같은 범죄자들이 보증인을 세우면, 구금되지 않는다고 하는 것 말입니다. 이 같은 비난은 티모크라테스가 티모크라테스에게 하는 것이죠. 디오도로스나 만장한 여러분 가운데서 누군가가 하는 것이 아니에요. 65. 그런데도, 다른 기존의 법들에 상충하는 법안 발의를 법이 금지하고 있는 마당에, 스스로 자신을 배반하는 법을 발의하려는 이가 어떤 사리(私利)를 추구하거나, 이득을 보기 위해 뭐라도 하는 것을 주저하는 것 같은 인상을 여러분에게 준답니까? 제 생각에는, 그같이 뻔뻔한 이는 무슨 짓이든 할 것 같아요. 그래서, 아테나이인 여러분, 법에 따르면, 다른 사안의 범죄자들은 죄를 시인하면 재판에 회부하지 않고 처벌받습니다. 이렇듯, 이 사람이 위법한 것이 밝혀졌으므로, 여러분이 그에게 말하거나 그의 말을 듣거나 할 필요 없이, 그에게 유죄를 선고하는 것이 옳습니다. 보십시오, 부당행위를 했다는 사실을 인정했으니까요. 이번에 발의한 법이 그전의 것에 상충하니까요.

66. 제 소견에, 그가 발의한 법이 이 같은 법들, 또 앞에서 인용한 법들, 나아가 우리 도시의 모든 법에 위배된다는 사실이 여러분에게 분명히 각인되었을 것 같습니다. 이런 사실 관련하여 그가 무슨 말로 변명할지 저로서는 궁금할 따름이지요. 그 법이 다른 법에 상충하지

않는다고 말할 수도 없고, 또 경험이 없고 범부(凡夫)에 지나지 않아서 실수했다는 말도 하지 못할 테니까요. 오래전부터 그는 돈을 받고 법을 작성하고 제안해 왔거든요. 67. 또 잘못을 시인하고 양해를 구할 수도 없어요. 보십시오, 부득이하게 법을 제안했거나, 불쌍한 이나 자신의 가족과 친구들을 위해서 발의한 것 같지는 않으니까요. 오히려 적극적으로, 여러분에게 큰 누를 끼쳤을 뿐, 돈을 가져다주는 이들을 친척이라고 부르는 것이 아니라면, 그와는 아무런 관계가 없는 이들을 위한 것이었어요.

68. 그는 여러분에게 필요한 것도 이익이 되는 것도 아닌 법을 발의했어요. 제 소견에 여러분이 모두 인정하시는 것은, 다수에게 득을 주는 올바른 법은 우선 만인에게 단순하고 분명하게 작성되어야 하고, 서로 옥신각신 다툼의 여지가 있으면 안 되는 겁니다. 그다음, 법에 규정된 절차는 시행 가능한 것이어야 합니다. 아무리 취지가 좋아도 시행 불가능한 것이라면, 법이 아니라 기도에 불과한 것이 되지요. 69. 더구나, 부당행위자에게 어떤 편익도 제공하지 않는다는 점이 드러나야 합니다. 법의 관대함이 민주적 요소라고 생각하는 사람이 있다면, 누구에 대해 그래야 하는가를 검토해야 하고, 또 올바르게 생각한다면, 죄인으로 밝혀진 사람이 아니라 재판에 임하는 사람에 대해서 그래야 한다는 점을 알아야 합니다. 후자의 경우, 부당하게 비방당하는지 여부가 불확실하지만, 전자의 경우 더는 악한 사람이 아니라고 변호할 수 없거든요. 70. 이 (티모크라테스) 법은 제가 거론한 장점은 하나도 없이, 오히려 온갖 결점만 가졌는데, 그 사실은 여러 측면에서 증명되지만, 특히 법의 내용을 면밀히 살펴보면 그러합니다. 어떤 부

분은 괜찮고 어떤 부분은 결점이 있는 것이 아니라, 처음부터 끝까지, 첫음절부터 끝음절까지 온통 여러분에게 해가 되는 것들뿐이에요.

71. 여러분을 위해 이 문서를 들고 법의 첫 번째 부분을 읽어 주십시오. 그러면 제가 설명하고, 또 여러분이 제 말을 이해하는 것이 더 수월할 것 같습니다.

(티모크라테스) 법

판디오니스 부족이 들어선 제 1행정기 12번째 날, 의장단 가운데 미리누스58 출신 아리스토클레스가 표결에 상정하고, 티모크라테스가 다음과 같이 제안했다. 공금 채무자 가운데 누가 법이나 조령에 의해 가중하여 구금형을 받았거나, 앞으로 받게 된다면, 본인이나 그를 대신한 다른 이가 채무를 위한 보증인들을 세울 수 있다.

---

58 '미리누스'는 판디오니스 부족에 속하는 구(區 · *demos*)이다(참조, Aristoteles, *Athenaion Politeia*, 44. 2.). 이 변론 §39에 나오는 같은 법에는 '미리누스'라는 정보가 빠져 있다. 아리스토클레스는 잘 알려져 있지 않은 인물이며, 그가 '*epepsephisen*'('표결에 상정했다' 혹은 '표결을 요구했다')의 표현은 정확하지 못한 것으로 추정된다. 그 근거는 아래와 같다. 아리스토텔레스, 《아테나이 정치제도》(*Athenaion Politeia*, 44. 2.)에 따르면, 당번 행정위원들(*prytaneis* 각 부족 50명) 가운데 1명의 의장(*epistates*)을 선출한다. 그 의장은 당번행정(*prytaneia*)에 임하는 부족을 제외한 나머지 9개 각 부족에서 1명씩을 뽑아서 9명의 대표(*proedroi*)를 구성한다. 이들 9명 대표가 다시 1명의 의장(*epistates*)을 뽑고, 이 의장이 의안을 대표들에게 나누어 주며, 9명이 안건의 상정하고 계표 폐회선언 등을 관장한다. 아리스토텔레스의 이 같은 정보에 따라, 판디오니스 부족 당번 행정회기에는 판디오니스 부족의 미리누스 출신인 사람이 의안을 표결에 부칠 수 없다.

72. 그만 멈추어 주십시오. 곧 하나하나 읽게 될 거예요. 무엇보다 바로 이 대목이 말이죠, 재판관 여러분, 이 법에 적힌 내용 가운데서 가장 황당한 겁니다. 제 소견에, 시민들에게 적용될 법을 발의하면서, 기존의 유효한 법에 따라 내려진 결정을 폐기하려는 사람은 달리 없을 것이에요. 그런데 티모크라테스, 이 사람이 뻔뻔하게 그것도 숨기지도 않고 말이죠, 노골적으로 "공금 채무자 가운데 누가 법이나 조령에 따라 가중하여 구금형을 받았거나, 앞으로 받게 된다면"이라고 썼어요. 73. 발생 가능한 것에 대해서 그 같은 말을 했다면, 딱히 잘못된 것이 아니지요. 그러나 재판정에서 이미 결정되어서 결론이 난 사안에 대해 정작 그 결정을 번복하는 법을 발의한다는 것은 언어도단 아닌가요? 이(티모크라테스) 법이 통과된 다음에, 만일 누가 다른 법을 발의하여, "누가 채무를 진 상태에서 가중하여 구금형을 받고, 법에 따라 보증인을 세워도, 그 보증은 유효하지 않고, 앞으로 보증을 세워 석방하는 것은 법적으로 금지된다"라고 하는 것과 같은 거예요. 74. 제 소견에, 제정신을 가진 사람은 이 같은 짓거리를 안 할 것이고, 이미 난 결정을 무효로 한 사람은 잘못한 것이에요. 그 (티모크라테스) 법이 옳은 것이 되려면, 앞으로 일어날 부당행위에 대해 제의해야지, 미래의 것에다 과거에 일어난 것을 섞고, 아직 불확실한 것에다 이미 밝혀진 것을 섞어서, 모든 것을 구분 없이 도매금으로 취급해서는 안 되는 겁니다. 지난날 도시에 피해를 준 것으로 밝혀진 이들과 재판에 회부될 만큼 잘못을 저질렀는지 불분명한 이들을 사법적으로 같이 취급하는 것은 터무니없는 일 아닙니까?

75. 그가 과거와 관련하여 제안한 법이 얼마나 황당한 것인지 다음

사실을 통해 알 수 있어요. 법에 기초한 정부와 과두정체 사이의 차이점이 무엇인지, 또 우리가 왜 법 아래 살고자 하는 이들을 현명하고 유능한 사람으로, 그리고 과두정체를 지향하는 이들을 겁쟁이, 예속인으로 간주하는지 말이에요. 76. 그 현저한 차이점은 이런 겁니다. 과두정부하에서는 모든 기존의 것을 해체하고 앞으로의 일을 자의적으로 명령하려 하지만, 법은 미래를 대비하여 규정하고, 그 법은 지키면 유용하다는 사실을 확신하게 합니다. 그런데 티모크라테스는 민주정부 치하의 도시에서 법안을 발의하면서 그 법에 과두정부 치하의 부당한 원리를 담았어요. 과거 사안과 관련하여 유죄 선고한 재판관보다 그 자신이 더 높은 권위를 가진 것으로 자처하는 꼴이죠.

77. 그의 주제넘은 행위는 이것만이 아닙니다. 그의 법에 이렇게 적혀 있어요. "가중하여 구금형을 받게 될 처지에 몰리면, 채무를 지불하게 될 보증인들을 세우면 구금당하지 아니한다"라고요. 그(티모크라테스)가 진실로 구금이 치명적 형벌이라고 여긴 것이라면, 여러분에게 보증인을 세운 이는 구금형을 더하지 않는다는 법안을 발의했어야 하는 것이에요. 그러나 그렇게 하지 않고, 처음에 여러분이 구금형을 선고하고, 유죄 선고받은 이가 여러분에게 적개심을 가진 다음에야 보석으로 풀어 준다고 한 겁니다. 이는 마치, 여러분이 감옥에 가두어야 하다고 판단한 사람을 (티모크라테스) 자신이 풀어 주는 것처럼 보이도록, 그런 식으로 법을 발의한 것이죠. 78. 실로, 재판소 판결보다 더 큰 힘을 갖도록 하고, 또 맹세하지 않은 이들에게 맹세한 이들의 결정을 무효로 하도록 하는 법이 도시에 득이 된다고 믿는 이가 있습니까? 적어도 저는 그렇게 보지 않습니다. 그(티모크라테

스)의 법은 이 두 가지 요소를 다 품고 있는 것으로 보입니다. 이렇듯, 여러분 모두가 정치체제에 관심을 가지고 있고, 맹세한 사안에 대해 내린 판결이 유효하다고 보신다면, 이 법은 폐기되어야 하고 통과되면 안 되는 겁니다.

79. 그런데 그(티모크라테스)는 가중 처벌하는 권리를 재판소에서 제거하는 데 그치지 않았어요. 그가 채무자를 위해서 법에 규정하고 또 유죄 선고 된 죄인에게 적용하는 절차도 정직하거나 진지하게 입안된 것이 아니라, 여러분을 속이고 오도(誤導)하려는 것이었습니다. 다음 규정을 보십시오. "티모크라테스가 발의했다. 공금 채무자 가운데 누가 법이나 조령에 의해 가중하여 구금형을 받았거나, 앞으로 받게 된다면, 본인이나 그를 대신한 다른 사람이 채무보증인들을 세울 수 있고, 보증인들은 채무 상당액을 지불한다고 약속하고, 민중의 표결을 통해 확인받는다"고 했어요. 80. 여러분 보십시오, 법정 개최와 그 판결에서 바로 민회가 나온단 말이에요. 그러니 범죄자를 11인에게 넘겨주는 절차를 빼 버린 겁니다. 그렇다면, 어떤 관리가 채무 불이행자를 잡아 넘기는 것이겠습니까? 11인[59] 중 누가 그를 인도받는 것입니까? 티모크라테스 법은 보증인이 민회에서 지명되도록 하지만, 민회와 법정이 같은 날 열리는 것은 불가능하죠.[60] 또 보증인 세울 때까지 구금한다는 규정도 그의 법에는 없어요. 81. 왜 그는

59 11인의 기능에 대해서는 참조, Aristoteles, *Athenaion Politeia*, 52. 1.

60 재판관은 동시에 민회의 성원이다. 그러니 민회가 열리는 날 법정을 개최하는 것이 불가능하다. 법정 기일은 테스모테타이가 결정한다. 참조, Aristoteles, *Athenaion Politeia*, 59. 1.

"관리가 보증인을 세울 때까지 채무자를 구금한다"고 분명히 명기하지 않고 얼버무렸을까요? 그렇게 해야 하는 것 아닙니까? 저는 물론 여러분이 같은 의견이라고 봅니다. 이런 규정이 어떤 다른 법과 충돌하는 건가요? 아닙니다. 그것만이 법에 합당한 것이죠. 그렇다면 그가 노린 것은 뭘까요? 여러분이 유죄를 선고한 이가 그 죗값을 아예 치르지 못하도록 방해하는 것 외에 아무런 다른 목적이 없는 겁니다.

82. 그다음에 어떻게 적혀 있습니까? "실제로 자신의 채무를 지불할 보증인들을 세울 수 있다"고 합니다. 여기서 다시 그(티모크라테스)는 신성기금은 10배를 부과하는 권한을 없애 버리고, 또 세속기금으로 두 배를 물도록 되어 있는 것도 2분의 1로 줄여 버렸어요. 어떻게 이렇게 했겠습니까? '벌금'이라고 해야 하는 것을 '(채무) 상당액'이라 하고, 또 '부과되다'가 아니라 '채무를 지다'로 그가 말을 바꾸어 버렸던 겁니다. 83. 그 차이가 뭘까요? 만일 "실로 자신의 채무를 지불할 보증인들을 세울 수 있다"라고 적었다면, 채무의 종류에 따라 채무의 10배 혹은 2배를 지불하는 법들을 포괄할 수 있을 뻔했지요. 그러면 채무자는 기록된 채무 총액뿐만 아니라, 거기에 합법적으로 부과되는 벌금까지 물어야 했을 겁니다. 그런데 지금 그가 적은 바로는, "실제로 자신의 채무액을 지불할 보증인들을 세운다"고 함으로써, 채무불이행자 각각이 제출한 고소장과 서류에 근거한 금액을 기준으로 삼도록 했는데, 거기에는 채무의 원금만 기재되어 있는 거예요.[61]

---

61 수세 관리인, 의무, 과정, 징수금 납부 체납 등에 대한 내용은 참조, Aristoteles, *Athenaion Politeia*, 47, 48.

84. 표현을 뒤바꾸어 이렇듯 상황을 왜곡한 다음, "누구라도 보증인들을 세우려 하면, 의장들은 필히 본안을 표결에 부칠 의무가 있다"고 덧붙임으로써, 그는 온갖 법을 다 무시한 채, 부당행위를 하여 이 법정에서 유죄 선고를 받은 이를 구조해야겠다고 생각한 겁니다. 원할 때 채무자가 보증인을 세우도록 함으로써, 채무자는 변제도 하지 않고 구금도 당하지 않는 길을 터준 것이지요. 85. 보증인이 실익이 없어 여러분이 그들을 퇴짜 놓을 때도, 채무자는 자유를 누리는 경우가 왜 없겠습니까? 보증인을 결국 세우지 못한 채무자를 구금해야 한다고 누가 요구하면, 채무자는 자신이 보증인을 세웠고 또 그렇게 하려고 했다고 대답할 겁니다. 그리고 티모크라테스 법을 끌어대면서, 거기에 자신이 원할 때 보증인을 세우도록 규정되어 있다고 할 것이고, 그런 사이에 구금된다는 규정도 없고, 또 여러분이 보증인을 퇴짜 놓으면, 채무자가 구금된다는 규정도 없으니, 그야말로 부정행위하려는 이들을 위한 방패인 것이죠,

86. 거기다가, "보증인들을 세운 이가 보증인을 세우게 된 채무 상당액을 도시에 납부하면 구금에서 풀려난다"고 했어요. 여기서도 그(티모크라테스)는 제가 방금 말씀드린 그 같은 꼼수를 쓰고 있어요. 집요하게도 그는 '부과된 벌금'이 아니라 '채무 상당액'을 갚으면 구금에서 풀려난다고 규정한 겁니다.

87. 또 "9번째 행정회기에 본인이나 그 보증인들이 채무를 납부하지 못하면, 보증을 세운 이가 구금되고 보증인의 재산은 공금으로 몰수된다"고 했어요. 이 마지막 구절에서는 전적으로 자신의 불법행위에 대해 스스로를 비난하는 것으로 드러납니다. 시민을 구금하는 것

이 수치스럽고 흉한 것이라 여겨서 그(티모크라테스)가 일반적으로 구금을 금지한 것이 아니란 겁니다. 오히려 부정행위자가 옆에 있을 때 적시에 체포할 수 있는 기회를 여러분에게서 박탈하고, 말로만 여러분이 부당행위자를 벌한답시고 떠벌리고, 실제로는 벌하지 못하도록 한 것이란 말이죠. 여러분 의사에 반하여, 여러분의 재물을 폭력으로 앗아간 이들을 풀어 주면서, 다만 가중 구금형을 선고한 재판관들을 고소하는 권한을 갖는다는 말만 더하지 않았던 겁니다.

88. 그 (티모크라테스) 법에는 말썽의 소지가 많지만, 그중에도 여러분이 한층 더 분해하실 것에 대해서만 말씀드리겠습니다. 그 법은 전체적으로 보증인을 세우는 채무자에 대해서만 언급하고, 좋고 나쁘고를 막론하고 보증인을 세우지 않고 여러분을 백안시하는 사람에 대해서는 재판도 처벌도 규정하지 않고, 최대로 면책의 여지를 남겼습니다. 제 9 행정회기까지 말미를 허용한 것은 보증인을 세운 이에게만 적용되도록 하고 있어요. 89. 이것은 누구라도 다음 사실에서 알 수 있죠. 그(티모크라테스)는 채무를 변제하지 않으면, 보증인의 재산이 몰수된다고 규정하고 있어요. 그러나 보증인을 세우지 않는 이에게는 원천적으로 보증인 자체가 없어요. 나아가 여러분 가운데서 추첨으로 뽑힌 이들로 구성되는 의장들은, 누구라도 보증인이 들어서면, 접수하도록 강제하고 있어요. 그런데 도시에 해를 끼친 이에게 어떤 제재도 가하지 않고, 마치 시혜자나 되는 것처럼, 처벌받거나 안 받거나를 선택하는 권한을 부여하는 거예요.

90. 어떤 다른 법이 이보다 더 유해하고 더 망측한 것이 있겠습니까? 무엇보다 먼저, 오래전에 여러분이 결정한 것에 상충하는 규정을

내포하는 것, 둘째, 재판에 회부된 사건에 대해 맹세하고 임한 재판관들이 가중 처벌을 내리도록 해 놓고는, 그것을 무효로 돌리는 겁니다. 그 외에도 채무자들이 채무 변제하지 않은 상태에서도 자격을 보유하도록 했어요. 맹세, 처벌, 재판, 분노 등 여러분이 행하는 모든 조치가 온통 무용지물이라는 사실이 드러납니다. 30인의 일원이었던 크리티아스[62]가 법안을 발의했더라면, 이 사람(크리티아스)과 다르지 않았을 것이라 저는 봅니다.

91. 제 소견에 여러분은 이 법이 정치체제를 교란하고, 모든 사물을 해체하며, 도시로부터 많은 명예를 제거한다는 사실을 쉽게 이해하실 것 같습니다. 여러분이 잘 알고 있듯이, 우리 도시는 여러 번 수륙 양면으로 원정을 감행하여 안전을 확보했고, 이미 빈번하게 많은 훌륭한 공적을 이뤄내면서, 사람들을 구하고, 벌하고, 우호를 다졌습니다. 92. 이런 활동이 어떤 기제를 통해 부득이 이루어졌겠습니까? 조령과 법을 근거로 한 것으로서, 그에 따라 공세를 거두고, 삼단노전선을 유지하도록 하고, 바다로 원정하며, 또 다른 긴요한 활동을 하도록 했던 것이죠. 이렇듯 사업을 추진하기 위해, 여러분은 법정을 구성하고 불성실한 이들을 유죄 선고하여 투옥했던 겁니다. 그러니, 이 이른바 '알량한 이'[63]의 법이 이 모든 것을 방해하고 파멸시킨다는 사실에 유념하십시오.

---

62 크리티아스는 30인 참주정을 주도한 인물이다. 30인과 관련해서는 참조, 이 변론 §42.

63 *kalos kàgathos*. 원래 '훌륭한 이'라는 뜻인데, 여기서는 반어법으로 쓰였다.

93. 그 법에는 이렇게 쓰여 있습니다. "공금 채무자 가운데 누가 법이나 조령에 의해 가중하여 구금형을 받았거나, 앞으로 받게 되면, 본인이나 그를 대신한 다른 이가 채무보증인들을 세울 수 있고, 이들이 9번째 행정회기까지 채무를 납부하겠다고 약속하면, 채무자는 풀려난다"라고요. 그러면 물자는 어떻게 구합니까? 원정은 어떻게 감당합니까? 이 법에 따라 채무자가 각기 보증인을 세우기만 하고 변제하지 않으면, 자금은 어떻게 거두어들입니까? 94. 제우스의 이름을 걸고, 헬라스인에게 이렇게 말해야 할 것 같습니다. "우리에게는 티모크라테스 법이란 게 있어요. 그러니 제 9 행정회기까지 좀 기다려주십시오. 그때가 되면 우리가 원정에 착수할 겁니다"라고요. 그런 변명밖에 할 게 없어요. 여러분 자신을 지켜야만 하는 것이라면, 적들이 우리 측 교활한 시민의 책임 회피와 기만을 반가워할 것이라는 점을 고려하시나요? 여러분의 도시가 스스로의 파멸을 가져올 법, 자신의 이익을 저해하는 법을 제정한다면, 우리가 해야만 하는 일을 할 수 있다고 여러분은 보십니까?

95 아테나이인 여러분, 모든 것이 정연하고 이와 같은 법 없이 원만한 상황이라면, 우리가 적의 기선을 제압하고 또 긴급 상황이나 전운의 변천에 효과적으로 대처하여 밀리지 않을 수 있어요. 그러나, 우리 도시가 세상의 존경과 부러움을 받았던 그 모든 것을 파멸로 몰아갈 법을 여러분 스스로 제정한다면 온갖 벌을 다 받아도 싸지 않겠습니까? 96. 더구나, 아테나이인 여러분, 이 법은 신성기금[64]와 도시공금[65] 관

---

64 *hiera*.

리를 방해하고 있어요. 어째서 그런지 말씀드리지요. 여러분에게는 법이 있는데, 그것은 다른 것처럼 공정한 것으로서, 누구든 신성기금과 공금을 가진 사람은 그것을 의사당에 맡겨야 합니다. 그렇지 않으면, 의회가 수세청부업자 관련 법을 적용하여 모든 이로부터 돈을 거두어들이죠. 97. 이 법에 의해 공금이 관리되며, 민회, 제식, 의회, 기병, 그 밖의 경비를 충당하게 됩니다. 세(稅) 수입만 가지고는 필요경비에 부족하므로, 추가 경비가 이 법의 권위에 의해 조달되는 겁니다. 98. 세수가 부족하여 결손이 클 때, 그 결손이 한 해 마지막까지 보충되지 않을 때, 추가 경비와 관련하여, 채무자가 보증인을 세움으로써, 제 9 행정회기까지 의회나 법정이 채무 불이행자를 체포할 권한이 없을 때. 국가의 온갖 사업은 파국에 이르게 됩니다.

99. 앞서 제 8 행정회기까지는 우리가 무얼 해야 합니까? 말해 보십시오, 티모크라테스 씨, 필요할 때 우리가 모여서 토론하지 않습니까? 여전히 민주정체하에서 있는 것이죠? 공사(公私)를 막론하고 재판소에서 재판하지 않나요? 피해 본 이에게 어떤 보호조치가 보장되나요? 의회는 법에 따라 개최되고 도시의 현안을 처리하지 않나요? 도산(倒產) 이외에 우리에게 어떤 전망이 남아 있나요? 제우스의 이름으로, 이런 사무들을 돈 없이 해야 하나요? 당신이 뇌물을 받고 만든 법 때문에, 민중, 의회, 재판소가 보수를 받지 못하다니, 터무니없는 일 아닌가요? 100. 당신은 말이죠, 티모크라테스 씨, 수세청부업자나 그 보증인들과 관련하여 적어도 다음과 같은 내용을 추가해야만 했던 것이

---

65 *hosia*.

지요. "어떤 채무 불이행자에 대한 채무 회수는 수세청부업자 경우와 같이 처리되도록 한다는 규정이 다른 법 혹은 조령에 있으면, 이들에 관한 채무 회수는 기존 법에 따른다"고 말이오. 101. 그런데 지금 그는 수세청부업자 관련 법을 우회적으로 피하고 있어요. 에욱테몬의 조령에 따르면, 공금 채무자가 패소하는 경우 법에 따라 채무를 회수하도록 되어 있는데, 그 때문에 그(티모크라테스)가 위 내용을 그의 법에 안 넣은 것이죠. 이 같은 방식으로, 다른 대책 마련도 없이 공금 채무자를 벌하는 기존의 규정을 무효로 돌림으로써, 그는 민회, 기병,[66] 의회, 신성기금 및 공금 등, 모든 것을 엉망으로 만들었어요. 이 같은 도전에 대해, 아테나이인 여러분, 여러분이 현명하다면, 그는 처벌받아 마땅히 값을 치르고, 그 같은 법을 다시 들고 나오는 이가 없도록 선례를 만들어야 하겠습니다.

102. 지금 그는 추징의 권한을 법정으로부터 제거해 버렸고, 공익을 해친 이들에게 면책특권을 주며, 도시를 위한 병역을 약화하고 행정을 마비시킬 뿐 아니라, 불량배, 존속 살해자, 군역회피자 등에게 유리한 법을 발의한 겁니다. 현재 유효한 법에 의해 부과되는 벌칙을 폐기하는 것이니까요. 103. 이 사람(티모크라테스)과는 아주 다른 입법자, 솔론이 제정한 법에 따르면, 절도로 유죄 선고를 받고 처형되지 않은 이는 구금형에 처하고, 부모 학대로 유죄 선고를 받은 이가 시장[67]에 출입하면 구금되며, 병역 기피자가 유자격자인 것처럼 행

66 도시의 기마 관리에 대해서는 참조, Aristoteles, *Athenaion Politeia*, 49. 1.
67 *agora*(시장 혹은 광장).

세해도 구금됩니다. 그런데 티모크라테스는 이들 모두에게 처벌을 면제하고, 보증인을 세우기만 하면 구금하지 않도록 한 거예요. 104. 그러니, 저로서는 말이죠. 입에 담기에는 좀 거북한 감이 있을 수도 있으나, 허심탄회하게 말씀드리자면, 그는 스스로 발의한 바로 이 법 때문에 처형받아 마땅하다고 봅니다. 부정한 이들을 위한 이런 법은 저승(하데스)에 가서 발의하도록 하고, 살아 있는 우리는 앞으로도 신성하고 올바른 법으로 살도록 말이죠. 자, 그런 법들을 읽어 주십시오.

절도, 부모 학대, 병역 기피에 관한 법[68]

105. 누가 잃은 재산을 되돌려 받게 되면, 가져간 이는 두 배를 벌금으로 문다. 그렇지 않으면, 감정 액수의 10배를 가중한다. 헬리아이아 법정이 가중 형벌을 내리면, 도둑은 닷새 낮과 닷새 밤을 차꼬를 채운 채 가둬 둔다. 형량에 이의가 있을 때, 원하는 이는 가중 형량을 제안할 수 있다. 부모 학대나 탈영으로 유죄 선고를 받은 이가 출입 금지된 장소에 들어가서 체포되면, 11인이 체포하여 헬리아이아 법정으로 데리고 가며, 거기서 원하는 동시에 권리를 가진 이가 그에 대해 원고가 된다. 유죄로 판명되면, 헬리아이아 법정이 그에게 신체형이나 벌금형을 부과한다. 벌금형이 내리면, 벌금을 갚을 때까지 구금된다.

---

68 군데군데 이 법조문과 유사한 내용이 나오는 것으로는 참조, Lysias, 10.16; Demosthenes, 23.80.

106. 솔론과 티모크라테스, 아테나이인 여러분, 이 두 입법자는 도대체 서로 닮은 점이 있나요? 없나요? 솔론은 당시 현존한 사람들과 미래 사람들을 더 낫게 하려 했어요. 그러나 티모크라테스는 이미 비열한 행위를 한 이들이 처벌을 면하는 길을 터 준 것이고, 나아가 당대에 살면서 나쁜 짓을 한 이들뿐만 아니라 다가올 세대 사람들에게도 처벌을 면하는 방법을 고안해 냄으로써, 만세(晩歲)69에 비열한 이들을 안전하게 처벌받지 않도록 하려 한 겁니다. 107. 그런 당신은 어떤 죗값을 치루고 어떻게 처벌받아야 마땅하겠습니까? 다른 것은 차치하더라도, 당신은 노인을 돕는 법, 생존한 부모를 봉양하고 사후에는 마땅한 예를 갖추는 의무를 규정한 법을 훼손했으니까요. 어떻게 당신이 세상에서 가장 사악한 이로 당연히 비치지 않을 수 있겠소? 오, 저주받을 이여, 도둑질 한 이, 악한 이, 조국의 병역을 기피한 이를 더 많이 섬겨서, 그들을 위해 우리를 해치는 법을 발의했으니 말이오.

108. 이제 변론 첫머리에 제가 여러분에게 한 약속을 지켰다는 사실을 말씀드리겠습니다. 고소 이유에서 밝히는 모든 점에서 이 사람이 유죄라는 사실을 증명하겠다고 제가 약속했는데요. 첫째, 그는 절차에서 불법인 법을 발의한 것, 둘째, 현행법과 상충하는 내용을 제안했다는 것, 셋째, 그런 것들이 우리 도시를 저해한다는 것입니다. 새 법을 발의할 때는 어떤 절차를 거쳐야 하는지를 규정한 법들에 대해 여러분은 들으셨습니다. 이 사람은 그런 것들을 하나도 지키지 않았다는 사실을 제가 여러분에게 밝혔습니다. 109. 또 그의 법이 이

69 과거, 현재, 미래를 막론한다.

같은 현행법 규정에 명백히 모순된다는 사실도 들으셨지요. 나아가 이런 법들을 폐기하기도 전에 이 법이 발의된 사실도 여러분은 알게 되었습니다. 이 법은 해로운 것이란 사실 관련하여, 조금 전까지 제가 말씀드린 내용을 여러분은 들으신 겁니다. 그러니, 이 모든 정황으로 보아, 그는 명백하게 부당행위를 한 것이고, 아무런 배려나 조심성이 없었던 것이죠. 그런데 현행법에서 어떤 다른 것도 금지한 것이 있었다면, 제가 보기에, 그는 그것도 위반했을 것 같습니다.

110. 어느 모로 보나, 그가 흉계를 품고 법안을 발의했고, 판단의 오류가 아니라 고의로 부정행위를 한 사실이 명백합니다. 더욱이 그 법안의 마지막 음절까지 전체 내용이 그 같은 맥락에 있습니다. 그가 원하지 않은 것이었다 해도, 올바르고 여러분에게 득이 되는 것은 아무리 찾으려 해도 찾을 수가 없으니까요. 그러니 피해 본 민중은 간데 없고, 그저 부당행위를 한 이, 앞으로도 같은 짓거리를 할 것 같은 이들에게 유리하게 법을 발의한 이를 멀리하고 벌하는 것이 당연한 것 아닌가요?

111. 제가 당혹스러운 것은, 재판관 여러분, 그 뻔뻔함입니다. 제가 기억하기로, 그가 안드로티온과 함께 공직을 수행할 때, 자금을 충당하느라 지친 대중 여러분에게 일말의 연민을 갖지 않았어요. 그런데 오래전에 안드로티온이, 세속기금[70]과 신전기금[71] 양쪽으로 다, 도시의 돈을 횡령하여 납부해야 했을 때, 이 사람(티모크라테스) 이 법

70 *hiera.*

71 *hosia.*

을 만들어서, 세속기금은 횡령액의 2배, 신전기금은 그 10배를 징수하는 권한을 없애 버렸어요. 이렇듯 대중 여러분에게 누를 끼친 그가 곧 나타나 자신이 민중을 위해 법을 제안한 것이라고 주장할 겁니다.

112. 제 소견에, 가난하고 주변머리 없고 많이 미숙하며, 추첨으로 뽑혀 시장 관리인,[72] 경찰,[73] 각 구의 재판관[74]으로 봉직한 이가 회계 감사[75]에서 횡령한 것으로 유죄가 되면, 어떤 벌을 받아도 마땅하므로 10배로 배상하도록 했지요. 그런데 이 사람(티모크라테스)은 그 같은 사람들에게 도움을 주는 어떤 새로운 법은 만들지 않으면서, 오히려 민중에 의해 선출된 부유한 사신들 중 일부가 횡령하여, 신성기금이나 공금의 거액을 오래 수중에 가지고 있을 경우, 법[76]이나 조령[77]에 의해 규정된 처벌을 면할 수 있는 방법을 찾느라 애쓴 겁니다.

113. 그런데 솔론은 말이지요, 재판관 여러분, 티모크라테스 자신도 그 같은 수준의 입법자라고 자처하지 않을 그(솔론)는 부정한 이 같은 부류의 사람들이 처벌을 면하도록 배려하지 않았어요. 부정을

---

72 *agoranomoi*. 아테나이 도심에 5명, 페이라이에우스 항구에 5명, 총 10명이 추첨되어 시장, 거래 등을 관할, 감독한다. 참조, Aristoteles, *Athenaion Politeia*, 51. 1.

73 *astynomoi*. 아테나이 도심에 5명, 페이라이에우스 항구에 5명, 총 10명이 추첨된다. 참조, Aristoteles, *Athenaion Politeia*, 50. 2.

74 *demoi dikastai*. 각 부족에서 4명씩, 총 40명으로 구성되며, 각 구(區 · *demos*)를 순회하면서, 10드라크메 한도의 재판 사건에 대해 전권을 갖는다. Aristoteles, 참조, *Athenaion Politeia*, 53. 1～2.

75 *euthynai*.

76 *nomos*.

77 *psephisma*.

저지르지 않든가 상응하는 처벌을 받든가 해야 하는 것이에요. 낮에 50드라크메 이상을 도둑질하면, 11인 앞으로 강제구인되며, 밤에 무엇이라도 훔치면 그를 잡으려 하다가 죽이거나 상해할 수 있고, 추격자가 원한다면 11인에게로 강제구인된다는 법을 그(솔론)가 정초했습니다. 구금형에 이르는 범죄 관련하여 유죄가 되면, 보증인을 세우고 훔친 것을 반환하는 것은 용납되지 않고, 사형으로 처벌됩니다. 114. 또 솔론은 리케이온, 아카데메이아, 혹은 키노사르게스[78]로부터 옷가지나 작은 도기, 혹은 다른 사소한 물건을 훔치거나, 체육학교(김나시아), 혹은 항구에서 10드라크메 이상의 물건을 훔치는 이에 대해서도 처형되도록 했어요. 나아가 절도죄로 사소(私訴)[79]에서 유죄 선고를 받으면, 훔친 액수의 2배로 배상할 수 있으나, 재판소에서는 벌금형 이외에 5일 낮밤을 투옥하여 만인이 보도록 구금형을 가중할 수 있고요. 조금 전에 이런 법들에 대해 여러분은 경청하셨습니다.

---

78 키노사르게스(Kynosarges)는 고대 아테나이의 디오메이아스(Diomeias) 데모스(행정구역) 지역에 있었고, 오늘날 키노사르게스 지역과 일치한다. 리케이온, 아카데메이아와 함께 3개의 고명한 학교(김나시온)이다. 아크로폴리스 동쪽 성 밖에 있으며, 남쪽 성 밖에서 동서(완만하게 북동에서 남서쪽)로 가로질러 흐르는 일리소스(Ilissos)강 북쪽으로 리케이온이 있는 곳에서 조금 더 멀리 떨어져 있다. 이곳에 헤라클레스 사당(Herakleia en Kynosargei)이 있었다. '키노사르게스'란 이름은 개(*kysows*)와 연관이 있다. 어느 날 다른 곳에서 헤라클레스에게 제사를 지내고 있을 때, 개나 나타나 희생제물의 넓적다리를 물고 달아났는데, 뒤쫓아가 보니 이곳에 그 물었던 넓적다리를 내려놓았고, 그 후 이곳에서 헤라클레스에게 제사를 지냈다고 한다. William Morison, "Cynosarger", Internet Encyclopedia of Philosophy(https://iep. utm. edu/cynosarg/, 2022. 1. 6. 검색) 참조.

79 *idia dike.*

115. 부정을 행하면, 그 훔친 것을 그냥 돌려주는 것으로 끝내서는 안 된다고 그(솔론)는 생각한 것이죠. 그렇게 면피할 수 있게 한다면, 많은 도둑이 생길 것이라고 보았기 때문이에요. 붙들리지 않으면 장물(贓物)을 그대로 가지게 되고, 붙들리면 그냥 돌려주기만 하면 되니까 말이죠. 그래서 상당액의 2배로 물게 하고, 또 벌금 외에 구금형으로 가중하여 여생을 수치스럽게 살도록 했던 겁니다. 그런데 티모크라테스는 그렇게 하지 않았어요. 2배로 물어야 하는 것을 그냥 원금만 되돌려 주도록 하고 또 아무런 가중 처벌도 부과하지 않도록 했으니까요.

116. 더구나 앞으로 나올 범죄자와 관련해서만 이 같은 불법을 저지른 것이 아닙니다. 이미 부당행위를 하여 처벌받은 이들까지 풀어주려는 거예요. 그러나 제 소견에는 말이죠, 입법자들이 미래를 위해, 나아갈 방향의 기준을 제시하고 각각의 부정행위에 어떤 처벌을 내려야 하는지 등과 관련하여 법을 만들어야 하는 것이에요. 그 함의는 법이 모든 시민 공동체를 위해 제정되어야 한다는 겁니다. 이미 일어난 지난 일과 관련한 것은 법의 제안이 아니라 부당행위자를 면책하려는 목적을 가진 거예요. 117. 제 말이 진실임을 다음 사실을 통해 여러분이 짐작할 수 있겠습니다. 에욱테몬이 불법적 법안의 발의로 유죄 선고를 받았다면, 티모크라테스가 이런 법을 발의하지 않았을 것이에요. 도시가 필요로 하지 않는 법, 다만 그 무리들이 다른 이들을 백안시하고 도시의 재물을 강탈하는 데 도움이 되는 그런 법 말이죠. 그런데 에욱테몬은 풀려나 버렸고, 지금에 와서 티모크라테스는 여러분의 결정, 법정의 판결, 다른 모든 법들을 무효로 하고 그 자신과 그 자신이 제안한 법안만 유효한 것으로 만들려고 하는 것이죠.

118. 그러나, 티모크라테스 씨, 우리 도시에 유효한 법은 이들에게 전권을 부여하여, 변론을 듣고 난 다음 불법이라고 생각하는 정도에 따라, 응징하도록 하고 있어요. 큰 부정은 많이, 적은 부정은 적게 말이죠. 어떤 신체형이나 벌금형을 처벌 내려야 할 때가 되면, 이들이 상응하는 정도를 결정합니다. 119. 그런데 당신(티모크라테스)은 구금을 하지 못하게 함으로써 신체형을 없애 버렸어요. 누구를 위해서 그런 겁니까? 도둑, 신전 강탈자, 존속 살해자, 살인자, 군역회피자, 탈영자들이에요. 당신은 그 법으로 이들을 보호하는 겁니다. 그러니, 민주정체에서 신성과 민중의 이익이 아니라, 이 같은 이들을 위하는 법을 발의하는 이는 극형을 받아 마땅한 것 아닙니까? 120. 그런 이들은 순리대로 또 법 규정에 따라 최대의 형벌에 처해야 한다는 점을 그도 부인하지 못할 거예요. 또 그가 법을 발의하여 보호하려 한 이들이 도둑놈이고 신전 강탈자란 사실도 부인하지 못할 겁니다. 신전기금과 관련하여, 그들이 (아테나) 여신으로부터 10분의 1, 다른 신들로부터 50분의 1을 훔쳐서는 그대로 보유하면서 돌려주지 않았고, 여러분에게 귀속하는 공금도 훔쳤어요. 이들의 신전 강탈이 다른 이들의 것과 다른 점은 아크로폴리스로 지불해야 할 돈을 내지 않는다는 것이죠.[80]

121. 올림포스 제우스의 이름으로, 재판관 여러분, 제가 생각건대, 안드로티온은 우연이 아니라 신들이 보낸 이 같은 무모함과 거만함의 희생물로서, 결국 니케(승리) 여신상을 절단한 이들이 서로의 손에 의해 파멸하듯이,[81] 이들은 서로 간 송사에 의해 파멸하고, 법의 규정에

---

80 도시의 금고가 아크로폴리스(파르테논 신전)에 있었다.

의해 10배를 물어야 하고, 그렇지 않으면 구금되어야 합니다.

122. 그가 발의한 법 관련하여, 제가 말하는 도중에 떠오른 생각으로 여러분에게 말씀드리고 싶은 것이 있어요. 좀 이상하고 황당한 것인데요. 이 법은, 재판관 여러분, 수세청부업자가 마땅히 지불해야 하는 돈을 내놓지 않는 경우, 거래상 손해에 기인하여 부득이하게 도시에 누를 끼친 경우, 기존의 법 규정에 따라 구금과 2배의 배상으로 처벌받도록 했어요. 그런데 이 사람(티모크라테스)은 도시의 재물을 훔치고 여신의 신전을 강탈한 이들은 구금하지 말자고 합니다. 만일, 티모크라테스 씨, 당신이 후자가 전자보다 가벼운 범죄라고 본다면, 정신이 온전치 않다는 사실을 스스로 고백하는 것이오. 또 사실이 그러하듯, 후자가 더 무거운 범죄라고 보면서 그들을 풀어 주고, 전자는 구금하려 한다면, 분명히 당신이 후자로부터 뇌물을 받고 그러는 것 아니겠소?

123. 말씀드리고 싶은 또 다른 것은, 재판관 여러분, 여러분이 연사(演士)들에게 보다 더 관대하다는 사실입니다. 여러분은 필부(匹夫) 대중에게는 가혹한 규정을 적용하지요. 예를 들면, 양쪽에서 돈을 받아 챙기거나, 혹은 채무가 있는 상태에서 민회에서 공적 현안을 다루거나 재판에 임하거나, 법이 금하는 또 다른 공무에 임하는 이들이 있는데, 여러분은 이들 가운데 누구라도 이런 위법을 하는 것은 가

81 도적들이 승리의 여신상의 금으로 된 날개를 훔쳐간 적이 있었는데, 서로 다투다가 파멸했다. 이와 같은 신전 약탈 관련해서는 참조, Isokrates, 18. 57. 필루르고스라고 하는 이가 고르고네이온(고르고스 사당)에서 금으로 된 고르고스의 얼굴을 훔쳐서 아테나 여신의 조각상을 만드는 데 썼다.

난 때문이라는 사실을 알고 있어요. 나아가 여러분은 위법을 장려하는 것이 아니라 근절하는 법을 제정합니다. 그런데 이들(연사)과 관련해서는 가장 염치없고 가장 악랄한 행위자에 대해서도 처벌하지 말자고 하는 겁니다. 124. 그러고는 사적으로는 그들이 여러분을 폄훼해요. 비열하고 배은망덕한 예속 하인[82] 같은 타성을 가진 그들이 마치 여러분보다 더 훌륭한[83] 이들인 것처럼 거드럭거리면서 말이죠. 예속 하인으로 있다가 해방된 이들은, 재판관 여러분, 그 해방된 사실에 감사는커녕, 자신의 전력을 알고 있는 주인을 다른 누구보다 더 증오하는 법입니다. 그 같은 짓거리를 연사들이 하는 거예요. 도시 덕분에 가난뱅이에서 부자가 되었음에도 대중[84]을 폄훼하는 것은, 모두가 그들의 가난하고 젊었던 시절의 이력을 알고 있기 때문입니다.

125. 그런데, 제우스의 이름을 걸고, 안드로티온, 클라우케테스, 멜라노포스가 아마도 수치스러워하는 것은 구속된 사실일 것 같습니다. 그런데, 다시 제우스의 이름으로, 재판관 여러분, 그러나 딱히 그런 것도 아니지요. 도시가 피해를 보고 모욕당하면서도 여신과 함께 그 자체를 보호하려 응징에 나서지 않는 것이 참으로 수치스러운 것일 테니까요. 혹여 구속이 안드로티온의 가계의 전통이 아닐까요? 여러분 자신이 주지하듯이, 그 부친이 5년 주기로[85] 여러 번 감옥살이를 했

82 *oiketai*.

83 *kaloi kagathoi*.

84 *plethos*.

85 *penteteris*(복수형 *penteterides*). '5년째'(Loeb 판본)라는 뜻으로, 만 4년 동안(Kaktos 판본)으로 풀이하기도 한다. 이 기간은 만 4년 만에 개최되는 올림픽 경

고, 방면된 것이 아니라 달아났어요. 126. 젊은 시절에 그가 이룬 공적과 관련한 것이 어떻다고요? 그것도 도둑질한 것과 마찬가지로 투옥되어야 하는 겁니다. 허가도 받지 않고 저잣거리로 들어와서 착실한 이들을 붙들어 감옥으로 집어넣지 않았나요? 제우스의 이름으로, 멜라노포스가 지금 구속될 지경에 처한 것도 곤혹스러운 일이지요.

127. 그런데 그의 부친[86]에 대해 도둑질 많이 한 이력을 말씀해드릴 수도 있겠습니다만, 그런 험담은 그만 생략하겠습니다. 어쨌거나 저와 관련해서, 그 부친은, 티모크라테스가 그에게 바치는 찬사에 어울리는 그 같은 이라고 일단 양해하도록 합시다. 그런데 이른바 덕성 있는 부친의 아들은 비열한 도둑인 데다가, 배반죄로 유죄 선고를 받아 3탈란톤을 벌금으로 냈고, (동맹국) 의회에 대표[87]로서 참가했다가 재판소에 의해 횡령으로 유죄가 되어 그 10배를 배상했으며, 또 사신이 되어 아이깁토스로 파견되었을 때 배임했고, 자기 형제들을 해쳤어요. 이 같은 짓거리를 한 이는, 그 부친의 덕성 여부와 무관하게, 투옥되어 마땅하지 않겠습니까? 저로서는 라케스[88]가 진실로 덕성이 있고 우리 도시를 사랑한다면, 이같이 불미스러운 말썽에 연루된 그

기의 연대 추정에 따른 것이다.

86 멜라노포스에 대해서는 참조, 이 변론 §12. 그의 부친에 대한 정보는 여기서 다소간 폄훼된 것으로 보인다〔참고, Navarre & Orsini (Les Belles Lettres)〕. 그의 부친은 용맹으로 이름난 라케스로 추정된다. 라케스는 델로스 패전 이후 소크라테스와 함께 귀환했으며, 플라톤(*Symposion*, 221a)도 그를 칭찬한다.

87 *synedrion*.

88 멜라노포스의 아버지.

의 아들을 스스로 나서서 감옥에 보내야 한다고 봅니다.

아무튼 멜라노포스는 이쯤 해 두고, 글라우케테스로 넘어갑시다. 128. 그는 데켈레이아[89]로 제일 먼저 달아났고, 그곳을 기지로 해서 여러분을 공략하고 약탈한 이가 아닙니까? 이 사실은 여러분 모두가 아시지요. 이 사람은 여러분의 처자식, 그 밖의 재물 등 수중에 넣은 것의 10분의 1 세금을 (스파르타가 임명한) 하르모스테스(총독)[90]에게 어김없이 바쳤어요. 129. 또 여러분에 의해 사신으로 임명되었을 때, 그는 여러분의 적으로부터 얻은 전리품의 10분의 1을 여신에게 바치지 않았지요. 그다음 아크로폴리스의 회계관[91]이 되자, 이민족[92]에게서 가져온 도시의 전리품, 은으로 다리를 댄 의자[93]와 마르도니오스의 칼[94]을 아크로폴리스에서 없애 버렸어요. 자그마치 시가로 300다

---

89 펠로폰네소스 전쟁 후반기인 기원전 411년 라케다이몬인은 아티카와 보이오티아 접경의 데켈레이아를 점령했다. 당시 아테나이에서 예속인 등 많은 이들이 데켈레이아로 달아났는데, 글라우케테스의 경우는 그곳으로 달아났다기보다 포로로 잡혀갔을 가능성이 있는 것으로 추정된다.

90 펠로폰네소스 전쟁이 끝난 다음 승리한 스파르타가 아테나이 동맹국이었던 도시와 섬들에 세운 총독이다.

91 *harmostes*(복수형 *harmostai*). 펠로폰네소스 종전 이후 아테나이 해상 패권을 물려받은 스파르타의 리산드로스가 에게해 섬의 주변 도시들에 심은 총독이다.

92 *barbaroi*.

93 *diphros*. 페르시아 왕 크세르크세스가 살라미스 해전을 굽어보기 위해 아이갈레오산 위에 설치한 의자로 추정된다.

94 *akinake*. 단도로 페르시아인 혹은 스키타이인이 소지했다. 크세르크세스의 수하 장군이었던 마르도니오스의 것으로서 플라타이아 전투 이후 수거된 것으로 추정되는 단도를, 훗날 파우사니아스(1. 27. 1)가 아테나 폴리아스 여신전에서 보았다고 증언한다. 그러나 이 단도가 실제로 마르도니오스의 것인지는 불확실하다.

레이코스(페르시아 금화) 값어치에 달하는 것을 말이죠. 이 전리품들은 널리 소문이 나 있어서 만인이 알고 있었던 겁니다. 다른 사안에서도 그는 광포한 이가 아니었던가요? 130. 아무도 그 같은 이는 없어요. 그러니 이들 가운데 누구를 연민해서, 이들 때문에 (아테나) 여신에게 바칠 10분의 1 세금, 혹은 2배의 공금 수입을 없애거나, 이들을 처벌하지 않고 방면하면 되겠습니까? 그렇게 해서 이들이 득을 보게 되면, 재판관 여러분, 만인이 비열한 이로 전락하지 못하도록 하는데 어떤 방법이 있겠습니까? 제가 보기에, 아무런 방도가 없어요.

131. 그러니 여러분이 스스로 이런 꼼수에 길을 터 줄 것이 아니라, 이들을 처벌하십시오. 그들을 구금하면, 여러분의 재물을 수중에 꿰찬 채 감옥 가는 것을 불평하도록 내버려두지 마시고, 법에 따라 처단하십시오. 이방인 관련 소송에서 유죄가 된 이는, 위증했는지 여부로 재판받을 때까지 감옥에 수감되어 있어도 억울하다고 생각하지 않고, 보증인을 세워서 풀려나겠다는 생각도 없이 그냥 앉아서 기다립니다. 132. 도시는 그들을 믿어서는 안 된다고 판단하고, 또 보증인을 세웠다는 빌미로 처벌을 제대로 하지 못하면 올바른 처사가 아니라고 보며, 다른 많은 시민들이 당하는 것처럼 구금 상태로 머물러 있어야 한다고 여겼던 것이죠. 더구나 이미 일부는 돈 때문에 또 판결에 의해 구금당하여,[95] 그대로 구금 상태로 있어요. 이런 경우에 해당하는 이들의 이름을 일일이 거론하는 것이 다소간 부담스럽긴 하지

---

95 돈을 갚지 못하여(*epi chremasi*) 구금당한 이들, 또 판결에 의해(*epi krisesi*) 구금형을 선고받은 이들을 말한다.

만, 부득이 그들의 경우를 이들과 비교해 보아야 할 것 같습니다.

133. 아주 오랜 옛일이나, 에우클레이데스 수석장관(아르콘)[96] 이전의 사례를 인용하려는 것은 아닙니다. 그러나 일찍이 한 미덕의 행위로 당대에 크게 존경받았으나 뒷날 저지른 잘못으로 인해 민중으로부터 격하게 미움을 샀던 많은 이들에 대해 말씀드려야 할 것 같습니다. 도시는 한동안 정직했으나 그 후 파렴치한으로 바뀌는 이가 아니라, 공익과 관련하여 흔들림 없이 정직할 것을 요구합니다. 초기 한정된 시간에 보인 정직은 본성이 아니라 신임을 얻기 위해 꾸민 것이라 보기 때문이지요. 134. 그러나 에우클레이데스 수석장관 이후에는, 재판관 여러분, 여러분 모두 주지하듯이, 콜리토스 출신의 고명한 트라시불로스[97]가 두 번이나 구금되었으며, 민회에서 열린 2번의 재판에서 다 유죄 선고를 받았어요. 그럼에도 그는 필레에서 페이라이에우스에 이르는 행렬에서 기리는 영웅들 가운데 속했지요. 또 람프트라이 출신의 필렙시오스[98]도 있었어요. 콜리토스 출신 아기리오스도 있었는데, 유능하고 민주적이었으며, 여러분 대중을 위해 많은 기여를 했던 이였어요. 135. 그런데도 그는, 법은 자기에게나 여느 평범한 이들에게나 다 동등하게 적용되어야 한다고 여기고, 도시에

---

96 기원전 403년.

97 콜리토스 출신 트라시불로스는 스테이리아 출신의 트라시불로스와 다른 사람이다. 이 두 사람은 기원전 403년 30인 참주정을 타도하고 민주정부를 복원하는 데 같이 협력했다.

98 람프트라이 출신 필렙시오스는 아리스토파네스의 희극(*Ploutos*, 177)에 소개된다. 가난한 아테나이인으로 생계를 위해 신화를 엮어 들려주는 일을 한 것 같다.

귀속된다고 생각한 재물을 갚을 때까지 수년 동안 감옥에 머물러 있었어요. 그의 조카로 권세를 가졌던 칼리스트라토스도 자기 처지를 위해 새로운 법을 만들려고 하지 않았고요, 미로니데스도 그랬지요. 그는 필레를 장악했던 아르키노스의 아들이었고,[99] 민주정부를 회복하는 데 신들 다음으로 기여했으며, 또 정치가로나 장군으로나 여러 번 대단하고 빛나는 공적을 이루었어요.

136. 그럼에도 이들은 모두 법에 승복했어요. (아테나) 여신전 회계관들과 다른 신들의 회계관들도 말이죠, 그 임기 중에 신전 뒤쪽 공간[100]에 불이 났는데, 판결이 날 때까지 수감되어 있었어요. 게다가, 재판관 여러분, 곡물을 매점매석하다가 유죄가 된 이도 있고 또 안드로티온보다 나은 다른 많은 이들이 있지요. 137. 이들에게는 옛 법이 유효하여 기존 법에 따라 처벌했는데도, 또 안드로티온, 글라우케테스, 멜라노포스는 기존 법에 준하여 여러분의 투표로 이미 유죄로 판명되어 처벌되었고, 신성기금과 공금을 횡령한 것으로 드러났음에도, 이들을 위한 새로운 법이 제정되어야 한단 말입니까? 신전 강탈자들을 방면하기 위해 새 법을 만드는 것으로 드러난다면, 세상 사람

---

99 아르키노스는 보수 성향이었지만 기원전 404년 테바이로 추방된 민주파와 함께 했다. 크세노폰(*Hellenika*, 2. 4. 2.)가 전하는바, 필레에 모인 민주파의 이름에는 나오지 않는다. 그 아들 미로니데스에 대한 정보도 남아 전해지는 것이 없다.

100 신전의 일부를 구성하는 '뒤쪽 공간(*opisthodomos*)'이 불탄 것은 기원전 377/6년, 킬리아스 수석 아르콘 때였다. '뒤쪽 공간'이란 아크로폴리스 파르테논의 뒤쪽 부분이라는 견해가 있었다. 이와 달리 파르테논 옆 에레크테이온의 뒷부분이 보물창고로 쓰였다고도 하나 이곳은 불에 탄 적이 없다. 또 '뒤쪽 공간'이 아크로폴리스의 동쪽에게 있던 또 다른 건물을 말하는 것이라는 견해도 있다.

들이 우리 도시를 우습게 보지 않을까요? 138. 적어도 제 소견에는 그렇게 볼 것 같습니다. 여러분은 물론 우리 도시를 조롱거리로 만들지 마십시오. 해를 끼치는 법을 발의했다는 이유로 키다테나이온 출신 에우데모스에게 사형 선고를 내린 사실을 여러분은 기억하시지요. 그게 오래된 일도 아니고, 에우안드로스 수석장관 때였어요. 선주였던 필리포스의 아들이었던 필리포스[101]도 자칫 처형될 뻔했으나, 근소한 표차로 살아났어요. 그가 어마어마한 액수의 벌금을 내겠다고 제안했던 겁니다. 그 같은 분노로 오늘 이 사람(티모크라테스)을 다스리도록 하십시오. 무엇보다 그가 여러분을 대표한 유일한 사신이었다면, 여러분이 어떤 봉변을 당했을 것인지 유념하면서 말이죠. 제 소견에, 그가 끼치지 않고 남긴 해악은 아무것도 없었을 것 같습니다. 또 여러분은 그의 의도를 살펴야 합니다. 그가 발의한 법은 바로 그의 생각을 드러내는 것이니까요.

139. 저는 여러분에게, 재판관 여러분, 로크리스인[102]의 입법 과정을 말씀드리려 합니다. 그 같은 사례, 특히 질서 정연한 도시의 예를 알아보는 것이 나쁘지 않을 테니까요. 그곳 사람들은 구법(舊法)을 지키고 선조의 체제를 보존하는 것, 자의적 목적이나 부정한 의도로 입법하지 않는 것이 좋다는 의견을 지녔으므로, 새 법을 제안하고자 하는 이는 오랏줄을 목에다 걸고 발의해야 해요. 그래서 그 제안이 바

101 선주 필리포스에 관해서는 참조, Demosthenes, 49. 14.

102 이탈리아 남부 로크리스인을 뜻하는 것으로 보인다. 그곳 잘레우코스는 입법자로서 스파르타의 리쿠르고스, 아테나이의 솔론과 같은 명성을 가졌다.

람직하고 유용하다고 여겨지면 살아서 돌아오고, 그렇지 않으면 오랏줄에 목이 매여 죽는 겁니다. 140. 그래서 그들은 감히 새 법을 제안하지 않고 꼼꼼하게 옛 법을 지키는 것이죠. 들리는 말에, 재판관 여러분, 수년 동안 새 법을 딱 한 개 제정했다고 합니다. 그곳 한 법에 따르면, 누가 이웃의 눈을 상하게 하면, 자신의 눈도 하나 희생해야 하고, 금전으로 배상할 수 없다고 해요. 그런데 어떤 이가 눈이 하나밖에 없는 상대의 눈을 빼 버리겠다고 협박했다는 겁니다. 141. 그래서 그 눈을 잃으면 사는 게 사는 것 같지 않게 될 지경에 처한 외눈박이가 당황해서, 용기를 내어 법을 발의했다고 하죠. 그 내용은 외눈박이 눈을 상하게 한 이는 자신의 두 눈을 다 빼야 한다는 것이었답니다. 그래야 같은 효과를 볼 수 있다는 것이었어요. 200년 이상 로크리스인이 만든 새 법은 딱 이것 하나뿐이라고 합니다.

142. 그런데 우리네 연사들은 어떤지 보십시오. 오, 재판관 여러분, 무엇보다 먼저 사적 이익을 위해 법을 제안하지 않고는 한 달을 못 넘겨요. 둘째, 공직을 맡으면, 사인(私人)을 감옥으로 끌고 가는데, 같은 상황이 자신에게도 똑같이 적용되어야 한다는 생각을 안 하는 겁니다. 또 예로부터 검증된 〈솔론법〉, 우리 선조가 제정하고, 제정한 이들이 스스로 지켜야 한다고 믿은 그 법을 도시에 해악을 끼치기 위해 폐기하고 있는 거예요. 143. 이들을 처벌하지 않는다면, 순식간에 대중은 이 짐승 같은 이들에게 예속될 겁니다. 유념하십시오, 재판관 여러분, 여러분이 극도로 분노하신다면, 그들의 만행이 수그러들 것이지만, 그렇지 않으면, 허장성세로 겉을 두르고 여러분을 능멸하는 많은 불한당들과 조우하게 될 것입니다.

144. 그(티모크라테스)의 법과 관련하여 제가 말씀드려야 할 것은, 재판관 여러분, 제가 얻은 정보에 따르면, 그가 전례에 따라 그 법안을 발의했다고 주장할 것이랍니다. 다음과 같은 내용의 법을 말하는 것이에요. "도시의 배반을 획책하거나 민주정부를 전복하거나, 수세청부업자 혹은 그 보증인 혹은 세금 수납자가 미변제 상태에 있지 않는 한, 자신과 같은 납세 계층에서 3명의 보증인을 세우는 아테나이인 시민 누구도 나는 구금하지 않을 것이다"라는 것이에요. 145. 제 말씀을 좀 들어 보십시오. 이 법이 유효한데도 안드로티온이 사람들을 감옥에 잡아 가두었다는 사실을 말하려는 것이 아닙니다. 다만 이 법이 어떤 경우에 적용되는 것인지를 말씀드리려는 것이에요. 이 법은, 재판관 여러분, 이미 재판을 거치고 판결이 끝난 이들이 아니라 아직 재판을 받지도 않은 이들이, 구금 상태의 불리한 입장에서, 또 충분히 준비가 안 된 상태에서 재판에 회부되는 일이 없도록 하자는 것이거든요. 이렇듯 이 법은 판결받지 않은 이들을 뜻하는 것인데도, 저(티모크라테스) 법은 마치 모든 이에게 연관되는 것처럼 두루뭉술하게 넘어가려 했어요.

146. 제 말이 진실임을 여러분이 이해하실 수 있는 방법을 말씀드리겠습니다. 재판관 여러분, 만일 도시 배반자, 민주정체 와해 음모자, 거둔 세금을 공금으로 귀속시키지 않은 수세청부업자 등을 제외한 다른 이들에 대해서 여러분이 신체형(자유형)이나 금전형을 부과할 권리를 갖지 못한다면, 구금은 신체형에 들어가므로, 여러분은 구금할 권리를 갖지 못하게 되는 것이에요. 또 혐의자 정보 고지(告知)103와 체포104 관련해서도, "정보 고지 혹은 체포된 이는 11인이 투옥한다"는 규정도 법에 들어갈 수가 없게 되는 겁니다. 147. 그러

니 이런 정황이 구금이 허용된다는 것을 여러분에게 증명하는 것이에요. 그렇지 않다면, 여러분이 부과하는 처벌은 완전히 무효가 되는 것이죠. 그다음, 재판관 여러분, 법에 "아테나이인 시민 그 누구도 나는 구금하지 않을 것이다"라고 한 것은 그 자체로서 법 규정이 아닙니다. 다만 의회에서 행하는 맹세를 적은 것일 뿐, 의회에서 연사들이 시민 가운데 누구를 구금하려고 음모를 꾸미는 일이 없도록 하자는 것이에요. 148. 그래서 솔론은 의회로부터 누구를 구금할 수 있는 권한을 박탈하기 위해 의회의 맹세[105]에 이런 규정을 넣었던 것이고, 여러분(재판관)이 하는 맹세에는 넣지 않았던 겁니다. 법정은 무한의 권한을 가져야 하고, 유죄 선고를 받은 이는 법정에 의해 주어진 어떤 형벌도 감내해야 한다고 솔론이 보았던 것이죠. 이런 점 관련하여 헬리아이아 법정의 맹세를 들으시겠습니다. 자, 읽어 주십시오.

149. 헬리아이아 재판관의 맹세[106]

나는 아테나이 민중의 법과 조령에 따라 표결하겠습니다. 참주나 과두정부 수립에 찬성하지 않겠습니다. 누구라도 아테나이 민중을 와해시키려 하거나 또 민중의 이익에 반하여 말하고 투표하면, 동의하지 않을 것

---

103 *endeixis*. 고소인이 혐의자가 있는 곳의 정보 등을 관할 장관에게 알리는 것으로, 본인 혹은 공직자로 하여금 혐의자를 체포하도록 한다.

104 *apagoge*. 본인이 직접 혐의자를 체포(구인 · 拘引) 하여 '11인'에게 넘긴다. 반드시 그런 것은 아니지만, 이는 현장범인 경우에 주로 이루어진다.

105 500인 의회 의원들의 맹세는 기원전 501/500년 헤르모크레온 수석장관 때에 만들어졌다. 참조, Aristoteles, *Athenaion Politeia*, 22. 2.

106 이는 데모스테네스 변론의 다른 곳 내용을 원용해 훗날 삽입된 것으로 추정된다.

입니다. 사적 채무의 말소, 토지와 아테나이 가옥의 재분배에서도 마찬가지입니다. 추방된 이나 사형 선고받은 이들을 조국 땅으로 다시 들이지 않겠습니다. 아테나이 민중과 의회가 제정한 현행의 법 및 조령을 어기면서 거주민을 도시에서 내쫓지 않을 것이며 다른 이가 그렇게 하도록 내버려두지도 않겠습니다.

150. 이전 공직의 수행보고를 할 때까지 다른 공직에 임하는 것을 허용하지 않겠습니다. 9명 장관, 종교사절단[107] 9명 장관(아르콘)이 정해지는 것과 같은 날 추첨으로 결정되는 공직자(아르콘), 전령, 사신, 종교의회 대표 등이 그러합니다. 같은 사람에게 같은 직책을 두 번 허용하지 않으며, 한 사람이 같은 해 동안 두 개의 공직을 맡도록 하지도 않겠습니다. 헬리아이아[108] 재판관으로서 나는 뇌물을 받지 않을 것인바, 나 자신은 물론 다른 남자나 여자가, 내가 인지하는 한, 나를 위해 어떤 술수나 어떤 권모에 의해서 뇌물 받는 일이 없도록 하겠습니다.

151. 나는 30세 이하가 아닙니다. 나는 원고와 피고에 대해 똑같이 경청하고, 기소된 혐의에 대해 엄정하게 판결하겠습니다. 재판관은 제우스, 포세이돈, 데메테르를 두고 맹세하되, 맹세를 저버리면 자신은 물론 집안에 저주[109]가 내리며, 맹세를 잘 지키면 많은 이득이 따를 것이라고 기원하겠습니다.

---

107 히에롬네몬(*hieromnemon*, 추첨관리)과 필라고라스(*Pylagoras*, 선출관리)는 도시를 대표하여 신성동맹 회의에 파견된다.

108 *heliasis*. '헬리아이아 재판관으로 임하다'란 뜻으로 풀이한다.

109 '저주(*kat' exoleian*)의 맹세'란 자기 자신, 자식, 온 집안 등에 내리는 저주를 무릅쓴다는 뜻의 맹세이며, 고대 아테나이의 맹세 중 가장 엄숙하고 끔찍한 것이다.

여기에는, 재판관 여러분, "아테나이인 시민 누구도 나는 구금하지 않을 것이다"란 표현이 없어요. 법정은 모든 사안[110]을 판결하고, 구금이나 다른 적정한 처벌을 언도할 권한을 가진 것이지요.

152. 여러분이 구금형을 선고할 권리가 있음을 제가 증명했습니다. 제 소견에, 법정의 판결을 무효로 하는 것은 황당하고 불경스러우며 민주정체를 전복하는 것이라는 점에 모두가 동의할 것 같습니다. 우리 도시는, 재판관 여러분, 법과 투표를 통해 운영됩니다. 투표에 의한 결정이 새 법에 의해 무효가 된다면, 어떤 결과가 초래되겠습니까? 이런 상황을 어떻게 무법이 아니고 합법이라고 당당하게 말할 수 있습니까? 그 같은 법의 제정자는 극도의 분노를 사야 하는 것 아닙니까? 153. 제 소견으로는, 극형을 받아야 하다고 봅니다. 그 같은 법을 발의했을 뿐만 아니라, 법정의 권위를 허물고 추방된 이를 불러들이며, 갖은 사악한 행위에 대한 길을 다른 이들에게 가르쳐 주고 있으니 말이죠. 재판관 여러분, 이 같은 법을 발의한 이가 여기서 방면되면, 다른 사람이 새 법으로 우리 도시의 가장 강력한 체제를 전복하려는 것을 무엇으로 막을 수가 있겠습니까? 제가 보기에는 아무것도 없습니다. 154. 제가 듣기로, 지난날, 위법의 법안 발의에 대한 기소가 금지되고 법정의 권위가 허물어졌을 때, 그렇게 민주정체가 전복되었다고 합니다.[111] 누가 제 말에 반론을 펴서, 제가 민주정

---

110 예전에는 의회(*boule*)가 전적인 권한을 가지고 벌금을 매기고, 체포하고 처형했으나, 솔론 입법 이후 민중이 재판권을 가지게 되었다. 유죄 선고와 벌금형 관련하여 법무장관이 사건을 민중재판소로 넘기고, 재판소에서 최종 판결한다. 참조, Aristoteles, *Athenaion Politeia*, 9. 1, 45. 1.

체의 전복을 말하지만, 그때와 지금은 상황이 같지 않다고 말하죠. 그러나, 재판관 여러분, 아직 틀을 갖춘 것이 아니라 해도, 그 같은 상황을 야기할 수 있는 조그만 씨앗조차도 도시에 떨어져서는 안 되는 것이고, 또 그 같은 것을 입에 담거나 추진하려는 이는 처벌되어야 합니다.

155. 이 사람(티모크라테스)이 얼마나 교묘하게 여러분을 해치려 하는지 여러분이 들어 두시면 좋을 것 같습니다. 위정자나 사인(私人)을 막론하고, 모든 이가 아테나이의 모든 번영을 법에 기인한다고 간주하는 것을 보면서, 그는 여러분들의 눈을 피해 그 법을 해체하고, 혹 들킨다 해도 비열하거나 맹랑하게 보이지 않도록 하는 방법을 궁리하기 시작했답니다. 156. 급기야 그는 꼼수를 찾아내어 실제로 실천해왔는데요. (기존) 법들을 (새) 법으로서 무효화하여, 그 악의를 안전이라는 명분으로 포장하는 것이었지요. 실로 도시는 법에 의해 유지되는 겁니다. 그리고 이 사람이 발의한 법은 다른 법들과는 같지 않지만, 아무튼 법이에요. 그는 이 같은 이로운 개념의 외양을 취함으로써 여러분이 지지할 것이라는 점을 간파했으나, 그 실제 효과에서는 반대가 된다는 점을 무시했던 것이죠.

157. 제우스의 이름을 걸고, 어느 의장[112]이나 행정부 대표[113]가 그의 법에 적혀 있는 사안들을 표결에 부치도록 상정한 적이 있는지 말

---

111 이런 상황은 기원전 411/400년 과두정부하에서 벌어졌다. 참조, Thucydides, 8. 67; Aristoteles, *Athenaion Politeia*, 29.

112 *proedros*.

113 *prytanis*.

씀해 보십시오. 저로서는 없다고 봅니다. 그런데 어떻게 그런 것이 들어왔습니까? 그 악의를 법이란 외양으로 포장했기 때문이에요. 이들이 단순히 혹은 우연하게 여러분을 해친 것이 아니라, 미리 계획하여 그에 따라 추진한 겁니다. 이들만 아니라 다수 위정자들이 바로 그(티모크라테스)를 지지하여 연단으로 오를 것이지만, 제우스의 이름으로, 티모크라테스에게 득이 되라고 그러는 게 아닙니다. 그럴 이유가 뭐가 있겠어요? 그런 게 아니라, 그 법이 그들 각자에게 득이 된다고 보기 때문이지요. 그러니 이들이 자신을 위해서 여러분을 해치듯이, 여러분은 여러분 자신을 위해야 합니다.

158. 누가 티모크라테스에게 왜 이 법을 발의했느냐고 묻고, 이렇게 어려운 소송에 말려들었다고 말하자, 그(티모크라테스)가 대답하기를, "상황을 잘 모르시네요, 안드로티온이 도와줄 것이고, 모든 사안에 대해 적중한 논거를 준비해 두었으므로, 이 공소[114]에서 저 자신은 아무런 곤혹스런 상황에도 부딪치지 않을 것"이라고 했답니다. 159. 저로서는 이 사람(티모크라테스)과 저 사람(안드로티온)의 뻔뻔함에 놀라워할 따름이지요. 이 사람이 저 사람을 청하고, 저 사람이 나타나서 이 사람을 변호한다면 말이에요. 이 같은 상황은 그(티모크라테스)의 법안 발의가 만인에게 평등한 것이 아니라 그(안드로티온)를 위한 것이라는 사실을 여러분 모두에게 실로 분명하게 드러내는 증거입니다. 여기서 저 사람(안드로티온)의 정치적 이력 가운데 몇 가지, 그리고 이 사람(티모크라테스)이 연루된 것으로서 여러분이 저 사

---

114 *graphe*.

람(안드로티온)과 같이 이 사람(티모크라테스)을 당연히 싫어하게 될 사안에 대해 여러분이 들어 두시는 것이 좋겠습니다. 에욱테몬의 재판에 임석한 분이 아니라면, 여러분이 알지 못하는 일이에요.

160. 무엇보다 먼저, 그(안드로티온)가 아주 대단한 것으로 자처[115] 하는 기부금 모금, 유능한 이 사람(티모크라테스)과 동업하여 그가 여러분으로부터 거두어들인 모금 건에 대해 살펴보도록 하겠습니다. 여러분이 기부한 돈을 수중에 가지고 있다는 혐의를 걸어 에욱테몬을 고소하면서, 그(안드로티온)는 승소하든지 아니면 자비로 그만큼의 액수를 물어낼 것이라고 약속했지요. 그 같은 명분으로 그는 추첨으로 선출된 관리를 파면하고, 은근하게 자신이 직접 모금 일에 관여했어요. 자기는 건강이 안 좋다는 이유로 그(티모크라테스)를 추천하면서, "그(티모크라테스)가 나를 돕게 해 달라"고 했지요. 161. 그런 와중에 그가 공언하기를, 여러분이 세 가지 선택지를 가지고 있다고 한 겁니다. 제식 용기를 녹여 쓰든가, 다시 특별세를 부담하든가, 아니면 공적 채무 불이행자로부터 밀린 채무를 회수해야 한다는 것이었어요. 당연히 여러분은 채무를 거두어들이기로 했지요. 자신의 약속으로 여러분을 설득하고, 권력이 주는 기회를 이용하면서, 그는 이런 사안과 관련되는 기존 법들을 적용해서는 안 된다고 하고, 기존 법이 만족스럽지 않다고 여겼다면, 다른 법을 제안하지 않았을 것이라고도 했어요. 그러고는 언어도단의 불법 조령을 제안하고, 그것을 발판

115 §160~164는 Demosthenes, 22. 48~52와 유사하다. 참조, O. Navarre & P. Orsini (Les Belles Lettres 판본).

으로 사업하면서 이 사람(티모크라테스)을 앞잡이로 고용하여 부당이득을 취한 거예요. 162. 또 그 조령에 11인, 수납인 및 조수들이 그를 수행하도록 하는 규정을 만들고는, 이 사람(티모크라테스)과 함께 여러분의 재물을 많이 갈취했어요. 그는 이들 수행원을 대동하고서 여러분의 집으로 갔던 거예요. 그리고, 오, 티모크라테스 씨, 당신은 10명 동료 가운데 유일하게 그를 따라나섰어요. 그런데 제가 채무를 회수하지 않아야 한다는 뜻을 가진 것이라고 오해하는 분은 없었으면 합니다. 당연히 회수해야지요. 그러나 어떻게? 법에 규정하듯이, 공정하게 다른 모든 이를 위한 것이어야 하고, 이것이 민주입니다. 이들이 회수한 5탈란톤에 의해 여러분이 받은 이익은 이들이 정치체제를 교란함으로써 여러분이 당한 피해를 따라가지 못해요.

163. 사람이 왜 과두정체가 아니라 민주정체하에서 살기를 원하느냐는 질문에 착안한다면, 여러분은 그 가장 명백한 이유를 찾게 될 것입니다. 그것은 민주정부하에서 모든 것이 더 유연하다는 겁니다. 여러분이 지향한 과두정체보다 이들의 행동이 더 폭력적이고 더 악랄했던 사실은 제가 그만 생략하겠습니다. 그러나 지난날 언젠가 우리들에게 우리 도시에서 가장 혹독한 사건이 있었지요? 제가 알기로, 모두가 30인 치하였다고 대답하겠지요. 164. 소문에, 당시 난을 피하려 한 이는 집 안에 숨어 있기만 하면 됐다고 해요. 특히, 30인 치하에 있던 이들에 의해 그런 정황이 드러나는데, 30인이 부당하게 시장에서 사람들을 잡아갔다는 거예요. 그런데 이들[116]은 30인의 악랄함

116 티모크라테스, 안드로티온 일당.

을 훨씬 능가하여, 민주정체의 위정자들이, 각 개인의 집이 마치 감옥인 것처럼, 11인을 대동하여 집까지 찾아간 거예요.

165. 도대체, 아테나이인 여러분, 이런 상황을 어떻게 생각하십니까?[117] 빈자는 물론 부자들도 많은 경비를 지출하고 또 다른 이유로 부득이 여윳돈을 갖지 못한 상황에서, 시장에 출입하는 것을 겁낼 뿐 아니라, 집에서도 편안하게 있지 못하는 그런 상황 말이에요. 이런 상황의 모든 책임은 안드로티온에게 있고, 그는 그 행위와 삶의 이력으로 인해, 도시를 위한 특별세 모금 같은 것은 고사하고, 자신을 위해 법정에 호소하는 것조차 허용되지 않습니다. 166. 그럼 누군가 그 사람(안드로티온) 혹은, 오, 티모크라테스 씨, 그들을 칭찬하고 또 그들과 동업하는 당신에게 특별기부가 재산 혹은 사람 그 어느 것을 기준으로 부과되느냐고 묻는다면, 실로 이실직고한다면, 분명히 재산이라고 대답했을 겁니다. 재산에서 우리가 특별세를 기부하니까요. 그런데 세상에서 가장 악랄한 당신들은 왜 토지와 가옥을 몰수하여 목록에 올리지는 않고, 왜 시민과 애꿎은 거류외인을 억류하고 괴롭혀서, 당신 자신의 하인들보다 더 포학하게 대한 거요?

167. 만일, 재판관 여러분, 예속인[118]과 자유인 간 차이가 무엇인지 생각해 보신다면, 가장 큰 차이점이 다음과 같은 점에 있음을 알게 될 겁니다. 예속노동자의 경우 부당행위에 대한 처벌이 몸에 가해지

117 §165~168는 Demosthenes, 22.63~56와 유사하다. 참조, O. Navarre & P. Orsini (Les Belles Lettres 판본).

118 *doulos*.

지만, 자유인의 경우 신체형은 최후의 수단이에요. 그런데 이 사람들은 원칙을 전도하여 시민을 예속인같이 취급하여 신체형을 가한 겁니다. 168. 이렇듯, 여러분에 대한 안드로티온의 행동거지는 형평성이 없고 탐욕스러워, 공적 채무로 감옥에 구금되었다가 변제하거나 재판에 회부되지 않고 도주해 버린 그의 부친의 전례를 따라, 자력으로 변제할 형편이 못되는 다른 시민도 집에서 끌고 나와 안드로티온 자신이 그를 묶어 감옥으로 수감해야 한다고 본 것이죠. 169. 또 티모크라테스는 당시 우리들 다수로부터 2배의 세금을 거두어들였을 때, 누구에게도 보증인을 세우도록 허용하지 않았어요. 제 9 행정회기가 될 때까지를 말하는 게 아니라, 하루도 허용하지 않은 겁니다. 돈을 지불하든가 아니면 바로 구금되었거든요. 법정에서 유죄 선고를 받지도 않은 이를 11인에게 넘기곤 했어요.[119] 그런데 지금 그는 여러분이 유죄 선고한 이가 원하는 데로 갈 수 있도록 허용하는 법을, 자신이 발기인이 되어, 감히 제정하려는 거예요.

170. 그런데 이들은 그때나 지금이나 여러분의 이익을 위해 그런 것이라고 주장할 것 같습니다. 그러면 여러분은 그것을 여러분을 위한 열성의 결과물로 여기고, 그 후안무치함과 사악함의 소치를 관대하게 받아들이시렵니까? 그것이 아니라, 아테나이인 여러분, 여러분은 그들을 풀어 주기보다 오히려 증오해야 합니다. 우리 도시를 위해

119 참조, Aristotles, *Athenaion Politeia*, 45. 1. 리시마코스는 사형 집행인에게 넘겨졌으나, 알로페케 출신 에우멜리데스가 재판을 거치지 않고는 아무도 사형당할 수 없다고 항변하는 바람에 재판을 받고 사형을 면했다. 실로 30인 참주정하에서는 체포되어 재판받지 않고 처형된 이들이 적지 않았다.

한 일이라고 여러분의 양해를 구하는 사람은 도시의 대의를 대변하고 있음을 증명해야 합니다. 171. 그 대의는 약자에 대한 연민과 강자에 대한 저항입니다. 다수를 포악하게 다루거나, 힘을 가진 것으로 보이는 이에게 아첨을 떠는 것이 아니죠. 오, 티모크라테스 씨, 당신이 하는 그 같은 행위 말이오. 그러니 당신의 말에 귀 기울이지 않고, 안드로티온을 위하려는 당신을 방면하기보다, 사형을 언도하는 것이 훨씬 더 타당하지요.

172. 그런데, 그 모금이라는 것도 여러분을 위해서 한 것이 아니라는 사실을 제가 바로 여러분에게 증명하겠습니다.[120] 한편에 땅을 갈면서 검소하게 살지만 자식들을 키우느라 혹은 생활비로 혹은 다른 공적 부담으로 특별세를 납부하지 못한 이들, 다른 한편에 자발적 납세자의 돈과 우리 동맹국이 내는 공세를 약탈하고 낭비하는 이들 중 어느 쪽이 도시에 더 해가 될 것이냐는 질문을 이들이 받게 된다면, 제가 확신컨대, 아무리 이들이 철면피더라도, 공금 횡령하는 이보다 납세 채무자가 더 부당하다고 대답할 만큼 뻔뻔할 수는 없을 것 같습니다. 173. 오, 티모크라테스 씨, 그리고 안드로티온 씨, 당신 둘 중 적어도 한 사람은 30년 이상 공직 경력을 가지고 있어요. 그동안 많은 장군들과 많은 연사들이 도시에 해를 끼쳐서, 이 법정에서 재판을 받았지요. 그중 일부는 부당행위로 처형되고, 또 일부는 도주하여 사라짐으로써 스스로 유죄를 인정하는 동안, 당신 둘 중 누구도 이들 범법자를 한 번

120 §172~174는 Demosthenes, 22.65~67과 유사하다. 참조, O. Navarre & P. Orsini (Les Belles Lettres 판본).

고소한 적이 없고, 도시가 입은 피해에 대해 분노한 적도 없더니만, 왜 당신네가 다수 대중[121]을 괴롭히려 하는 지금에 이르러서야 우리를 염려하는 것 같은 행색을 갖추는 겁니까?

174. 원하신다면, 아테나이인 여러분, 제가 그 이유를 말씀드릴까요? 이들 가운데 일부 사람들이 여러분의 이익에 반하여 자행하는 부당행위에 이들도 동참하고, 또 모금 과정에서 횡령하려는 것이에요. 탐욕으로 인해 이들은 이중의 방법으로 도시를 착취하고 있어요. 중범죄를 저지르는 소수보다 작은 부당행위를 저지르는 다수에게 증오를 받는 편이 더 쉬운 일인 것도 아니고, 또 실로 소수의 범죄보다 다수의 범죄를 감시하는 것이 더 민주적인 것도 아니기 때문이지요. 175. 그 이유는 제가 여러분에게 말씀드렸던 겁니다. 여러분은 이런 점들을 염두에 두시고, 또 제각기 저지른 잘못을 기억하시고, 범죄자를 체포하면 처벌하시되, 언제 일어났는지가 아니라 범행 사실이 있는지 여부를 검토하십시오. 지난날 분노했던 것에 대해 지금 여러분이 연민을 베푼다면, 그때 그들이 벌금을 물도록 여러분이 유죄 선고를 내린 이유가, 그들이 여러분에게 피해를 주었기 때문이 아니라 여러분이 분노했기 때문이라는 인상을 주게 될 것입니다. 피해를 초래한 이의 악의에 대한 즉각적 응징은 분노한 이의 속성이지만, 피해를 본 이의 속성은 부당행위를 한 이를 잡았을 때 피해 준 이를 처벌하는 겁니다. 오늘 여러분은 줏대 없이 스스로 한 맹세를 저버리고 공정을 배반하여 이들에게 연민을 베푼다는 인상을 주지 마십시오.

---

121 *polloi*.

이들이 독직(瀆職)122한 것이 이와 같으므로, 여러분은 그들을 증오하시고, 이 사람이나 저 사람을 막론하고 둘 다, 그들이 하는 말에 귀 기울이지 마십시오.

176. 그런데, 제우스의 이름을 걸고, 이들의 독직에도 불구하고, 그들이 잘한 일도 있을 수 있겠죠.123 그러나 온갖 측면에서 동료 시민들에 대한 그들의 태도로 말하자면, 적어도 여러분도 들으신 그런 사실들이 그들을 증오해야 하는 이유가 되는 거예요. 제가 무슨 말 하기를 여러분은 원하시나요? 축제 행렬에 쓰이는 장비들을 그들이 어떻게 마련했고 관을 어떻게 녹여 없애 버렸냐고요? 177. 이 행사 하나만 보더라도, 도시에 다른 피해를 입히지 않았다고 해도 말이죠. 한 번이 아니라 세 번 처형을 당해야 한다고 저는 봅니다. 신전모독, 불경, 절도, 그 외 온갖 가장 비열한 짓거리에 연루된 범죄자니까요. 안드로티온이 여러분을 현혹한 변명에 대해 저는 언급하지 않겠습니다. 그는 화관들의 잎이 떨어지고 세월이 흘러 망가졌다고 했어요. 이게 마치 금이 아니라 제비꽃이나 장미인 것처럼 말이에요. 그렇게 여러분을 설득하여 녹여 버렸던 겁니다. 다른 한편으로, 행사 주관자로 임명된 그가 온갖 악행의 공범인 티모크라테스를 조수로 앉혔어요. 178. 그러고는 특별세를 모금하면서, 정작 공정하게 처리하는 것처럼, 고용된 공무원124이 임석해야 한다고 제안했어요. 그러나 그런 일에는 납세

---

122 공권력을 남용하는 것.

123 §176~182는 Demosthenes, 22. 69~74와 유사하다. 참조, O. Navarre & P. Orsini, *Démosthène plaidoyers politiques*, I, Paris, Les Belles Lettres, 1954, p. 184, 주 1.

자들이 각각 회계감사자가 될 수 있었거든요. 반면, 그가 없애 버린 화관과 관련해서는 그런 공정한 규정을 지키지 않고, 자기 혼자서 연사, 세공인, 회계관, 회계감사자의 역할을 도맡아 했던 겁니다.

179. 그럼에도 당신이 관장한 모든 도시 공무에 대해 우리가 신임해 주기를 원했다면, 당신의 부정직함이 일사불란하게 드러나지는 않았을 거예요. 그런데, 수세의 경우, 당신이 아닌 도시의 피고용 공무원[125]을 도시가 신임할 수 있도록, 당신이 공정한 원칙을 도입하는 것을 우리가 보았는데, 당신이 다른 일을 맡아서, 신전의 공공 재물 등, 그중에는 우리 세대 전에 봉납된 것도 있었는데요, 그런 재물을 관장했을 때는, 그전에 수세와 관련하여 당신이 도입한 안전장치를 적용하지 않았거든요. 그러니 당신이 무엇을 노리는지가 분명해지는 것 아니겠소? 나는 그렇다고 봅니다.

180. 더구나, 아테나이인 여러분, 그(안드로티온)가 영광스럽고 세인의 선망을 받던 도시의 금석문들을 영원히 없애고, 불경스럽고 조잡한 것으로 바꾸어 버렸어요. 화관 아래 쓰여 있던 글자를 여러분 모두가 본 적이 있으리라 저는 생각합니다. "동맹국이 아테나이 민중의 용기와 덕성을 기려서 화관을 봉납한다", 혹은 "동맹국이 아테나 여신에게 봉헌물을 바친다", 또 각 도시가 별도로, "이런저런 사람들이 민중에 의해 구원받았으므로 민중에게 화관을 헌납한다"하는 취지인데, 예를 들면, "자유를 얻은 에우보이아인이 (아테나이) 민중에게 봉

---

124 *demosios*. 도시 사무에 고용된 직원.

125 *douloi*.

헌물을 바친다"라는 것이에요. 또 다른 곳에는 "라케다이몬인과 해전을 벌인 코논", "낙소스에서 해전에 임한 카브리아스" 등이었지요. 이런 것들이 화관에 쓰여 있었어요. 181. 이렇듯, 여러분에게 대단한 선망과 명예를 가져다주었던 이런 것들이 화관을 없애면서 사라져버렸던 겁니다. 그런데 지금은 이 비열한 이가 그 대신 만들어 놓은 쟁반들에는, "안드로티온의 감독하에 만들어지다"라고 적혀 있어요. 그러니, 매춘 이력으로 신전 출입이 금지된 이의 이름이 적힌 금쟁반이 우리네 신전들 안에 전시되어 있는 것이죠. 같은 것인가요? 아닌가요? 이것이 여러분에게 그전의 금석문과 같은 명예로운 누리고 있는 겁니다.

182. 이런 사실에서 이들이 범한 세 가지 막중한 부당행위를 들 수 가 있습니다. 여신의 화관을 탈취한 것, 존재함으로써 우리 도시의 공적을 되새길 수 있는 마중물인 화관을 없앤 것, 받은 은혜에 대한 감사를 드러내는 징표로서, 결코 사소하지 않은 명예를 봉헌자들로부터 제거해 버린 것입니다. 이렇듯 수많은 악행을 실천한 다음, 이들은 다음과 같이 뻔뻔하고 대담한 지경에 이르렀어요. 한 사람은 안도로티온의 도움으로 여러분이 자신을 방면해 줄 것이라 믿고 있고, 다른 이(안드로티온)는 티모크라테스 옆에 앉아서, 그동안 저지른 행위에 대해 쥐구멍을 찾아 숨지도 않아요.[126] 183. 그(안드로티온)는 금전 문제에서만 뻔뻔한 것이 아니라, 참으로 본 바가 없어, 화관들은 덕성의 상징이나 접시들은 부의 상징이라는 것, 화관은 아무리 작

126 Demosthenes, 22. 75~79 참조.

아도 큰 것과 같은 의미를 갖는다는 것, 술잔, 향로, 또 그 같은 소유물들은 많이 가질수록 그 소유주에게 부유하다는 명성을 안겨 주지만, 그런 사소한 것에 자부심을 가지면 그것으로 인해 명예를 얻기보다는 속물근성을 가진 이로 폄하된다는 점 등을 깨닫지 못한 것이죠. 이 사람은 명예의 자산을 파괴한 다음, 진부하고 여러분 위상에 어울리지 않는 부의 재물로 바꾸어 버렸어요.

184. 그가 알지 못한 것은, 민중이 결코 돈을 좇은 것이 아니라 다른 무엇보다 명예를 추구했다는 사실이었지요. 그 증거가 있어요. 언젠가 우리 민중은 헬라스인 가운데 가장 부유했는데, 그 모든 것을 영광을 구하는 데 소비했지요. 그들은 개인 재물을 기부했고 영광을 위해 위험도 불사했지요. 그래서 불멸의 재산을 얻게 된 것이었어요. 한편으로 그들의 공적에 대한 기억, 다른 한편으로 그들이 세웠던 찬란한 기념물들, 저 프로필라이아(파르테논 입구 건물), 파르테논, 스토아(주랑), 조선소・선창이 있고, 항아리도 두어 개 혹은 1므나씩이나 하는 금쟁반도 서너 개 정도로만 있는 게 아닌데, 그것도 당신(티모크라테스)이 원하면 녹여 버리자고 제안할 것 같아요. 185. 그들(선조)은 스스로 10분의 1 세금을 거둔 것도 아니었고, 공세를 배가함으로써 적들의 저주하는 바를 현실화한 것도 아니었으며, 당신 같은 조언자들의 말을 듣고 정치를 한 것도 아니었어요. 오히려 적을 정복하고, 도시 화합을 도모하면서 선의를 가진 모든 이들이 지향하는 바를 실천함으로써, 멸하지 않는 명성을 우리에게 물려주는 한편, 당신네 같이 살아온 이들의 시장 출입을 금지했던 것이죠. 186. 그러나, 오, 아테나이인 여러분, 여러분은 무척 어리석고 방만하여, 그런 선례를

두고도 따라 하지 않으며, 오히려 안드로티온 같은 이가 여러분을 위한 축제 의전 책임자로 임명되는 겁니다. 천지신명이시여, 안드로티온 말입니다. 이보다 더한 불경이 있을 수 있다고 여러분은 보십니까? 제 소견으로는, 성소(聖所)에 출입하고, 성수대와 성물함을 만지고 신성의 제식을 주관하는 이는 지정된 며칠 동안만 삼갈 것이 아니라 평생 동안 안드로티온을 오염시킨 그 같은 삶의 방식을 멀리해야 한다고 봅니다.

187. 이 사람(안드로티온)에 대해 제가 작심하고 좀 말씀드리겠습니다. 그가 티모크라테스를 어떻게 변호할 것인지와 관련하여 제가 할 말이 많지만, 생략합니다. 제가 확신컨대, 이 법이 바람직하지 않고, 불법적으로 발의되었으며, 온갖 측면에서 유해하다는 사실을 그도 부인하지 못할 거예요. 그럼에도, 제가 듣기로, 안드로티온, 글라우케테스, 멜라노포스가 채무를 이미 완불했고, 그가 법을 제안하여 도움을 주려 했던 이들이 채무를 이행했는데도 자신이 양해 없이 유죄 선고를 받는다면, 세상에서 가장 불행한 이가 될 것이라고 주장할 것이랍니다. 188. 그렇지만 어떤 경우에도, 그가 그런 주장을 할 수는 없다고 저는 봅니다. 당신이 주장하듯이, 채무를 다 이행한 그들을 위해 당신이 법을 발의했다는 사실을 스스로 인정한다면, 필히 당신이 처벌받아야 하는 거예요. 재판관으로 임한 이들이 맹세하도록 하는 현행법에는 모든 시민에게 똑같이 적용되지 않는 법은 발의하면 안 된다고 분명히 규정하고 있기 때문이지요. 189. 또 만일 당신이 모두의 이익을 위해 법을 제안했다고 주장하려 한다면, 이들이 채무를 이행했다 같은 말은 하지 말아야 하는 겁니다. 그런 사실은 당신이

발의한 법과 무관한 것이고, 당신은 법 자체가 타당하고 면밀하게 고안된 것이라는 점을 밝혀야 하는 거예요. 당신이 주장하는바, 법을 발의한 동기가 그러하고, 나는 바로 그 동기를 비난하여 반박하는 것이니, 이 점에 대해서는 여기 있는 재판관들이 판결해야 하는 것이겠죠. 더구나 저는 저들이 채무를 변제한 것이 전혀 합법적이지 않다는 사실을 일말의 의혹 없이 증명할 수 있습니다. 그러나 여러분의 심리가 그 점에 대한 것이 아닌 마당에, 지금 제가 그런 사실을 말씀드려서 여러분을 번거롭게 할 필요가 있겠습니까?

190. 또 제 짐작에, 그가 이런 변명도 빠뜨리지 않을 것 같네요. 아테나이인 시민은 아무도 구금되는 일이 없도록 법안을 발의했다고 해서 처벌받는 것은 가혹하다는 것, 그리고 법이 가능한 한 유연하고 온건하면 특히 약자들에게는 더욱 득이 되는 것이라고 말이죠. 여러분이 속지 않도록, 이 같은 주장에 대한 반론을 간단히 들으시는 것이 좋을 것 같습니다. 191. 그가 "아테나이인 시민은 아무도 구금되는 일이 없도록"이라고 하는 것은 거짓말이라는 점에 유념하십시오. 그의 발안은 그런 목적이 아닙니다. 오히려 재판관 여러분의 가중 처벌권을 무력화하는 것이고, 맹세, 변론, 심리를 거쳐 내린 판결에 대해 재심을 구하는 것이지요. 그가 그 법에서 발췌하여, 듣기 좋은 몇 구절만 읽도록 하지 말고, 전체 내용을 다 소개하도록 하여 여러분이 전모를 파악할 수 있도록 하십시오. 그러면 그의 말이 아니라, 제가 말씀드리는 사실을 깨닫게 될 것입니다. 192. 또 유연하고 온건한 법이 다수 대중에게 득이 된다는 주장과 관련하여 여러분은 이 점에 유의하십시오. 아테나이인 여러분, 모든 도시에는 두 종류의 법이 있습니다. 하나는

우리가 서로 관계를 맺고 거래하며 사적 의무를 규정하는 동시에 전체적으로 우리들 자신의 사회적 삶을 규율하는 원칙은 무엇인가 하는 것, 다른 하나는 정치에 발을 들여놓고 도시를 위해 일한다고 주장하려는 경우, 각자가 도시에 대해 가져야 하는 의무를 규정하는 것입니다. 193. 다수를 위한 법이란 개인적 사안에서 온화하고 인도적인 법입니다. 그러나 공적 사안과 관련하는 법은 반대로 가혹하고 엄격한 것들이 여러분에게 득이 되는 거예요. 그래야 위정자들이 여러분 다수에게 해를 끼치지 않게 되거든요. 그러니 이들이 위와 같은 주장을 하면, 여러분은 여러분을 위하는 것이 온화한 법이 아니라, 위정자들에게 두려움을 주는 법이라고 대꾸하십시오.

194. 그의 주장은 하나같이 여러분을 농락하고 속이려는 것임을 밝히려면 할 말이 많지만, 다 비켜두고, 딱 한 가지만 여러분이 알아 두셔야 할 점에 대해 제가 말씀드리겠습니다. 그가 개진하게 될 많은 주장 가운데, 그 법이 이미 종결된 사건과 앞으로 발생할 사건에 대해 같은 규정을 적용하는 점에서 옳다는 주장도 있을 것 같습니다. 그의 법 내용이 다 천박하고 황당하지만, 다른 무엇보다 이런 점이 가장 황당하고 또 위법한 것이에요. 195. 그 자신은 물론 다른 어떤 이도 그 점을 증명할 수 없다면, 분명히 그가 여러분을 농락하고 있다는 사실을 여러분은 간파해야 하고, 도대체 어떻게 그가 그런 법을 발의하게 되었는지 짚어 보셔야 합니다. 오, 티모크라테스 씨, 무단히 그런 것은 아니죠. 그럴 리가 있습니까? 당신의 제안은 작은 대가를 노린 것이 아니에요. 그 같은 법을 발의하게 된 동기는 신들의 적의를 사게 될 당신 자신의 비루한 욕심 빼놓고는 아무것도 없어요. 연루된 이들 중 아

무도 당신 친척, 가족, 혹은 당신과 필연적 관계에 있는 이는 없었죠.

196. 또 다른 변명으로, 궁지에 몰린 이들을 연민하여 도와주려고 그랬다는 말도 당신은 할 수 없어요. 수년이 지난 후, 또 재판에서 세 번 패소한 다음에야, 마지못해 채무 변제한 이들을 두고 불행을 당한 것이라고 당신이 여길 리가 만무하니까요. 오히려 이들은 질곡을 초래함으로써, 남의 연민을 사기보다 자신들에 대한 증오를 불러일으켰으니까요. 게다가 당신 자신이 특별히 온화하고 인도적인 품성을 가져서 그들을 연민하는 것이 아니거든요. 197. 횡령한 돈을 돌려주어야 했던 안드로티온, 멜라노포스, 글라우케테스에 대한 당신의 연민은 이곳에 만장한 모든 이들은 물론 다른 모든 시민들에게 당신이 한 행위와는 아주 다른 것이죠. 당신(티모크라테스)은 아무런 연민도 없이, 11인, 세금 수납인, 조수들을 대동하고 시민들의 집으로 난입하여 현관문을 부수고 양탄자를 끌어내고 하녀가 있으면 인질로 잡아놓는 등, 이런 짓거리를 1년 내내 안드로티온과 같이 하고 다녔어요. 198. (재판관) 여러분은 실로 훨씬 더 험한 변을 당했지요. 그러니 당신은 당연히 이들에게 더한 연민을 가져야 합니다. 저주받을 이여, 당신들과 또 다른 연사들 때문에 쉴 새 없이 특별세를 내야 했던 동료 시민들 말입니다. 그것도 모자라서, 당신과 안드로티온 때문에, 이들은 두 배를 납부해야 했는데, 그런 당신네는 한 번도 납부한 적이 없었어요. 199. 그런데 그는 참으로 자신만만하여, 자신이 무슨 짓을 하든 처벌받을 일이 없을 것처럼 말이죠, 같은 직의 동료[127]가 10명이

---

127 *synarchontes*.

있었는데, 그중에서 오직 그 혼자서 안드로티온과 결탁하여 감히 회계보고서를 작성해냈던 겁니다. 무단히, 딱히 득 보는 것도 없이, 티모크라테스는 모든 기존 법과 상충하고, 심지어 자기 스스로 발의했던 것과도 모순되는 법을 발의함으로써 여러분의 적의를 샀던 거예요. 아테나 여신의 이름을 걸고, 여러분이 이런 사실까지 용납하지는 않으리라 저는 봅니다.

200. 오, 아테나이인 여러분, 제 소견에, 여러분이 아주 분노할 것 같은 사실에 대해 솔직하게 말씀드리겠습니다. 돈을 보고 이런 짓거리를 하는 것이고, 사실 보수를 받고 고용되는 직업을 갖고 싶어 하지만, 누가 들어서 양해할 만한 그런 데에 그 번 돈을 쓰는 것이 아니에요. 무슨 뜻이냐고요? 그의 부친이, 아테나이인 여러분, 공금 채무자입니다. 이 사실을 들추는 것은 제가 그를 폄훼하려는 뜻이 아니라, 부득이한 것입니다. 그런데 이 유능한 아들이 부친을 그대로 빚 구덩이에 방치하는 겁니다. 201. 그의 부친에게 무슨 일이라도 생기면, 그는 자격박탈 상태를 물려받게 되는 거예요. 그래도 빚 갚을 생각은 하지 않고, 그 부친이 생존하는 한, 서푼어치 이익을 챙기려는 것이죠. 이런 사람이 무엇이든 삼갈 일이 있을 것이라고 여러분은 생각하십니까? 당신은 당신 부친을 연민하지 않고, 또 당신은, 당신이 발의한 조령과 당신이 도입한 법에 의해 거두어들인 특별세를 받아 챙기고 돈을 모으는데, 그(부친)는 얼마 되지 않은 돈 때문에 도시 일에 참여하지 못하고 있어요. 그러면서 당신은 다른 사람을 연민한다고 말하는 거요?

202. 제우스의 이름을 걸고, 그(티모크라테스)가 자신의 누이를 잘

도 처리했지요. 다른 어떤 부정행위를 하지 않았다 해도, 그 건만 가지고도 죽어 마땅한 것이죠. 혼인을 시킨 것이 아니라 팔아 버렸으니까요. 케르키라에서 온 여러분의 적으로 현재 그곳 실권자 가운데 한 사람인데, 사신으로 이곳에 올 때마다 그 집에 머물면서 그 누이를 달라고 했지요. 어떤 조건이었는지 제가 구체적으로 말씀드리지는 않겠습니다만, 급기야 그 사람의 돈을 받고 누이를 내주었어요. 그녀는 지금도 케르키라에 있습니다. 203. 겉으로는 혼인을 시킨 것 같지만, 실제로는 팔아서 내보낸 거예요. 연로한 그의 부친을 어떻게 부양했는지는 여러분이 아시는 바이고요. 아첨하고, 돈에 팔려 법안을 발의하고, 남에게 고용되어 정치하는 그를 이제 여러분이 붙잡고 있으니, 처형하지 않으시렵니까? 만일 그렇게 하지 않으면, 아테나이인 여러분, 실로 여러분이 송사(訟事)와 번잡함을 선호하고, 비열한 이들로부터 벗어나지 않으려 하는 것이겠지요.

204. 제가 알기로, 누가 묻는다면, 악행을 저지른 이는 모두 처벌되어야 한다는 데 여러분 모두가 동의하실 것 같습니다. 그런데 제가 강조하고 싶은 것은, 이 사람이 대중에게 피해를 주는 법을 발의했으므로 특별하게 처벌되어야 한다는 점입니다. 도둑, 소매치기, 혹은 그 같은 유의 불량배는 우선 직접 만나는 사람을 해칩니다. 모든 이를 강탈하거나 모든 것을 훔칠 수는 없어요. 그다음, 다른 이가 아니라 자신의 명예와 삶만 손상하게 될 뿐이지요. 205. 그러나 어떤 이가 여러분을 해치려는 이에게 온갖 권력과 면책특권을 부여하는 법을 도입하려 한다면, 온 도시를 해치고 모든 이의 명예를 훼손하게 됩니다. 파렴치한 법이 통과되면, 그것을 법으로 제정한 도시의 망신이

며, 그 법이 적용되는 모든 이를 해치게 됩니다. 그러니, 여러분은 여러분을 해치고 여러분의 명예를 실추시키려 한 이를 여러분 수중에 잡고 있을 때 벌하지 않으시렵니까? 206. 여러분 어떻게 보십니까? 그가 어떤 목적으로, 법안을 발의했고 또 그것이 기존 체제에 반한다는 사실을 아주 명석하게 이해하려 한다면, 이것이 모든 음모자들이 거사에 착수하는 단초가 된다는 점에 착안하셔야 합니다. 다시 말하면, 민주정체를 해체하여 전복하려는 이들은 무엇보다 먼저 무슨 죄이든 유죄 선고를 받고 수감되어 있는 이들을 있는 대로 다 석방하려 한다는 것이죠.

207. 그러니, 이 사람은, 가능하다면, 한 번이 아니라 세 번 처형을 받아 마땅하지 않습니까? 혼자서 체제를 전복할 수는 물론 없는 것이고, 오히려, 여러분이 마땅히 해야 할 당위를 실천한다면, 그 자신이 여러분에 의해 파멸될 처지에 놓인 그가, 법정에서 구금형을 받은 이들을 풀어 주려고 법을 발안했기 때문이지요. 이미 구금형을 받았거나, 앞으로 구금형을 받게 될 경우, 그런 이를 석방해 주자고 뻔뻔하게 제안했단 말이죠. 208. 바로 지금 법정 근처에서 아우성이 들리고, 누군가가 감옥이 열려서 수감자들이 달아났다는 소식을 듣게 되면, 아무리 늙고 아무리 무감각한 이라도 필사적으로 사태를 수습하려고 달려가지 않을 이가 있습니까? 또 누가 앞으로 나와서 그들을 풀어 준 이가 이 피고(티모크라테스) 라고 알려 준다면, 바로 체포되어 심리도 없이 처형될 겁니다. 209. 그러니, 아테나이인 여러분, 지금 여러분은 그를 수중에 잡고 있어요. 남몰래 그런 짓거리를 한 것도 아니고, 공공연히 여러분을 농락하고 속여서 법을 발의했는데, 그 법은

감옥을 그냥 열어 주는 것이 아니라 파괴하는 것이고, 법정도 함께 파괴하는 것입니다. 구금형을 받은 이가 풀려나고, 앞으로 여러분이 그 같은 판결에 의해 아무런 효과를 얻지 못한다면 법정이나 감옥이 무슨 소용이 있겠습니까?

210. 여러분이 유념하셔야 할 것은, 많은 헬라스인이 번번이 여러분의 법을 채택하기로 결정을 내려왔다는 사실입니다. 그런 점에서 여러분은 당연히 긍지를 가지는 것이에요. 지각 있는 모든 이들이 법을 도시의 상징으로 간주한다고 누군가가 여러분에게 말했다고 하는데, 저는 이 말이 사실이라고 생각합니다. 그러니 가능한 한 법이 최선의 것이 될 수 있도록, 그것을 오염시키고 왜곡하는 이들을 벌해야 하는 것이죠. 여러분이 방심하는 사이에, 명예를 잃고 도시의 영광을 퇴색하게 할 것이기 때문이에요. 211. 유익하고 바람직한 법 제정을 빼놓고는 그 공적을 말할 수 없는 솔론과 드라콘을 여러분이 기리는 것이 당연하다면, 그들 입법자의 정신을 배반하는 법안 발의자는 분노와 징계로 다스리는 것도 당연합니다. 티모크라테스가 이 법을 발의한 것은 자신을 위한 것이었어요. 그가 행한 많은 공적 행위가 여러분에 의해 구금으로 처벌될 지경에 있으니까요.

212. 이제, 지난날, 어떤 이가 부적절한 법을 발의했을 때, 솔론이 했던 말이라고 전해지는 일화를 여러분에게 전해드리렵니다. 들리는 말에, 비난할 말이 다 떨어진 사람이 재판관들에게 말하기를, 거의 모든 도시에 법이 있었는데, 누가 화폐를 망가뜨리면 사형으로 다스렸다고 했다는 겁니다. 그다음 그 법이 옳고 바른 것인가 하고 재판관들에게 물었답니다. 213. 재판관들이 그렇다고 대답하자, 그가 자신

의 생각을 말하여, 화폐는 은(銀)으로서 사적 거래를 위해 만들어진 것이나, 법은 도시의 화폐라고 했답니다. 그래서 재판관은 사적 화폐보다 도시의 화폐를 왜곡하여 변형된 화폐를 유통시키는 이를 훨씬 더 기피하고 처벌해야 한다고 했다는 거예요. 214. 그리고 은보다 법의 왜곡이 더 큰 부정이란 사실에 대한 증거로서 조언을 덧붙였는데요. 많은 도시에서 은에다 공개적으로 동이나 납의 합금을 사용하더라도 아무 탈이 없고 그 때문에 해를 입지 않지만, 부실한 법을 갖거나 기존의 법을 훼손하면 화를 면하지 못한다는 겁니다. 지금 티모크라테스가 받는 혐의가 바로 이와 같으며, 마땅히 여러분은 그에 상응하는 처벌을 그에게 내려야 하는 것이죠.

215. 염치없고 부실한 법을 발의하는 모든 이에게 여러분은 분노해야 하지만, 그중에서도 특히 도시 위상의 하락 혹은 상승이 걸려 있는 그 같은 법을 훼손하는 이에게는 더욱 그러합니다. 그런 법은 어떤 것일까요? 부정한 이를 처벌하고 경우 바른 이에게 다소간 명예를 수여하는 법이죠. 216. 공적을 세워 명예와 상을 받고 싶어서, 모든 이가 다 같이 도시를 위해 기여하려 한다면, 또 모든 이가 범법자에게 부과되는 손해를 겁내어 죄를 짓거나 악행하기를 기피한다면, 위대한 도시로 거듭나는 데 무슨 장애물이 있겠습니까? 헬라스의 어떤 도시도 가지지 못한 삼단노전선을 우리 도시가 가지고 있지 않은가요? 중무장보병, 기병, 세수(稅收), 기지, 항구 등도 마찬가지 아닌가요? 이런 모든 자산이 어떻게 유지되고 강화되는 가요? 법에 의한 것이죠. 우리 공적 활동이 법에 준하는 한, 그런 자산이 공동체에 유익을 가져옵니다. 217. 상황이 전도되어 기여한 이에게 아무런 보상이 주어지

지 않고, 티모크라테스가 입안하려는 면책특권을 악행자가 갖게 된다면, 그에 따라 얼마나 큰 무질서가 일어나겠습니까? 여러분이 명심하셔야 할 것은, 제가 열거한 이 같은 자산이 지금보다 2배로 증가한다 해도, 여러분은 그로부터 아무런 편의를 보지 못하리라는 겁니다. 그러니, 지금 이 사람(티모크라테스)은 부정행위자에게 처벌을 부과하는 법과 관련하여, 여러분을 그릇된 길로 현혹하려는 것으로 드러납니다.

218. 거론된 모든 정황들을 고려하여, 여러분은 분노하고 이들을 벌하여 다른 이들에게 선례가 되도록 하십시오. 이들을 연민하여 유죄 선고를 하되 가벼운 벌을 내리는 것은 가능한 한 많은 이가 여러분에게 부정을 행하도록 묵인하고 조장하는 것입니다.

25

아리스토게이톤을 비난하여 1

해제

이 변론은 무고를 일삼는 무리를 대표하는 아테나이인 아리스토게이톤을 비난하는 것이다. 현대적 경찰 같은 것이 없던 고대 아테나이에서는 시민들의 판단에 따라 범죄 여부를 가려냈고, 고발자에게는 경제적 보상이 주어졌다. 고발된 이가 유죄 선고를 받고 벌금을 내면 그 가운데 상당 부분을 고발자가 취했던 것이다. 이는 도시의 법과 질서를 지키는 수단이 되었으나, 그 부작용도 있었다. 무고로 험담하고 고소하는 이들의 집단이 생겨난 것이다. 보상을 바라고 근거도 없이 고소하는 이들에게 피해자들은 고소를 취하하는 대가로 금전을 주고 질곡에서 벗어나는 경우도 없지 않았다.

무고하는 이들에 대한 견제장치로는 재판에서 5분의 1의 지지표를 얻지 못하거나, 중간에 소를 취하하는 경우(예컨대 뇌물을 받고 취하한 경우 등) 벌금을 부과하거나 자격박탈[1]형에 처해졌다. 원전에서 보이는 사례는 상이한데, 무고

1 *atimia*.

한 것으로 밝혀진 이는 벌금형에 처하는 동시에, 패소한 것과 같은 형태의 소를 제기할 수 없도록 금지된다. 벌금을 납부하지 않으면, 납부할 때까지 자격을 박탈당한다.

이 변론의 아리스토게이톤과 관련하여 당시의 상황은 이러했다. 조직적으로 무고를 일삼은 집단의 성원으로서 아리스토게이톤은 고명한 이나 필부를 가리지 않고 많은 이들을 번번이 고소했는데, 그 가운데 데모스테네스도 들어 있었던 것이다.

이 변론의 배경은 다음과 같다. 히에로클레스라는 이가 아르테미스 신전에서 여신의 옷을 훔쳐갔다. 신전의 여사제가 그에게 옷을 돌려놓으라고 요구했다. 그런데 아리스토게이톤이 조령을 제안하여, 히에로클레스가 옷을 훔쳐간 사실을 인정하면 그를 사형에 처하고, 만일 훔친 사실이 없다고 주장하면 신전 모독죄로 재판에 회부하여 처형에 상당하는 판결을 받게 하자고 했다. 그런데 이런 제안에서 아리스토게이톤이 거쳐야 하는 의회 예비심사를 거치지 않았기 때문에, 피고의 부친이 위법한 조령을 제안한 죄로 아리스토게이톤을 법정에 회부했다.

데모스테네스가 원고의 변호인으로 나선 이 법정에서, 아리스토게이톤은 5천 탈란톤의 벌금형을 선고받았다. 그리고 다른 사건으로 다시 그는 5분의 1의 지지표를 얻지 못하는 바람에 1천 드라크메의 벌금을 추가로 물게 되었다. 게다가 벌금 납부를 지체하는 통에 액수가 2배가 되었고, 변제할 때까지 자격 박탈형에 처해졌다.

결국 오랫동안 아리스토게이톤은 활동하지 못했다. 그러다가 자기 재산을 공공금고로 넘겼고, 그것을 에우노모스의 형제가 사면서, 그 벌금을 1년 단위로 10년간 분할 변제하겠다고 약속했다. 당시 이 채무 변제 약속은 채무자 개인에게 연루된 것이다. 그러면 채무자는 공금 채무 불이행자로 기재된 아리스토게이톤인가? 아니면 그 채무를 이어받은 에우노모스인가? 당시 아리스토게이톤은 다른 채무로 또 다른 재판에 연루되어 있었다. 자격박탈형이 정지된 것 같아 보이는 대목이다. 그즈음 아리스토게이톤은 다시 무고를 일삼아 평범한 시민을 괴롭혔는데, 일련의 새로운 상황이 법적 권리 상황에 영향을 미친 것 같았다.

에우노모스는 2차에 걸쳐 채무를 변제했으나 그 후 변제를 중단했다. 그즈음 리쿠르고스, 데모스테네스, 그 외 다른 연사들이 아리스토게이톤을 고소했다. 자격박탈형에 처해져 자격이 없는데도 공적 발언을 했다는 이유였다. 아리스토게이톤은 유죄 선고를 받고 구금되었으나, 얼마 후 다시 석방되었다. 이것이 아리스토게이톤의 마지막 공적 행적이며, 그다음 곧 하르팔로스[2]로부터 2천 드라크메를 불법으로 받았다는 혐의에 연루되었고, 데모스테네스도 이 사건에 연루된다.

알렉산드로스의 회계관이었던 하르팔로스는 아시아에서 전리품의 일부를 횡령하여 아테나이로 들어와서 은신처를 구했다. 이로써 반마케도니아파는 먼 페르시아에 가 있는 알렉산드로스에게 반기를 들 수 있는 기회가 되리라는 희망을 가졌으나, 데모스테네스는 상황이 여의치 않다고 판단했다. 이때 데모스테네스는 하르팔로스로부터 뇌물을 받았다는 혐의에 연루되어 재판을 받고 투

2 하르팔로스(Harphalos, B.C. 323 사망)는 마케도니아 왕국의 귀족이다. 알렉산드로스(3세) 대왕의 원정에 종군해 출납관에 임명되었지만 타우리스코스와 함께 재물을 횡령해 달아났다가 용서받아 다시 출납관에 임명되었다. 알렉산드로스가 인도를 원정할 때 바빌론에 남아서 사치스러운 생활을 했다. 아테나이의 매춘부 글리케라를 불러들여 그녀를 여왕으로 부르고 로수스에 있는 자신의 청동상 옆에 글리케라의 청동상을 세우게 했다. 테오폼포스 등이 이러한 부정행위를 알렉산드로스 3세에게 고발했다. 그리하여 알렉산드로스 3세가 돌아온다는 것을 알고 아테나이로 달아나 전쟁을 사주하려 했지만 거부당하자 크레타섬으로 달아났다가 기원전 323년에 살해된다. 데모스테네스는 하르팔로스로부터 받은 자금을 유용한 혐의를 받았다.

옥되었으나 도주하여 아이기나로 갔다가 나중에 아테나이로 돌아온다. 그즈음 페르시아 땅에서 알렉산드로스는 갑자기 사망한다.

이 변론 〈아리스토게이톤을 비난하여 1〉은 아리스토게이톤에 대한 재판에서 발표된 것이다. 리쿠르고스가 먼저 나섰고, 데모스테네스는 두 번째 화자로 나서서, 사건에 짐짓 개괄적·이론적으로 접근했다. 피고(아리스토게이톤)를 처벌함으로써, 무고를 일삼아, 아테나이인의 공적·사적 생활을 질곡으로 몰아넣는 집단 전체에 경종을 울리고 타격을 가할 수 있는 기회가 된다는 것이다. 피고의 사적 생활은 어떤 선처도 베풀 여지가 없으며, 그 자신뿐만 아니라 그의 가족들도 공공의 이익을 위해 기여한 바가 없다는 점을 강조한다. 이어서 아리스토게이톤이 전개할 가능성이 있는 주장을 미리 거론하고, 아리스토게이톤의 경우는, 불운하여 도시의 관용을 받아야 하는 다른 시민들의 처지와는 구분되어야 함을 피력한다.

이 변론은 기원전 324~325년경에 발표된 것으로 추정된다. 구체적 내용에서 개인의 인성에 대한 공격을 통해 공정의 원칙과 사회적·정치적 덕성을 거론하며 간간이 격언을 인용한다. 이 변론이 데모스테네스의 작품인가 여부에 대해서는 의견이 다르다. 할리카르나소스의 디오니시오스는 위작으로 간주하지만, 고대의 다른 수사학자들은 데모스테네스의 작품으로 보며, 20세기 G. H. 크래머[3]의 박사학위 논문에서도 그러하다.

---

3 K. H. Kramer, *De priore Demosthenis adversus Aristogitonem Oratione*, Lipsius, 1930).

1. 재판관 여러분, 여러분과 같이 저도 오랜 시간 동안 앉아서 리쿠르고스4가 본안 혐의에 대해 발언하는 것을 들으면서, 거의 모든 사안에서 주효하게 의견을 개진했다고 봅니다. 다만 그가 지나치게 자신을 과신하는 것을 보면서 제가 곤혹스러워하는 것은, 이 재판에서의 힘이 실로 이미 그가 한 발언이나 앞으로 제가 개진하려는 주장에 달린 것이 아니라, 사악함에 분노하거나 혹은 타협하는 재판관 각자의 기호에 달려 있다는 점을 그가 깨닫지 못한 것 같다는 사실입니다. 2. 제 사견으로서는, 관례에 따라 그리고 여러분이 이해하시도록, 혐의 관련하여 많은 설명을 할 필요가 있다고 봅니다. 그러나 여러분은 각자 자라면서 터득한 성향에 따라 이미 결론의 방향을 내놓고 있어요. 여러분 대다수가 부정한 이를 좋아하고 보호하려 한다면 우리가 아무리 떠들어 봐야 아무 쓸모가 없을 것이고, 반대로 그런 이들을 미워한다면 이 사람은, 신의 뜻에 따라, 처벌받게 될 것입니다.

3. 많은 주장이 개진되었고 또 주효한 것이었다 해도, 저는 위축되지 않고 저의 소신을 말씀드리겠습니다. 이 재판은 다소간 다른 재판과는 같지 않은 점이 있는 것 같은 생각이 듭니다. 생각해 보십시오. 모든 재판에서 재판관은 원고와 피고로부터 개요를 파악하고 투표에 임하는 것이며, 소송 쌍방은 각기 법에 따라 자기편이 정당하다는 사실을 증명하게 됩니다. 4. 그러나 이 재판에서는 어떤가요? 판결 내

4 리쿠르고스(390~324 B.C.)는 아테나이 연사로서, 고명한 에테오부타다이 가문의 후손이며, 이소크라테스의 제자였다. 반마케도니아파였고, 주로 경제문제에 정통했다. 작품으로 〈레오크라테스를 비난하여〉가 남아 있다.

려야 할 여러분이 우리 원고들보다 더 잘 알고 있는 것이, 이 사람(아리스토게이톤)이 공금 채무자로서 아크로폴리스에 등록되어 있으므로 전적으로 발언권이 없다는 사실입니다. 게다가 여러분 각각이 원고의 입장에서 사실을 숙지하고 있으므로 설명을 들을 필요가 없어요. 5. 그런데 피고는 방면될 만한 아무런 근거를 가지고 있지 않아요. 사실에 근거한 설득력 있는 주장, 인도적 삶의 이력, 그 외 다른 어떤 덕성 등 내세울 만한 것이 아무것도 없어요. 그런데 손톱만 한 잘못도 저지른 적이 없는 이들조차 겁먹게 할 그 같은 짓거리를 해 놓고는 자신이 무죄가 되기를 바라는 겁니다. 무죄 석방에 대한 그의 기대는 극도의 파렴치함에 따른 것이거든요.

6. 상황이 이러하므로, 제 소견에, 지금 정작 아리스토게이톤이 재판받는 것이 아니라, 여러분이 자신의 명예를 두고 재판받고 있으며 그 훼손의 위험에 처해 있는 것이라고 누가 말한다 해도, 잘못이 아닌 것 같습니다.[5] 이렇듯 명백하고 중대한 부정에 대해 여러분이 분노하고 그들을 처벌하신다면, 당연한 소임으로서, 재판관이자 법의 수호자로 이곳에 오셨다는 사실이 입증됩니다. 7. 그러나 준법이 아닌 어떤 다른 동기, 아무도 입으로 말하지 않지만 여러분의 투표가 드러내게 될 그 같은 동기가 개입한다면, 여러분은 도시에 언제나 파렴치한 짓거리를 하는 이들을 양산하는 길을 열어 주는 것으로 그렇게 누

5 리쿠르고스가 고소장에 상세 내용을 기록해 놓았으므로, 데모스테네스는 아리스토게이톤의 삶을 전체적으로 조명하고, 재판관의 책임을 강조하는 선에서 변론을 전개한다. 이런 방법은 아티카 법정 연설의 상투적 형식에 속한다.

군가의 눈에 비치게 될 것이 아닌가 하고 저는 염려됩니다. 더구나 모든 파렴치한 이가 하나하나는 약하지만, 여러분이 지지하여 힘을 실어 주면, 강해집니다. 여러분의 지지로 그 파렴치한 이가 동력을 얻고 권력을 갖게 되지만, 그들을 키운 여러분은 욕을 얻어먹습니다.

8. 그러니 저로서는, 아테나이인 여러분, 그(아리스토게이톤)가 사적으로 저지른 짓거리를 말씀드리기 전에, 간단하게나마 여러분의 관심을 환기하려 하는 것은 이들 금수 같은 무리에 의해 우리 도시가 얼마나 큰 수치와 불명예로 내몰리게 되었는지에 대한 것입니다. 그 무리의 중심에 있었고, 처음이자 마지막에 있었던 것이 이 사람(아리스토게이톤)이었어요. 9. 다른 사안은 다 접어두고, 다만 말씀드릴 것은, 민회가 열리고, 여러분이 연사들로 하여금 꼼수가 아니라 견해를 발표하도록 했을 때, 이들이 방자함, 고함소리, 거짓말 비난, 음해, 몰염치 등, 온갖 그 같은 것들을 다 동원했어요. 누구도 그보다 더 토론과 거리가 멀고, 그보다 더 몰염치한 것은, 제 소견에, 누구도 찾아낼 수 없을 거예요. 이런 꼼수로 이들은 도시의 온갖 가치 있는 것들, 법, (행정부의 각 부족) 대표단,[6] 공공업무 계획서,[7] 질서[8] 등을 질식시

---

6 *proedroi*. 대표단이란 당번을 맡은 부족 사람들(행정위원 · *prytaneis*)로 구성되는 당번 행정부(*prytanis*)를 제외한 나머지 9개 부족에서 1명씩 뽑아 총 9명으로 구성된다. 그중 한 사람을 뽑아서 대표단(*proedroi*) 의장(*epistates*)으로 세운다. 행정부는 10개 부족이 각기 1년의 10분의 1 기간 동안 돌아가면서 맡고, 각 부족 50명씩, 10개 부족의 대표로 구성된 500인 의회의 10분의 1이 각 당번 행정부의 행정위원이 된다. 참고, Aristoteles, *Athenaion Politeia*, 44. 2~3.

7 *programma*. '계획서'란 의회와 민회가 열리기 전에 미리 의안을 준비하는 과정에서 9명 대표단의 수장격인 의장이 작성하여 대표단에게 넘기는 것이다. 참고,

켜 버렸어요. 10. 이런 상황을 여러분이 원하고, 그들이 하는 짓거리가 여러분의 뜻에 일치한다면, 그(아리스토게이톤)가 제 길로 가는 것이고 그대로 놔두면 됩니다. 그러나 지금이라도 상황을 고쳐야 하겠고, 또 이미 오래 방치하여 이들 때문에 비루해지고 질곡에 처해 있는 것들을 개선해야겠다고 생각하신다면, 그 같은 타성을 탈피하고, 오늘 여러분은 올바른 판단을 내리셔야 합니다.

11. 올바름을 사랑하고 모든 도시와 마을을 보호하는 질서의 여신[9]을 최고의 덕목으로 여기시고, 공평하고 성스러운 디케(공정) 여신이 여러분 각자를 주시한다는 경각심을 가지십시오. 가장 성스러운 제식들을 여러분에게 가르쳐 준 오르페우스의 말에 따르면, 디케는 제우스 옥좌 옆에 앉아 인간 만사를 다 관망하고, 여러분 각자의 생각을 꿰뚫어 본다고 합니다. 그러니, 각기 디케 여신 앞에 부끄럽지 않도록 조심하고 통찰력을 가지고서 투표에 임해야 하겠습니다. 추첨으로 뽑힌 여러분은 제각기 그 디케 여신으로부터 재판관의 직함을 부여받은 것이에요. 재판관은 임직 당일에 법, 정치체제, 조국으로부터, 우리 도시에 공정하고 올바르고 이익이 되는 모든 것을 수호하는 신성한 임무를 맹세를 통해 부여받았기 때문이지요. 12. 이 같은 임무를 감당하지 못하고, 여러분이 타성에 젖은 채 들어와서 자리를 차고앉은 것이

Aristoteles, *Athenaion Politeia*, 44. 2~3.

8 *eukosmia*. 법의 적용, 준수, 효력 등에 의해 유지되는 질서를 뜻한다.

9 Eunomia. 에우노미아 여신은 제우스와 테미스(관습법) 사이에서 태어난 딸이고, 디케(공정의 여신)와 에이레네(평화의 여신) 등과 자매간이다. 참고, Demosthenes, 19. 255.

라면 주객이 전도되어 버리고, 아리스토게이톤을 성토하려 했던 것이 우리가 오히려 여러분을 공격하는 것으로 보이지 않을까 하여 제가 염려됩니다. 우리가 그의 죄상을 더 확실히 증명하는데도 여러분이 무시해 버리면, 그만큼 더 큰 수모가 여러분에게로 향할 것이기 때문입니다. 이 문제는 이 정도로 하고 그치겠습니다.

13. 아테나이인 여러분, 제가 실로 허심탄회하게 여러분에게 사실을 말씀드리겠습니다. 민회가 열릴 때마다 여러분이 저를 지목하여 아리스토게이톤의 고소인으로 삼으려 했을 때, 저는 곤혹스러웠고, 제우스와 모든 신들의 이름으로, 저는 썩 내키지 않았어요.[10] 여러분을 위해 그 같은 역할을 맡은 이가 결국 그 때문에 보복당한다는 사실을 제가 모르지 않았으니까요. 바로 깨달을 만큼 그렇게 심각한 사안이 아니더라도, 그 같은 것을 여러 번 중단 없이 반복하다 보면, 곧 깨닫게 되는 것이죠. 그러나 저는 부득이 여러분의 결정에 승복하기로 했습니다. 14. 저는 리쿠르고스가 협의자 적시 고발[11]과 법과 관련된 법적 사안과 관련하여, 사실대로 언급할 것이라고 생각했고, 또 피고의 파렴치한 행위에 대한 증인들을 불러 모으는 것을 보았어요. 그러나 저로서는 도시와 법을 수호하려는 이들이 언제나 고려하고 검토하는 점들을 다루려 하므로, 지금 그런 점을 중심으로 말씀드리겠습니다. 다만, 여러분의 양해를, 아테나이인 여러분, 제우스의 이름

---

10 가능한 한 원고가 되기를 꺼려하는 풍조에 대해서는 참조, Lykourgos, 1. 3.

11 *endeixis*. 혐의자 및 그가 있는 곳의 정보를 관리에게 제공하여 관리로 하여금 체포하게 하는 것이다. 엔데익시스는 사인(私人)이 혐의자를 직접 체포하여 11인에게 넘기는 '아파고게(*apagoge*)'와 차이가 있다.

을 걸고, 제가 여러분에게 양해를 구할 것은, 이 사안 관련하여 저는 제게 적합하고 제가 선호하는 방식으로 말씀 드리겠다는 것입니다. 달리는 제가 할 수 없을 것 같으니까요.[12]

15. 사람들 삶의 전 과정이, 아테나이인 여러분, 살고 있는 도시의 대소를 불문하고, 자연성과 법에 의해 조율됩니다. 이 중에서 자연성은 불규칙하고 개인마다 독특합니다. 그러나 법은 보편적이고 일정하며, 모든 이에게 동일합니다.[13] 만일 자연성이 파렴치한 속성을 가졌다면, 번번이 잘못을 범하게 되고, 그 때문에 사람들이 죄짓는 것을 여러분이 보시는 겁니다. 16. 그러나 법은 올바름, 좋음, 이로움을 지향하고 추구합니다. 일단 법이 세워지면, 공동으로, 만인에게 평등하게 적용되며, 그런 것이 법입니다. 만인이 법에 순응하는 이유는 여러 가지인데, 특히 모든 법은 신의 소산인 동시에 선물이며 인간 지성의 산물, 고의나 비고의적 잘못에 대한 보정, 도시의 공동 계약으로서, 모든 시민이 법에 따라 살기 때문입니다.

17. 아리스토게이톤이 정보 고지[14]에 의한 모든 소송에서 유죄 선고 받은 사실, 그가 설득력 있는 반론을 단 한 번도 하지 못했다는 점은 쉽게 증명됩니다. 아테나이인 여러분, 모든 법이 제정되는 데는 두 가지 목적이 있어요. 부정을 예방하기 위한 것, 그리고 범법자를

---

12 참조, Demosthenes, 8. 24.

13 고대 아테나이인, 특히 소피스트의 법(*nomos*)과 자연성(*physis*), 즉 인정법에 의한 권리(*thetiko dikaio*)와 자연의 권리(*physiko dikaio*) 사이의 구분과 관련하여 참조, Platon *Gorgias*, 482e; Aristoteles, *Sophistikoi Elenchoi*, 1. 12.

14 *endeixis*.

처벌함으로써 나머지 사람들을 더 낫게 만드는 거예요.[15] 이 사건 피고는 이 두 가지 목적 모두를 위해 처벌받아야 한다는 사실이 드러날 거예요. 처음에 그는 스스로 행한 범법행위 때문에 벌금 처분을 받았고, 지금은 그것을 지불하려 하지 않았기 때문에, 그로 인한 처벌 문제로 지금 여러분 앞으로 회부된 것입니다. 그러니, 누가 그를 무죄 방면할 수 있는 어떤 근거도 남아 있지 않아요.

18. 실로 그 같은 행위로 인해 도시가 피해 입은 것이 아니라는 말도 할 수 없는 겁니다. 여러분이 그의 궤변에 넘어가면, 받아들여야 할 공적 채무가 손실을 보게 된다든지, 또 채무자들 가운데 누구를 사면해야 한다면 그것은 가장 품위 있고 존경할 만한 사람, 최소 경범죄로 벌금형을 받은 사람이어야 하지, 세상에서 가장 파렴치한 이, 죄라는 죄는 있는 대로 거의 다 짓고 당연지사로 벌금형을 받은 그 같은 이가 아니라는 등의 주장은 제가 새삼 거론하지 않겠습니다. 19. 가장 악랄한 것을 말하자면, 모함과 불법보다 더 악랄한 어떤 것이 달리 있을 수 있습니까? 그런데 그는 이 두 가지를 다 범하여 벌금형을 받았어요. 또 여러분이 다른 범죄자들은 다 무죄 방면해도, 폭력을 행사한 이를 선처하는 것은, 그 자체가 월권으로서 불가하다는 것 등, 그 같은 유의 주장도 모두 생략하렵니다. 다만 제가 여러분에게 분명하게 적시(摘示)하려는 것은, 이 사람(아리스토게이톤)에게 휘둘리면, 도시와 법에 기초한 모든 질서가 교란되고 파괴된다는 사실이에요.

---

15 법의 예방적 기능과 관련하여 참조, Platon, *Protagoras*, 324b.

20. 저는 새로운 것, 핵심을 벗어난 것, 사적인 것이 아니라 여러분 모두가 저와 같은 정도로 알고 있는 사실을 말씀드리겠습니다. 여러분 가운데 누구라도, 도대체 어떤 이유로 의회가 열리고, 시민들이 민회에 출석하며, 법정에 재판관을 배정하고, 퇴임하는 공직자가 신임에게 권력을 양도하는지, 그리고 도시의 운영과 안전을 가능하게 하는 모든 기제(機制)를 알아보려 한다면, 그 기저에 법과 모든 이의 준법정신이 있음을 발견하게 될 거예요. 만일 법이 파괴되고 각자에게 원하는 대로 할 수 있는 권력이 부여된다면, 체제[16]만 무너지는 것이 아니라 우리 삶도 들판의 짐승과 다를 것이 없어지는 겁니다. 21. 법이 유효할 때도 이같이 행동하는 이가, 법이 무너지면 어떤 짓을 할 것이라고 여러분은 생각하십니까? 법은 신들 다음으로 도시의 안전을 도모하는 이기(利器)라는 데 세상 사람들이 동의하므로, 여러분은 모두 계(契)[17]를 모으기 위해 앉아 있는 것같이 하셔야 합니다. 법을 지키는 이는 조국의 안녕을 위해 아낌없이 기여하는 것으로서 존경하고 칭찬하며, 법을 지키지 않는 이는 벌해야 하는 거예요. 22. 법에 따라 행하는 모든 것은 정치와 공동체를 위해 계를 모으는 것이지만, 계에 동참하지 않은 이는, 아테나이인 여러분, 할 수 있는 데까지 여러분으로부터 많은 좋은 것, 신성한 것, 위대한 것을 제거하고 망가뜨리려 합니다.

---

16 *politeia*.

17 *eranos*. 친목단체로 종자돈을 각출하여 공동 편이를 도모한다. 참고, Demosthenes, 21. 184.

23. 널리 알려진 사실로서 한두 가지 예를 들도록 하죠. 500인 의회는 여기 보이는 얇은 격자문 칸막이[18]로 격리되어 있어서, 외부에서 알 수가 없고, 사인(私人)은 들어올 수가 없어요. 아레오파고스 의회가 '왕의 주랑(스토아)'[19]에서 주변에 차단선을 두르고 아주 조용하게 앉으면, 모든 사람이 멀리 물러납니다. 여러분 가운데서 추첨으로 뽑힌 이들로 구성되는 공직자들은, 조수가 "모두 나가 주십시오"라고 소리쳐서 사람들을 멀리하면, 곧 주어진 임무를 돌보기 시작하고, 가장 파렴치한 이도 감히 범접하지 못합니다. 오만 가지 일이 다 이런 식이에요. 24. 도시의 질서와 안전을 도모하는 모든 경건하고 바람직한 것들, 말하자면, 사리분별,[20] 부모와 여러분 가운데 최연장자에 대한 젊은이들의 겸손,[21] 혹은 방정(方正)함[22] 등이 법률의 도움으로 비열함,[23] 뻔뻔함,[24] 무모함,[25] 몰염치[26]를 제압하는 것이죠. 특히 파렴치함[27]은 경직되고[28] 건방지고[29] 탐욕스런[30] 것이지만, 반

---

18 *kygklis*. 의회나 법정 등이 설치된 격자 칸막이 문. 참고, Xenophon, *Hellenika*, 2. 3. 50.

19 *basileiou stoa*. 왕 아르콘(장관)이 거하는 주랑.

20 *sophrosyne*.

21 *aisxhyne*

22 *eutaxia*.

23 *aischyne*.

24 *anaischyntia*.

25 *thrasytes*.

26 *anaideia*.

27 *poneria*.

28 *itamos*.

대로 성실[31]이란 온유하고 삼가며, 완만하고, 철저히 양보하는 겁니다. 여러분이 재판관으로 추첨될 때면 언제나 법을 준수하고 강화해야 합니다. 법의 도움으로 덕성 있는 이가 파렴치한 이를 이길 수 있으니까요.

25. 그렇지 않으면, 모든 것이 허물어지고 훼손되며 교란될 것이고, 도시는 형편없고 뻔뻔한 이들의 손으로 넘어가게 될 거예요. 그러니, 신들의 이름을 걸고, 도시의 모든 이가 아리스토게이톤의 무모함과 뻔뻔함을 모방하고, 또 그가 생각하는 것처럼, 민주정체하에서 누구라도 무엇이든 제멋대로 말하고 행동할 수 있다고 생각해서, 자신의 행동에 대해 남이 뭐라고 말하든 구애받지 않고, 아무도 그 부정한 행위로 당장에 그를 처형하지 않을 것이라 생각한다고 칩시다. 26. 그런 생각에서, 추첨되지 않은 이가 추첨된 이와 대등하고, 선출되지 않은 이가 선출된 이와 대등하다고 하고 같은 권리 갖기를 요구한다고 칩시다. 노소(老少) 가리지 않고 누구라도 자신이 해야 할 일은 하지 않고, 제각기 생업으로 주어진 역할을 방기하며, 자신이 원하는 것이 법이고 권력이며 절대적인 것으로 여긴다고 칩시다. 그렇다면, 도시가 작동하겠습니까? 어떻게 되겠습니까? 법이 권위를 가지겠습니까? 온 도시에 날마다 얼마나 많은 폭력, 무례, 불법이 횡행할 것이며, 지금의 명성과 질서 대신 얼마나 큰 불명예가 따를 것이라 생각하십니

29 *tolmeros.*

30 *pleonektikos.*

31 *kalosyne.*

까? 27. 법과 그 법에 대한 복종으로 만사가 작동한다는 사실을 새삼 언급할 필요가 있습니까? 오직 여러분만이 우리들 사건을 재판하고 있습니다. 조금 전만 해도 모든 아테나이인이 추첨장에 들어와서, 제가 익히 알고 있는바, 모두가 이 재판정에 들어오기를 원했지만 말입니다. 그 이유가 뭘까요? 추첨에 응했고, 그래서 뽑혔으니까요.[32] 그런 절차는 법에 따른 것입니다. 그래서 여러분은 법에 따라 이 자리에 있는 것이고, 불법으로 말하고 행동하는 이를 수중에 넣고 있으면서, 그를 무죄 방면하시렵니까? 이 역겹고 뻔뻔한 이가 범한 불법행위에 대해 불쾌해하고 분노하는 이가 여러분 가운데 아무도 없단 말입니까?

28. 세상에서 가장 가증스러운 이여, 당신(아리스토게이톤)의 발언의 자유는 누군가 사람이 따고 침범할 수 있는 격자 칸막이나 문에 의해서가 아니라, 바로 여신전에 기록된바, 그 같은 거액에다 그같이 막중한 벌금 처분을 받음으로써 박탈당했는데도, 당신은 법으로 출입이 금지된 신역(神域)에 마음대로 침입하려 하고 있어요. 아테나이에서 통용되는 모든 권리, 3개 재판소의 심리, 법무장관들에게 하는 기소, 징세 관리 앞으로의 기록, 당신 자신이 원고로 나선 의도적 사주[33]에 대한 기소 등에서 배제되어, 거의 쇠사슬에 묶인 것 같은 상태에서도, 당신은 틈새를 찾아 그것을 끊어 버리고, 구실을 만들어 거짓 고소함으로써, 공정의 원칙을 무너뜨릴 수 있다고 보는 것이죠.

---

32 재판관은 재판 직전 추첨으로 뽑혀 배정되므로 어느 법정에서 어떤 사건을 맡게 될지 아무도 무른다. 재판관 추첨과 관련해서는 참조, Aristoteles, *Athenaion Politeia*, 63 이후.

33 *bouleusis*. 의도적 사주 혹은 의도적 범행. 참조, 이 변론 §71.

29. 여러분이 이런 점들을 한 가지도 놓치는 일이 없도록, 제가 중요하고도 분명한 사례를 소개하겠습니다. 최연소 연령, 혹은 가장 부유한 이들, 공적 부담을 수행한 이들, 혹은 그 같은 부류의 특수 집단 가운데서 연사들이 나와야 한다고 누가 주장한다면, 여러분은, 제가 확신컨대, 민주정체를 와해한 혐의로 그에게 사형선고를 내릴 것 같고, 여러분의 그런 처사는 정당하다고 하겠습니다. 30. 그렇지만, 그런 사람도 이 사람(아리스토게이톤)과 같은 무리에 속하는 이들이 발언권을 가져야 한다고 말하는 이보다는 덜 위험한 겁니다. 다시 말하면, 법을 어기는 이, 탈옥수, 그 부친이 민중에 의해 사형선고 받은 이, 공직에 추첨되었으나 자격심사[34]를 통과하지 못한 이, 공금 채무자, 완전히 자격 박탈된 이,[35] 소문도 그러하고 실제로도 파렴치한 이들 말이죠. 이런 온갖 속성들이 이 사람(아리스토게이톤)에게 해당되는 것이고, 또 기질상 그를 닮은 이들에게 적용되는 것입니다. 저로서는, 아테나이인 여러분, 이 사람이 처형되어야 한다고 봅니다. 지금까지 한 행위를 보아서도 그러하지만, 만일 이 사람이 여러분에게서 권력과 기회를 얻게 된다면, 그보다 훨씬 더하게, 아니면 그보다 결코 더 적지 않게, 분명히 해악을 끼치게 될 것이기 때문입니다. 31. 제발 그런 일은 없기를! 이 사람이 선하거나 유능하지 않고, 도시 위상에 어떤 기여도 못한다는 사실을 모르는 이가 여러분 가운데 있다면, 이상한 것이죠. 오, 제우스와 신들이여, 도시에 사람 같은

34 자격심사의 원칙과 관련해서는 참조. Lysias, 16. 9.

35 *atimos*(복수형 *atimoi*).

사람이 너무 부족하여 아리스토게이톤이 명예가 걸린 일을 수행하게 되는 일이 없도록 하소서! 신들에게 기도하여, 그 같은 금수(짐승)가 기용되는 일은 결코 일어나지 않기를 빕니다. 혹 피치 못할 상황에 처한다 해도, 이 사람이 석방되어 불법을 자행하려는 무리와 작당하는 것보다는, 이들과 어울려 준동하지 않는 것만으로도 도시에 더 큰 행운이 되는 것이죠.

32. 타락한 채 민중을 향한 누대(累代)의 적의로 가득 찬 이 사람이, 아테나이인 여러분, 어떤 치명적이고 위험천만한 일을 마다할 것이 있겠습니까? 만일 그가 세력을 얻는 일이 생긴다면, 만의 하나라도 그런 일이 없기를 바라지만, 그보다 더 확실하게 도시를 파멸시킬 이가 달리 누가 있겠습니까? 그 인성과 정치 이력이 이성이나 겸양이 아니라 무분별에 의해 좌우되는 것을 여러분은 깨닫지 못하십니까? 아니, 그 정치 이력이라는 것이 온통 무분별로 점철되고 있는 것이죠. 이 같은 성향은 본인에게 최대의 해를 초래할 뿐만 아니라, 모든 다른 이에게 치명적이고 곤혹스러운 것이며, 도시에도 바람직한 것이 아닙니다. 분별없는 이는 자신에 대한 통제력과 합리적 대책을 온통 상실하게 되니, 혹여 구조된다면, 그것은 비논리적 요행에 의한 겁니다. 33. 그러니, 머리가 돌아가는 이라면 누가 자신이나 나라의 이익을 이런 자에게 맡기겠어요? 가능한 한 그 같은 상황을 피하고, 실수로라도 그런 처지에 말려들지 않으려고, 그런 성향의 사람을 멀리하려 하지 않을 이가 어디 있겠습니까? 조국을 위하는 이들은 말이죠, 아테나이인 여러분, 무분별이 아니라 지성, 건전한 판단력, 풍부한 통찰력을 갖춘 이에게 자문을 구하려 하는 것이죠. 후자와 같은 속

성이 모든 이를 행복으로 인도하는 것이고, 전자(무분별)는 아리스토게이톤이 지향하는 곳으로 몰아가게 됩니다.

34. 여러분은 제 말이 아니라 세상 사람들의 모든 관습에 빗대어 생각해 보십시오. 모든 도시가 온갖 신들의 사당과 신전을 두고 있습니다. 그 가운데 선하고 위대한 '프로노이아(慧眼) 아테나'[36] 여신이 델포이 아폴론 곁에 있으며, 가장 아름답고 가장 거대한 신전으로 그 신역에 들어서면 바로 보입니다. 아폴론은 신인 동시에 예언자로서 최고의 통찰력을 가지고 있습니다. 35. 그러나 '무분별'이나 '파렴치'의 신전은 없어요. 세상 사람들이 모두 공정, 질서, 겸양의 사당을 가지고 있지요. 일부는 각자의 마음과 성품 속에서 가장 우아하고 성스러운 것들로 자리하고, 다른 일부는 모든 이가 공동으로 숭배하도록 형상으로 세워져 있는 거예요. 그러나 뻔뻔함, 모함, 위증, 배은망덕을 기리는 사당은 없으며, 이런 모든 속성들이 바로 이 사람이 가지고 있는 것들입니다.

36. 제가 알기로, 그는 올바르고 공정하게 변론하는 것이 아니라, 욕설과 험담을 하고 고소하겠다고 협박하고, 구인하여 관리에게 넘긴다는 둥 변죽으로 말을 돌릴 거예요. 이런 그의 주장을 잘 듣노라면, 그 모든 것이 터무니없다는 점을 여러분이 깨닫게 될 겁니다. 그 같은 수작 중 어느 것이라도 번번이 꼼수인 것으로 밝혀지지 않은 것이 있었나요? 37. 그 같은 것들은 그냥 생략하도록 하지요. 그러나 짚고 넘어갈 것은, 아리스토게이톤 씨, 당신은 필리포스에게 매수되어 7번이

36 Pronoia Athena. 델포이에서 숭배된 아테나 여신은 '*Pronoia*'라 불렸다.

나 나를 공소했고, 또 수행감사[37]와 관련하여 2번이나 나를 고소했잖소. 아테나이 여러분, 저는 한낱 인간으로서 아드라스테이아[38]를 경배하고, 저를 보호하는 신들과 여러분께 크게 감사하고 있습니다. 그러나 당신은 한 번도 진실을 말하는 것으로 드러난 적이 없어요. 언제나 사기로 유죄 선고를 받았으니까요. 그런데도, 오늘 여러분에 의해 무죄 방면됨으로써 이들 무리가 법을 무용지물로 만든다면, 지금 당신이 나를 고소할 거요? 무슨 죄로 할 거요?

38. 여러분은 다음과 같은 점도 고려하십시오. 그는 2년 동안 줄곧 주창해 왔어요. 발언할 자격도 없으면서 발언한 겁니다. 그 2년 동안 그가 가여운 포키데스, 페이라이에우스의 구리세공인, 제혁업자, 그 외 또 다른 이들이 도시를 해치는 범죄를 저지르는 것을 보고는 여러분(법정) 앞으로 고소[39]했어요. 그런데 서로 적으로 적대하여 다투는 연사인 저, 혹은 리쿠르고스, 혹은 바로 이어서 그가 아주 많은 말을 하게 될 연사들에 대해서는 왜 그러지 않았답니까? 두 가지 중 어느 이

---

37 *euthyna*(복수형 *euthynai*).

38 아드라스테이아는 제우스와 아난게(Ananke)의 딸이다. 플루타르코스(Ethika, 564 E. 2. *Peri ton ypo tou theiou bradeos timoroumenon*; De sera numinis vindicta)에 따르면, 온갖 부정을 징벌하는 여신이다. 흔히 에이마르메네(Eimarmene)와 아난게(Ananke)와 동일시되기도 한다. 하데스에서 사자(死者)의 영혼을 심판하기도 한다. 다른 형용사와 함께 불리기도 한다. 예를 들면, Adrasteia Nemesis(복수의 여신 아드라스테이아), Ophthalmos Adrasteias, proskynein ten Adrasteian 등이다.

39 아리스토게이톤은 명망 있는 이보다 유죄 선고를 내리기에 더 손쉬운 평범한 시민을 상대로 고소하기를 택했다. 참조, 이 변론 §40, 47.

유로든 그는 사형 선고를 받아 마땅합니다. 하나는, 우리가 부정을 행한 증거를 가지고 있었는데도 일반 시민들을 해치고 다니도록 우리를 내버려두었다는 뜻이거든요. 다른 하나는, 우리를 고소할 거리도 없으면서, 그가 거짓말로 여러분의 눈을 가리고 기만하려 한 것입니다. 39. 실로, 그 심판의 공정성 혹은 불공정성 여부를 떠나서, 다른 이를 심판하고 비난하는 이를 갖은 방법으로 물색하려는 이가 우리 도시에 있다면, 그 목적에 이 사람(아리스토게이톤) 보다 덜 부합하는[40] 이는 없을 겁니다. 왜 그러냐고요? 다른 이를 비난하고 만사를 재판에 회부하는 이는 스스로 지은 죄가 없어야 하는 것이에요. 스스로의 비열함으로 인해 평가받는 상대가 빠져나가도록 하면 안 되니까요. 그런데 우리 도시에서 이이보다 더 많고 더 중대한 부정을 저지른 이가 없었어요. 그러면 도대체 이 사람은 어떤 사람일까요?

40. 제우스의 이름으로, 어떤 이들은 그를 "민중의 개"라고 해요.[41] 어떤 개일까요? 자신이 늑대로 비난하는 이는 물지 않고, 명색이 스스로 지키는 척하는 그 양을 잡아먹는 겁니다. 사인(私人)에 대해 조령을 제안하여 유죄 선고를 받음으로써 끼친 것만큼의 해악을 연사들 중 어떤 이에 대해서 그가 끼친 적이 있습니까? 또, 그가 지금 다시 공적 발언을 하게 된 이후, 누구라도 연사에게 소송을 제기한 적이 있습니까? 연사는 아무도 없어요. 개인들만 많았을 뿐이었어요. 양 잡아먹

---

40 가장 부적합하다는 뜻이다.

41 아리스토게이톤은 민주정체의 수호자로서 행세하고, 불법행위를 자행함에도 불구하고, 사회적 영향력을 가지고 주변에 아첨하는 무리들을 거느리고 있었다. 참조, Aristophanes, *Hippes*, 1023.

은 개는 작살나야 한다고들 하지요. 그러니 당장에 이 사람은 작살나야 하는 거예요. 41. 아테나이인 여러분, 그는 아무 실이 없는 말을 하고, 비루하고 몰염치한 수작에만 골몰하는 겁니다. 민회에서는 욕설하고 무모하게 모든 것을 싸잡아 공격하면서, 거기 모여 있는 여러분 모두를 기만하고, 연단에서 내려오면 여러분 하나하나 따로 소(訴)를 제기하고, 모함하고, 요구하여 돈을 갈취하는 겁니다. 제우스의 이름으로, 이런 짓거리에 적절히 맞대응할 줄 아는 연사들이 아니라, 일반 시민, 미숙한 이들을 상대로 하는 거예요. 당해 본 이는 알아요. 42. 그런데, 제우스의 이름을 걸고, 상황이 이러하다는 것을 알면서도 여러분이 그가 도시에 쓸모 있는 이라고 여기고, 모든 것을 무시하고 그를 무죄 방면해야 한다고 여기실 수도 있습니다. 그러나, 아테나이인 여러분, 여러분이 실제 경험을 통해 아는 것을 두고서, 피상적으로 판단하지 마십시오. 이 사람(아리스토게이톤)은 처벌받아 발언권이 없었으므로, 5년 동안 여러분 앞에 나서지 못했어요. 그동안 그를 아쉬워한 이가 있었습니까? 그가 없다고 해서 도시 일에 뭐라도 결여한 것이 있다고 보신 분 있습니까? 그가 다시 나와 발언한다고 해서 뭐가 더 나아졌습니까? 제가 보기에는 그 반대인 것 같습니다. 그가 여러분 앞에 나타나지 않았을 때는, 그가 모든 이에게 끼쳤던 누로부터 해방되었으나, 다시 사람들 앞에서 발언하기 시작하면서, 민회가 열릴 때마다 선동적이고 무질서한 발언으로 도시가 몸살을 앓고 있어요.

43. 이제 저는 첨예한 문제로 넘어가서, 이 같은 이유로 그를 추종하는 이들에 대해 다소간 말씀드리겠습니다. 그런 이들이 어떻게 평가받아야 하는지는 여러분 스스로 판단하시기를 바라고, 저는 그것

보다는 그들이 그의 편에 서는 것이 현명하지 못하다는 점만 지적하겠습니다. 지금 이곳 법정에 있는 여러분 중에는 아무도 그런 이가 없을 것이라고 저는 봅니다. 아테나이인 여러분, 제가 여러분을 그렇게 말하고 생각하는 것이 공정하고 바람직하고 정확할 것 같습니다.
44. 그러나 우리네 다른 시민들, 가능한 한 비난의 범위를 축소한다면, 그를 따르는 제자, 혹은 여러분이 양해한다면, 그 선생인 엘레우시스 출신 필로크라테스[42]만이 그런 부류에 속한다고 저는 봅니다. 제 뜻은, 아무튼 아리스토게이톤을 좋아하는 이가 달리 없었으면 하는 심정입니다만, 그 같은 이가 더는 없다는 뜻은 아니고요. 그러나 저로서는 여러분에 앞에서 삼가는 비난을 다른 시민들에 대해 공개적으로 하는 것도 옳지 않다고 봅니다. 더구나, 저의 주장이 한 사람을 대상으로 하는 것이라도 같은 효과를 낳을 것이니까요.

45. 아리스토게이톤을 추종하는 이들이 부득이 어떤 부류의 사람들인지에 대해 저는 시시콜콜 다루지 않으렵니다. 많은 흉을 들추고 늘어놓아야 하는 곤혹스러움을 피하고 싶기 때문이에요. 다만 저는 이 점에 대해서는 말씀드리려 합니다. 아리스토게이톤이 명백하게 파렴치하고 냉혹하고 남을 모함하며, 스스로 같은 부류의 사람임을 드러내고 있으므로, 필로크라테스 씨, 당신을 꼭 빼닮은 이를 지지하는 것에 대해 나는 당신에게 동의하고 양해한다는 것 말이오. 다른 모든 이가 자신의 의무를 감당하고 법을 지키는 한, 당신의 의도가 아무

---

42 '필로크라테스의 모함(*sycophantia*)'에 대해서 데모스테네스가 언급한 내용은 Demosthenes, 18. 249 참조.

런 성과도 거둘 수 없을 것이라고 나는 보기 때문이지요. 46. 그런데 그가 파렴치한 장사치, 소매상, 중개상으로, 저울과 추(錘)도 없이 평생 해온 짓거리를 팔아온 것이라면, 어리석은 친구여, 당신은 왜 그를 후원하는 거요? 무딘 칼이 요리사에게 무용지물이듯, 스스로 세상 사람들에게 문제와 해악을 야기하려는 이에게는 그 같은 것을 팔고 다니는 모함꾼이란 전적으로 무용지물이요.

47. 나는 그가, 당신도 아는 것이지만, 그 같은 부류의 사람이라는 점을 말하는 거요. 그가 헤게몬[43] 탄핵[44] 사건을 뇌물을 받고 철회한 사실을 당신도 기억할 거요. 데마데스[45]를 공소[46]한 사건을 어떻게 포기했는지도 당신은 알 것이오. 바로 요 며칠 전에는 올리브유 상인 아가톤에 대한 재판에서, 고함지르고 악을 쓰고, 우우 소리 내며 야유하고, 민회를 아수라장으로 만들면서, 고문에 처해야 한다고 하더니, 무엇을 얻어 챙겼는지 알 수 없지만, 그(아가톤)가 무죄 방면될 때 옆에 있었는데도 그는 아무 소리 안 했어요. 데모클레스를 탄핵한

---

43 헤게몬은 기원전 4세기 아테나이 친마케도니아 정치가이자 연사였다. 포키온과 함께 재판을 받고 사형 선고를 받았으며, 기원전 318년에 독약을 마시고 죽었다. Demosthenes, 18. 285 참조.

44 *eisangelia*.

45 데마데스는 기원전 4세기 아테나이 정치가이자 연사였다. 기원전 338년 카이로네이아 전투에서 마케도니아의 포로가 되었으나, 필리포스에 의해 풀려나 친마케도니아파가 되었다. 필리포스 사후 안티파트로스와 불화했다. 무니키아에서 마케도니아 수비대 철수를 요구하러 마케도니아로 갔다가 안티파트로스의 아들 카산드로스에게 살해당했다.

46 *graphai*.

다고 떠들어 놓고는 어디로 새 버렸지요? 그 외에도 수천 가지가 있어서 내가 다 기억한다는 것이 무리에요. 그러나 내가 분명히 알고 있는 것은, 당신이 그에게 고용되어 있었으니, 그런 것들을 적어 놓았을 것이란 거요. 48. 악인 선인을 막론하고 도대체 누가 그런 이를 위하려 하겠어요? 그는, 성격상, 또 태생적으로도, 동료에게는 배반자가 되고, 덕성 갖춘 이들에게는 적이 되는 사람인데 무엇 때문에 그러겠어요? 우리 도시가 농부같이 모함꾼, 사기꾼들을 위한 씨앗과 뿌리를 보유하고 있어야만 한다고 여기는 이가 없다면 말이죠. 그런 것은 바람직한 것이 아니고, 아테나이인 여러분, 신들의 이름을 걸고, 경건[47]한 것도 아니에요. 선조가 여러분을 위해 이 법정을 세운 것은 이 같은 부류의 사람들을 모종하기 위한 것이 아니라고 저는 봅니다. 오히려 그런 이들을 여러분이 저지하고 처벌하여, 누구도 악행을 부러워하거나 탐하지 않도록 하려 했던 겁니다.

49. 파렴치함은 억제하기가 쉽지 않습니다. 아리스토게이톤은 스스로 인정한 부정행각과 관련하여 지금에 와서야 재판받고 있을 뿐, 오래전에 처형되지 않았다는 사실에 대해 어떻게 받아들이고 말해야 하겠습니까? 고발되고 난 다음에도 고함치고 모함하고 협박하기를 멈추지 않을 정도로 그 파렴치함이 대단했어요. 여러분이 막중한 명운을 위임했던 장군들이 그가 요구하는 돈을 내놓지 않자, 똥통 감독관으로도 선출될 자격이 없다고 막말을 했지요. 50. 그들은 이런 무례에 연연하지 않았어요. 않았죠. 몇 푼 건네주고 입을 봉할 수도 있

47 *hosios*.

었겠으나, 그런 것은 여러분의 선출행위를 모독하는 것이고, 또 그이의 행위가 자신의 파렴치함을 드러내는 것이기 때문이었어요. 추첨된 이들인 공직자를 모독하고 돈을 요구하여 갈취하는 등, 갖은 패악질 중 그가 안 한 것이 있습니까? 최근의 수작으로는 가짜 서신들을 퍼뜨려서 모든 이를 혼동과 갈등으로 몰아넣었어요. 천성적으로 온통 모든 이에게 해악이 되도록 태어났고, 또 그 삶의 이력이 그 같은 이라는 것을 분명히 드러냅니다.

51. 생각해 보십시오. 아테나이인이 총 2만 명[48]쯤 되는데, 헤라클레스의 이름으로 말하자면, 공사를 불문하고, 각각이, 일을 보러 시장으로 와요. 그러나 이 사람(아리스토게이톤)은 그렇지 않아요. 그 삶의 이력에서 바르고 선한 일을 한 사례를 댈 수가 없어요. 그는 도시의 선(善)을 위해 노력한 적이 없고, 수공업[49]에 종사한 적도 없으며, 농부도 아닐 뿐 아니라, 그 밖의 다른 어떤 일에도 종사한 적이 없답니다. 자선을 베풀거나 어떤 사회단체에서 교류한 적도 없고요. 52. 시장을 지나다닐 때는, 독침을 세운 독사나 전갈같이, 여기저기 기웃거리며, 누가 불행, 악담, 비행에 연루되는지 엿보고, 누구를 겁박하여 돈을 뜯어낼까 궁리하는 거예요. 이발소, 향수 가게, 시내 다른 공방(工房)에는 절대로 들르지 않아요. 심술궂고 불안정하며, 독선적이고 배은망덕하고 몰인정하며, 그 외에도 보통 사람이 가지고

48 아테나이인 수는 정확하지 않다. 데모스테네스 자신이 언급하는 수도 여기저기 같은 것이 아니다.

49 *techne*.

있는 그런 덕은 찾아볼 수 없죠. 하데스(저승)[50]에서 불경죄를 범한 이들을 따라다니는 것으로 화가들이 묘사하는 저주,[51] 악담,[52] 질시,[53] 갈등,[54] 분쟁[55] 등이 그를 따라다니는 거예요. 53. 그러니, 당연히 하데스의 신들도 일말의 연민 없이, 그 파렴치한 삶으로 인해 신성모독 한 이들 가운데로 던져 버릴 텐데, 여러분은 부정행위 한 그를 잡아 놓고는 그냥 처벌만 안 하는 것이 아니라, 여러분에게 기여한 이들에게 베풀었던 것보다 더 큰 포상을 곁들여서 무죄 방면하려 하십니까? 채무를 변제하지 않은 상태의 공금 채무자에게 동등한 권리를 여러분이 부여한 적이 한 번이라도 있었습니까? 아무도 없었어요. 그러니, 지금 이 사람에게 그런 권리를 부여할 것이 아니라, 처벌하셔서 다른 이들에게 귀감이 되도록 하십시오.

54. 아테나이인 여러분, 나머지 이야기도 여러분이 들어 두시는 것이 좋겠습니다. 방금 리쿠르고스에게서 들었던 사실은 실로 어처구니없고, 그보다 더한 일은 없을 것 같습니다만, 나머지 사건들도 그에 필적하고 그 같은 맥락에 있습니다. 그가 에레트리아를 떠날 때 자기 부친을 감옥에 처넣는 데 그치지 않고,[56] 여러분이 파이드로스

---

50 Haides, Hades. 지하 저승의 신.

51 *ara*.

52 *blasphemia*.

53 *phthonos*.

54 *stasis*.

55 *neikos*.

56 Deinarchos (2. 8) 에 따르면, 아리스토게이톤의 부친은 사형 판결을 면하려고 스스로 추방길에 올랐다. 부친과 아리스토게이톤 행위의 연관성과 관련하여 참조,

에게서 들으신 대로, 그 부친이 죽자 이 신성모독을 범한 가증스런 이가 장례를 치른 이들에게 대가를 지불하지 않으려고 오히려 그들을 상대로 소(訴)를 제기했답니다. 55. 또 그 모친에게 손찌검했을 뿐 아니라, 그것도 방금 여러분이 증인들을 통해 들으셨듯이, 자기 누이를 말이지요, 아버지는 달랐지만, 어쨌든 같은 어머니에게서 난 딸이니까 누이잖아요, 이런 사실은 접어 두고, 아무튼 그 누이를 팔아 치웠어요. 이 같은 사실은 바로 여기 있는 '능력 있는' 그의 형제에 의해 제기된 소송의 범죄 혐의에 언급되었는데, 이번 소송에서는 그 형제가 그를 변호하는 입장에 편승했어요.

56. 이 같은 언어도단의 일 외에도, 땅과 신들의 이름을 걸고, 또 다른 엄청난 이야기들을 들어 보십시오. 그가 감옥 벽을 뚫고 탈옥했을 때, 지난날 관계를 가졌던 것으로 보이는 조비아라는 여인에게로 갔어요. 이 여인이 그를 숨겨 주어서, 처음에 며칠 동안 수색을 하고 방(榜)을 돌리던 11인[57]을 따돌렸어요. 그 후 그녀가 그에게 8드라크메와 짧은 상의 등 옷가지를 챙겨 주고는 메가라로 보내 버렸어요. 57. 이렇게 그에게 친절을 베풀었던 여인이, 그가 여러분 앞에서 뻐기고 다니며 잘나가는 것을 보고는, 불평하면서 그녀가 베풀었던 친절을 상기하고 다소간 보답을 요구했을 때, 처음에는 두들겨 패다가 나

이 변론 §77.

57 11인은 각 부족당 1명씩 10명에다 1명의 서기를 더하여 구성된다. 형벌을 집행하고, 감옥 관리를 담당하며, 소유권 분쟁이 생긴 재산목록을 작성하고, 시민이 현장범을 구인하여 데려오면 접수하는 등 재판 및 법률 관련 일도 맡았다. 참고, Demosthenes, 24. 53.

중에는 그의 집에서 쫓아냈어요. 그래도 그녀가 멈추지 않고, 여인들이 흔히 그렇듯이, 자기 친구들을 찾아다니며 그를 욕하고 다니자, 그는 직접 거류외인을 관리하는 경매소[58]로 그녀를 구인해 갔답니다. 그녀가 거류외인세[59]를 내지 못하면, 자신이 도와 살려 준 이 때문에 팔려 갈 지경에 처한 것이죠. 58. 제 말이 사실임을 증명하기 위해, 그 부친의 장례를 치러 주고 돈을 받지 못한 이, 또 이곳 법정에 나온 증인인데, 누이를 판 그를 상대로 소를 제기했던 소송의 중재인을 데려오고 고소장을 준비해 주십시오. 그에 앞서 먼저 그에게 은신처를 제공했던 조비아를 위해 그녀의 대리인,[60] 그리고 그가 그녀를 구인해 가서 넘겨주었던 경매인[61]들을 불러 주십시오. 그가 자기를 도와서 기여한 이들을 상대로 소(訴)를 제기한 데 대해, 여러분은 이제 막 분노하시기에 이르렀습니다. 저 가증스럽고도 가증스러운 이, 아테나이인 여러분, 그는 금수이자 독선자입니다. 자, 증언을 읽어 주십시오.

---

58 *poleterion*. 경매소는 10명의 '*poletai*(경매인)'이 일을 보는 곳이다. 10명의 경매인은 10개 부족이 각각 1명씩 차출한다. 이들은 11인이 몰수한 재물 공매, 수세, 공공재산, 광산 등을 관리한다. 참고, Aristoteles, *Athenaion Politeia*, 47. 2~3).

59 *metoikion*. 거류외인세는 시민권이 없는 이방인으로 아테나이에 거주하는 이들이 지불하는 세금이다. 1년에 남성의 경우 12드라크메, 여성은 6드라크메이다. 거류외인세를 지불하지 못하면 예속인으로 팔리게 될 위험이 있다. 거류외인〔뿐 아니라 이방인(*xenos*)도 마찬가지〕은 아테나이에 특별히 기여한 것이 있으면, 그 대가로 거류외인세를 면제받아서 아테나이인과 같은 혜택(*isoteleia*·동일세금)을 받기도 한다.

60 *prostates*(대리인). 거류외인 혹은 이방인은 아테나이에서 법적 권리를 주장하기 위해서는 아테나이인을 대리인으로 내세워야 한다.

61 *poletai*.

증언들

59. 이 같은 짓거리를 한 이는 어떻게 처분해야 하겠습니까? 어떤 벌을 내려야 할까요? 제 소견으로는 사형으로도 부족할 것 같습니다.

60. 그의 파렴치한 행위 중에서 딱 한 가지만 말씀드리고, 나머지는 생략하겠습니다. 그가 출옥하기 전에, 한 타나그라인이 무슨 보증 문제로 서류를 들고 그가 있는 감옥으로 들어왔답니다. 아리스토게이톤이 그에게 접근하여 여러 가지 말을 나누던 중에 그의 메모장을 훔쳤어요.[62] 타나그라인이 항의하고 법석을 떨며 다른 이 아무도 그런 짓을 할 리가 없다고 했더니, 이 사람이 뻔뻔하기 그지없이 그를 두들겨 패려 했답니다. 61. 그런데 갓 들어온 신참 수감자가 오래 있어 골격만 앙상한 아리스토게이톤보다 훨씬 더 힘이 좋아서 그를 저지했다고 하네요. 상황이 이렇게 되자, 아리스토게이톤이 타나그라인의 코를 물어 버렸다고 해요. 급기야 피해를 본 타나그라인이 메모장 찾기를 포기했는데, 그게 나중에 이 사람(아리스토게이톤)이 열쇠를 가지고 있는 상자 안에서 발견되었다고 해요. 그 후 감방 동료들은 결의하여 그(아리스토게이톤)와는 불과 빛을 함께 나누지 않고, 음식과 음료를 함께하지 않으며, 그로부터 어떤 것을 받지도, 그에게 주지도 않기로 했답니다. 62. 제 말이 사실임을 증명하기 위해, 이 가증스러운 이가 코를 뜯어 먹어 버려 피해 본 이를 불러 주십시오.

---

62 참고. Deinarchos, 2. 9. 구체적으로 이 사건과 무관하게 아리스토게이톤이 절도죄로 투옥된 사실, 또한 여러 번 투옥된 사실 등이 언급된다.

증언

이 '연사'[63]는 여러분에게 실로 굉장한 일을 연출해냈군요. 이 같은 일을 연출해낸 이의 입에서 나오는 말과 조언은 실로 들을 가치가 있습니다. 자, 그에 관한 이 훌륭한 결정을 읽어 주십시오.

결정

63. 아테나이인 여러분, 파렴치함, 극단의 부정행각으로 감옥에 갇힌 이들이 그를 자신들보다 더 못한 이로 여기고 함께 교류하려 하지 않았는데, 여러분은 법에 따라 정부체제에서 배제해야 하는 그와 더불어 수작하려 하십니까? 그 삶이나 이력에서 여러분이 무슨 칭찬할 거리라도 있나요? 여러분의 분노를 일으키지 않았던 것이 있나요? 신성모독을 범한 이 아닌가요? 포악한 이 아닌가요? 가증스러운 이 아닌가요? 모함꾼 아닙니까?

64. 그 같은 수작을 벌이고 그 같은 인간임에도 그는 민회가 있을 때마다 언제나 큰소리를 질러댔어요. "여러분에게 충심을 가진 것은 나뿐이요. 저들은 모두 공모자이고, 여러분은 배반당한 겁니다. 오직 나의 충심 이외에는 남은 게 없어요"라고요. 저는 그가 말하는 박력 있고 대단한 충심에 대해 정확히 분석하려 합니다. 어디서 누구에 의해 그 충심이 생겼느냐는 것인데요. 만일 그 말이 사실이라면, 받

---

63 코를 물어뜯겨 버린 이를 비유한 말.

아들여 쓰고 믿으면 되는 것이고, 그렇지 않다면 여러분이 경각심을 갖도록 하기 위한 것이에요. 65. 여러분이 그(아리스토게이톤)의 부친을 처형했고, 그 모친[64]은 자신을 해방시켜 준 이를 기만한 죄로 팔아버린 마당에, 그가 여러분에게 충심을 가질 것이라고 보십니까? 제우스와 신들의 이름을 걸고, 그런 것은 아니지요. 만일 그가 자기 부모에게 충심을 가지고 있고, 또 짐승과 인간에게 공히 적용되는 것으로서 모든 이가 부모를 사랑하도록 한 자연의 법을 따르는 것이라면, 66. 그들을 파멸시킨 이들, 그 법과 체제에 대해 분명히 그는 악의를 품고 있을 것입니다. 그렇지 않고, 만일 그가 이 같은 부모의 처지에 전혀 개의치 않는다면, 제가 알고 싶은 것은 말이죠, 어떻게 부모에 대한 충심을 저버리는 것을 보면서도, 민중에 대해 충심을 갖겠다는 말을 믿는 이가 한 사람이라도 있겠냐는 것이죠. 저로서는 그렇게 믿을 수 없고, 오히려 부모를 섬기지 않는 이는 인류뿐만 아니라 신들의 적이라고 봅니다. 67. 그에 대해 정보 고지[65]에 따라, 여러분이 그에게 유죄를 선고하고, 그와 그 형제를 두 번 감방으로 보낸 사실 때문에, 혹시라도, 제우스의 이름으로, 그가 여러분에게 충심을 품고 있는 걸까요? 그럴 리가 없죠. 68. 아니면, 그가 공직에 추첨되었을 때, 여러분이 자격심사에서 탈락시켰기 때문일까요?[66] 아니면 불법

64 아리스토게이톤의 모친은 예속인이었다가 해방되었고 거류외인 신분을 가졌던 것으로 보인다. 거류외인(*metoikos*) 등을 법적으로 대리하는 대리인에 관해서는 이 변론 §57 참조.

65 *endeixis*(복수형 *endeixeis*). 혐의 내용 및 혐의자가 있는 곳을 관리에게 고발하는 절차.

발안으로 여러분이 그에게 유죄를 선고했기 때문일까요?[67] 아니면 가중처벌로 5탈란톤 벌금을 부과했기 때문일까요? 아니면 산 사람들 가운데서 가장 고약한 이가 누구인지를 지적하고 싶을 때, 여러분이 손가락으로 그를 가리켰기 때문일까요? 아니면 기존의 법과 정치체제가 존재하는 한, 치욕에서 벗어날 수 있는 길이 없기 때문일까요? 도대체 어떤 연고로 여러분에게 충심을 갖는다는 것이죠? 그 자신 말을 빌리자면, 철면피하면 그럴 수도 있어요. 철면피한 것으로 불리는 이유는 뭘까요? 그것은, 이 사람이 하는 것같이, 사실이 아닌 것, 앞으로도 여전히 사실이 아닐 것을 사실인 듯 말하는 것 외에는 없어요.

69. 그에 대한 정보 고지와 관련하여, 리쿠르고스가 누락한 것이 있어, 제가 여러분에게 소개하는 것이 더 좋을 것 같습니다. 사적 채무를 검토하듯, 여러분이 이 사람(아리스토게이톤)과 이 송사의 권리관계를 꼼꼼히 검토하셔야 한다고 저는 봅니다. 어떤 이가 다른 이로부터 돈 받을 것이 있다고 주장하고, 후자는 그런 사실이 없다고 한다 칩시다. 대부 계약서가 있어 내용을 볼 수 있고 또 담보 표시 기둥[68]이 그대로 서 있다면, 대부 사실을 부인하는 이가 몰염치하다는 사실을 분명히 가려낼 수 있겠지요. 그러나 그런 물증들이 없으면,

---

66 아리스토게이톤은 상거래 감독인(*epimeletos emoriou*)으로 추첨되었다. 상거래 감독인은 시장의 거래, 항구로 들어오는 곡물의 3분의 2를 도시로 들여오는 것 등을 감독한다.

67 아리스토게이톤이 위법제안(*graphe paranomon*) 혐의로 유죄 선고를 받은 사실이 있다는 뜻이다. 위법제안은 기존 법에 위배되는 법 혹은 조령을 제안하는 것이다.

68 *horos*(복수형 *horoi*). 담보된 사실을 표시하는 기둥.

여러분은 고소인을 몰염치한 이로 보게 됩니다. 당연히 그렇겠지요.
70. 그런데, 아리스토게이톤이 도시에 진 채무의 경우, 공금 채무자가 모두 기록된 법적 계약문서가 아직 남아 있어요. 또 (아테나) 여신전에 판자69로 된 담보 표시 기둥이 서 있죠. 그런데 이런 물증들이 사라지고 채무 기록이 지워지면, 우리가 터무니없이 거짓말하는 것이 되는 겁니다. 그렇지 않고 그가 변제할 때까지 물증이 그대로 남아 훼손되지 않고 있다면, 그의 변명은 사실이 아닌 것이 되고, 부당하게 잔꾀를 써서 공공 채무를 지워 버리려고 한 것이 되는 거예요.

71. 지금 논의되고 결정되어야 할 사안은 그가 채무 전액을 갚지 않았는지 여부가 아니라, 채무가 있느냐는 것이니까요. 특히, 고작 1드라크메 채무자로 등록된 이들이, 사소한 잘못이거나 혹은 전혀 잘못한 것 없이, 채무 관련 법의 적용을 받는다면, 아주 부당한 처사가 되는 것이죠. 큰 잘못을 저지른 이는 한두 번의 분할 상환으로 자격을 회복70할 수 있는 판에 말이에요. 또 그(아리스토게이톤) 이름이 세 가지 채무로 등록이 되어, 정보 고지되었는데요. 두 가지는 제대로 등록된 것으로 하자가 없고요, 다른 하나는 그가 부인하면서, 알로페케 출신 아리스톤을 의도적 범죄 혐의71로 고소하여 재판 중에 있어요.
72. 그는 "이거요, 그(아리스톤)가 부당하게 내 이름을 등재했어요"라

69 *sanis*(판자). '사니스'는 나무판자에 회를 입힌 것으로, 공지사항, 혹은 법정에서 재판하는 재판 사건 제목, 표결에 부칠 법, 장관 목록, 채무자 명단 등을 기재한다. 참조, Lysias, 26.10; 16.6 이하.

70 *epitimios*.

71 *bouleusis*. 참조, 이 변론 §28.

고 하는 겁니다. 그러면 당신(아리스토게이톤)이 당연히 소를 제기할 수 있어요. 그러자면, 그러한 사실을 먼저 인정하고, 피해당한 상황에 처해 있어야 하는 것이에요. 그렇지 않으면, 무엇을 두고 맞대응할 겁니까? 다른 이들이 하는 것과 똑같이 당신이 모든 것을 할 수 있는 상황이라면, 무슨 피해를 본 것이 있다고 할 수 있겠소?

73. 또 신들의 이름으로, 여러분은 다음과 같은 사실도 고려하십시오. 만일 그(아리스토게이톤)가 아리스톤을 사기죄[72]로 모는 데 성공한다면, 어떻게 되겠습니까? 제우스의 이름으로, 그의 이름이 지워지고 그 대신, 법 규정에 따라, 아리스톤의 이름이 올라가게 될 거예요. 거기까지는 좋아요. 그런데 그의 이름이 지워지면 그날로부터 공적 채무가 있었던 것이 되고, 그의 이름이 올라 있을 때는 여전히 그는 (채무가 없으므로) 자격보유자[73]가 되는 건가요?[74] 이 사람(아리스토게이톤)의 주장에 따르면, 그런 결론이 도출되는 거예요. 그 이름이 등록되었을 때 채무가 없었는데, 이름이 삭제되고 난 다음에는 분명히 채무가 있었던 것이 되는 것이거든요. 그런 것은 아니지요. 아니고말고요. 이름이 삭제되면, 채무도 없어지게 되는 거예요. 그러니 그는 (이름이 등재되어 있으므로) 지금 채무가 있는 것이죠.

74. 또 보십시오, 만일 아리스톤이 무죄 방면되면, 이 사람(아리스토게이톤)이 저지른 불법행위에 대한 배상을 누구에게 지우겠습니까?

---

72 *bouleusis*.

73 *epitimos*.

74 이 문장의 뜻은 앞뒤 문맥에서 잘 맞지 않는다. 그 법정에 임석해 있는 이들은 알고 있는 정황이 이 변론에서 충분히 개진되지 않았을 가능성도 있다.

그리고 그(아리스토게이톤)가 법정을 휘젓고 다니며 이미 처형하고 투옥했던 이들이 다시 살아나거나, 그런 피해에서 벗어날 수 있을까요? 법에 따라 평등하게 공유하는 권리를 갖지 못한 이 사람은 다른 이들을 만회할 수 없는 불행으로 몰아넣는 원흉입니다. 올바른 것도 아니고, 정치체제에 합당한 것도 아니며, 편익을 가져오는 것도 아닌 그런 방식으로 말이죠. 75. 이런 것들을 보면서 제가 갖는 의문은 여러분이 '엉망으로 전도(顚倒)되다'[75]라는 개념을 어떻게 이해하느냐는 것이에요. 지구가 저기 위에 있고 별이 여기 아래에 있는 것인가요? 그런 일은 일어나지 않고, 일어나서도 안 되는 것이죠. 그러나 법에 따라 자격 없는 이들이 여러분의 뜻을 따라 권리를 누리고, 파렴치함이 존중받고 덕성이 무시되며, 공정함과 편익이 개인의 심술로 훼손될 때, 그럴 때는 모든 것이 엉망으로 전도되는 것이라 보아야 하는 겁니다.

76. 이전에 저는 재판받는 이들이 혐의사실에 대해 무죄를 증명할 수 없을 때, 곁가지 부대 정황들을 끌어대며 모면하려는 것을 본 적이 있습니다. 절제하고 검약한 삶을 살았다든가, 선조가 도시를 위해 일하고 기여한 것이 있다든가, 그 같은 부류의 사실을 들어 재판관들의 연민과 선의를 구하려는 것이지요. 그러나 이 사람의 경우에는 이 같은 정황이 도움을 줄 것 같지 않고, 그 앞에는 오직 절벽, 골짜기, 바다밖에는 없을 것 같습니다. 77. 진실하게 무슨 말할 거리를 찾아낼 수 있을까요? 제우스의 이름을 걸고, 그 부친이 한 일이 무언가 있을

---

75 *ano kato*.

수도 있지요. 그러나 여기 이 법정에서 여러분은 그를 파렴치한 인간으로 처형하는 것이 옳다고 판단하여 그에게 사형선고를 내렸어요. 제우스의 이름으로, 그 부친의 이력으로 안 되겠다 싶으면, 스스로 사리와 절제 있는 삶을 살았다고 변명할 수도 있겠습니다. 그런데 그의 삶이 어떠했냐고요? 어디서 그런 삶을 살았답니까? 여러분이 쭉 목격한 바로 그는 그렇게 살아온 이가 아니었어요.

78. 그렇지만, "이보세요, 공적 경비를 부담했어요"라고 할 수도 있겠지요. 언제 어디서 그런 부담을 진 건데요? 그 부친이 진 건가요? 그런 것은 없어요. 그러면 그 자신이 진 겁니까? 그가 한 일은 고소,[76] 구인(拘引),[77] 고발[78]뿐, 공적 부담을 진 사실을 여러분이 찾을 수 없을 거예요. 다만, 이런 것들과 무관하게, 제우스의 이름으로, 훌륭한[79] 많은 그 친척들이 연대하여 그를 위해 선처하도록 부탁할 수도 있어요. 그러나 그에게 그런 친척도 없고 이전에도 그런 일은 없었어요. 자유인 태생도 아닌 그에게 어떻게 그러한 일이 있을 수 있겠습니까? 79. 다만, 제우스의 이름을 걸고, 그에게 형제 한 명이 있는데, 임석해 있는 그는 그(아리스토게이톤)를 상대로 소를 제기한 적이 있어요.[80] 그 형제에 관해 다른 이야기할 필요가 딱히 있겠습니까? 다만 그는 같은 어머니와 아버지에게서 태어난 그(아리스토게이톤)의 친형제이며,

---

76 *phasis*(복수형 *phaseis*).

77 *apagoge*(복수형 *apagogai*).

78 *endeixis*(복수형 *endeixeis*).

79 *kaloi kagathoi*.

80 이 변론 §55 참조.

여러 가지 우여곡절이 있지만, 서로 쌍둥이에요. 다른 이야기는 다 제쳐두고 드릴 말씀은, 여러분이 렘노스 출신 마술사 여인으로서 가증스러운 테오리스[81]와 함께 그 전 가족을 처형했는데, 80. 그즈음 그(아리스토게이톤)의 형제가 그녀(테오리스)의 하녀로부터 마약과 주문 외는 것을 물려받아 마술사가 되었다는 겁니다. 그 하녀는 여주인(테오리스)을 밀고했고, 이 마술사(아리스토게이톤의 형제)는 그 하녀에게서 아이를 얻었어요. 그러고는 그녀의 도움으로 사기를 치고, 그 자신이 온갖 파렴치함에 병든 주제임에도, 병든 이들을 치료한다고 선전하고 다녔답니다. 그러니 이 형제가 그에게 도움이 안 되죠. 누구라도 그를 가까이하려 하기보다는 악의 징후로 멀리하는 유해물, 해충으로서, 이 같은 재판에 회부된 사실로 인해 스스로 처형감이라는 사실을 드러냈거든요.

81. 그러니 그(아리스토게이톤)가 의지할 게 뭐가 있겠습니까? 아테나이인 여러분, 제우스의 이름을 걸고, 모든 피고들이 다 같이 의지하는 도움은 여러분의 품성에서 오는 것이지, 피고 스스로 가져오는 것이 아닙니다. 여러분이 각기 집으로부터 가져오는 것, 그것은 연민, 양해, 자비입니다. 그러나 공공질서[82]와 관습[83] 그 어느 것도 이 가증스러운 이에게 이 같은 혜택이 돌아가는 것을 허용하지 않습니다. 왜냐고요? 각자가 품성에 따라 다른 모든 이에게 적용하는 법은 그 다른

81 참조, Ploutarchos, *Demosthenes*, 14.

82 *hosios*.

83 *themis*.

이들이 자신에게 적용하는 것과 같아야 하기 때문이지요. 82. 그러니, 여러분이 보기에, 아리스토게이톤은 만인에게 어떤 법을 적용하고 어떤 의도를 가지고 있을 것 같습니까? 혹 사람들이 행운을 맞고, 번영과 굉장한 명성을 누리며 살기를 그가 바라는 것일까요? 그가 무슨 짓거리를 하고 살고 있습니까? 그는 다른 사람의 불행을 먹고 삽니다. 그래서 모든 이가 분쟁, 소송, 비열한 죄에 연루되기를 바라는 거예요. 그런 것을 키우고 그런 것을 위해 힘을 쓰고 있어요. 도대체 어떤 이가 당연히, 아테나이인 여러분, 세 번 저주받을 이, 공공의 적, 모든 이에게 악의를 품은 이로 불리는 것이겠습니까? 이 땅이 어떤 이에게 결실을 가져다주지 않고, 죽어도 그를 받아들이지 않은 것이겠습니까? 바로 그 같은 이가 아닐까요? 적어도 저는 그렇다고 봅니다.

83. 그의 모함으로 희생된 이들이 어떤 양해와 연민을 그로부터 받았습니까? 이곳 법정에서 그는 언제나 그들을 처형하라고 주문했어요. 그것도 첫 번째 판결[84]도 나오기 전에 말이죠. 그렇지만, 이 악덕한 이가 그렇게 잔인하고 가혹하게 몰아세웠던 이들, 아테나이인 여러분, 추첨으로 뽑힌 여러분이 올바른 결정으로 그들을 구했어요. 그가 거짓으로 모함하던 이들을 방면하고, 그가 5분의 1의 지지표도 얻지 못하도록 했지요. 84. 그러나 그 냉혹함, 잔인함, 조야(粗野) 함은 드러나고 밝혀지게 되었어요. 어떤 피고들의 자식이나 노모가 법정

---

84 아테나이에서 재판은 2번에 걸쳐 이루어진다. 첫 번째 재판에서는 유무죄를 가르고, 거기서 유죄로 판결되면 2번째 재판이 열려서 형량을 정하게 된다. 형량은 재판관이 아니라 원고와 피고가 각기 제시하고, 재판관들은 그 가운데서 선택한다.

에 서 있는 모습도 그에게는 연민을 일으키지 않았던 겁니다. 그래 놓고 당신이 양해를 바랍니까? 어디다? 누구를 보고? 당신 자식을 연민하기를 바라는 거요? 절대 아니지요. 그 자식들에 대한 연민을 당신 스스로가 차 버린 것이고, 아니, 완전히 없애 버렸어요. 그러니 당신은 항구에 닻을 내리지 마시오. 당신 스스로 흙으로 메우고 장애물로 막아 버렸기 때문에 그럴 권리가 없어요.

85. 그가 시장을 다니면서 여러분을 중상하는 말을 지금 여러분이 들으신다면, 훨씬 더 그를 혐오하실 겁니다. 당연하죠. 그가 말하기를, 많은 이가 공금 채무를 지고 있으므로, 자기와 같은 형편이라는 거예요. 저도 인정하는 것은, 그같이 여의치 않은 지경에 있는 이가, 그것이 단 두 명이라 하더라도, '다수'라고 할 수 있다는 겁니다. 왜냐하면, 그 수가 마땅히 있어야 할 숫자보다 더 많은 것이고, 한 사람도 공금 채무자가 되어서는 안 되는 것이니까요. 그러나, 신들의 이름으로, 어떤 경우라도 이 사람(아리스토게이톤)과, 반대되는 경우가 아니라고 한다면, 적어도 같은 처지에 있는 이는 없다고 저는 봅니다. 86. 이런 점을 여러분이 생각해 보십시오. 아테나이인 여러분, 제가 마치 여러분을 공금 채무자인 양 간주하려는 것이 아닙니다. 그런 일은 있을 수 없고, 또 일어나서도 안 되고, 저도 그런 일은 없을 것이라 믿습니다. 그러나 여러분의 친구 혹은 지인이 채무자라면, 그를 위해서라도 여러분은 이 사람(아리스토게이톤)을 혐오해야 합니다. 그 첫 번째 이유는, 경우 바른 이들이 보증인이 되어 선의를 베풀다가 여의치 못하여 채무 상태에 들어가고, 그 빚이 사적인 것이라 공적으로 피해를 준 것도 아니고 다만 운이 나빴을 뿐인데, 그가 이런 이들

을 자신과 같은 부류로 간주하고 폄훼하기 때문으로, 이는 부당하고 부적합한 것이죠.

87. 이 두 편은 같은 부류가 아닙니다. 아리스토게이톤 씨, 절대로 아니지요. 당신은 3명[85]의 시민을 재판도 없이 처형하자고 발의했다가 위법제안으로 공소[86]당하여 유죄를 선고받았고, 극형을 받아야 마땅하지만 벌금형으로 모면했어요. 그런 당신은 친구를 위해 보증을 섰다가 뜻밖의 부담을 감당할 수 없었을 뿐이었던 이들과는 유사성을 갖지 않아요. 없고말고요. 두 번째 이유는, 여러분이 본성상 서로에게 갖는 우정을 이 사람(아리스토게이톤)이, 스스로 재량할 수 있는 범위 내에서, 무시하고 훼손했다는 겁니다. 여러분이 이해하시도록 이 점에 대해 제가 말씀을 드리겠습니다. 아테나이인 여러분, 여러분은 제가 언급한 본성상 서로에게 갖는 우정의 유대를 통해, 혈족이 개인 가정에서 모여 살듯이, 도시라는 공적 집단을 만들어 살고 있습니다. 혈족은 어떻게 살아갑니까? 88. 아버지, 장성한 아들, 또 이들이 낳은 아이들이 모여 있는 곳에는 많은 생필품과 서로 닮지 않은 다양한 욕구들이 있어요. 젊은이는 말과 행동에서 나이든 사람과 같지 않지요. 그렇지만, 젊은이들은 무슨 일을 하건, 적정선을 지키는 이라면, 짐짓 드러나지 않게 하려고 하지요. 그렇지 못하다 해도, 어떤 식으로든, 자신이 그런 의도를 가지고 있음을 드러냅니다. 연장자의 입장에서도 여전히, 소비, 음주, 오락 등이 적정선을 넘어서는 것

85 히에로클레스와 함께 다른 시민 2명도 재판을 받았다는 사실을 뜻한다.

86 *graphe paranomon*.

을 보면, 보고도 마치 아무것도 보지 않은 것처럼 시침 떼는 거예요. 각기 이렇게 함으로써, 다양한 본성이 낳는 모든 것이 어우러지면서 선을 이루게 되는 것이니까요.

89. 같은 맥락에서, 아테나이인 여러분, 여러분은 가족같이 우정의 원칙으로 도시를 운영합니다. 한쪽에서는 유감스런 작태를 목도면서도, 속담[87]에 이른바, "보면서도 보지 않은 듯, 들으면서도 듣지 않은 듯"이 하고, 다른 쪽은 조심하고 염치를 가린다는 점을 행동으로 보이는 겁니다. 이렇듯 도시에는 모든 선을 이루는 공동의 원천이 존재하고, 화합이 깃드는 거예요. 90. 그런데 여러분의 본성과 관습에 올곧게 뿌리박고 있는 이런 원칙을 아리스토게이톤이 교란, 제거, 전도하려 하는 거예요. 곤경에 처한 다른 모든 이가 가능한 한 잡음을 덜 내려고 애쓰는데, 이 사람은 방울을 달고 다니듯이 소란을 떠는 겁니다. 행정부 임직원들[88]도, 전령[89]도, 의장[90]도 행정부를 맡은 당번 부족도 그를 견제할 수 없어요. 91. 그래서 여러분 가운데 누가 그 무례한 행동에 질려서, "공금 채무자인 주제에 하는 꼬락서니라고는!"이라고 고함을 치면, "아니, 어때서요? 누구는 채무를 안 졌습니까?"라고 하면서, 그가 적대하는 이의 이름을 하나하나 외는 겁니다. 이 같은 그 파렴치함은 그를 닮지 않은 이들이 그로 인해 상처를 받도록 하는 원인이 되는 거예요.

---

87 참조, Thucydides, 2. 37 (페리클레스의 장례 추도사).

88 *prytanis* (복수형 *prytaneis*).

89 *keryx*.

90 *epistates*.

92. 그러니, 아테나이인 여러분, 앞으로도 그가 불법의 부당행위할 것이 명약관화함으로, 그로부터 해방되고 싶어 하는 이들에게 남아 있는 방도는 그를 처형하는 겁니다. 그렇지 않으면, 금전으로 막대한 벌금을 매겨서 감당할 수 없도록 해야 하는 거예요. 다른 방법으로는 이 사람으로부터 빠져나올 수 없다는 사실을 여러분이 분명히 아시잖습니까. 93. 사실 상식적으로 볼 때, 아테나이인 여러분, 다른 이보다 더 선하고 더 올바른 이들은 본성에 따라 적극적으로 임무를 수행합니다. 그런데 더 열등하지만 그래도 아주 파렴치한 것과는 인연이 먼 이들은 잘못을 범하지 않으려고 애라도 써요. 여러분을 두려워하고 또 무례한 말과 비난이 초래할 질곡을 두려워하기 때문이지요. 회자되는 말에, 저주받은 이라고 불리는 명실공히 파렴치한들의 경우에는, 불행이 닥쳐야 정신머리가 든다고들 합니다. 94. 그래도 아리스토게이톤은 파렴치함에서 타인의 추종을 불허하는지라, 벌을 받아도 정신을 못 차리고, 같은 부정행각과 같은 탐욕의 소치로 다시 걸려들었어요. 더구나 지금은 그전보다 더 크게 여러분의 화를 자극하고 있어요. 그전에는 불법의 발안을 한 것에 불과했지만, 지금은 고소, 변론, 비방, 저주, 처형 요구, 탄핵, 자신은 공금 채무자이면서 오히려 자격보유자들[91]을 매도하는 등, 온갖 방법을 동원하여 법을 유린하기 때문이지요. 이런 짓거리보다 더 혐오스러운 게 없어요. 95. 그러니 그를 훈계하려 하는 것은 미친 짓이죠. 온 민중 전체가 자신을 괴롭히는 이에게 경고의 뜻을 분명히 했는데도 좀체 물러서거나 삼가지 않

91 *epitimoi*.

는 이가 혹여 한 사람의 말을 귀담아들을 일이 있을까요! 이 사람의 경우는, 아테나이인 여러분, 교정할 수가 없어요, 교정 불가능이에요. 의사가 암, 궤양, 어떤 불치병 등을 발견하면, 소작(燒灼 · 태우기) 하거나 완전히 잘라 내거나 해야 합니다. 그와 같이 여러분은 이 짐승 같은 이를 추방하고, 도시에서 내쫓아서 제거해야 하는 겁니다. 공사(公私)를 막론하고 피해당할 때까지 기다리지 말고, 미연에 조치를 취해야 하는 것이니까요. 96. 보십시오, 여러분 가운데 누가 독사나 독거미에 물려 본 적은 없지요. 그렇게 물리는 일이 없기를 기원합니다. 그런데 그런 생물을 보면 신속하게 죽여야 하는 거예요. 아테나이인 여러분, 본성상 모질고 독사 같은 모함꾼을 볼 때마다, 여러분은 그같이 해야 합니다. 여러분 제각기 물릴 때까지 기다릴 것이 아니라, 항시 먼저 보는 이가 제거해야 하는 겁니다.

97. 리쿠르고스는 증인으로 아테나 여신, 신들의 어머니를 증인으로 소환했어요. 그러나 저는 여러분의 선조, 그리고 세월이 가도 잊히지 않은 그 선조의 덕을 소환하렵니다. 그것이 사리에 맞다고 봅니다. 그들은 가장 파렴치한 이와 모함꾼들과 어울리지 않았고, 도시 성벽 안에서 서로 질시하지 않았고, 그 대신 연사(위정자)와 사인(私人)을 막론하고 현명하고 유능한 이를 기리고, 파렴치하고 무모한 이를 혐오하고 처벌했기 때문입니다. 그래서 그들은 모두 선한 행위의 경쟁자[92]가 되었지요.

98. 한 가지만 더 말씀드리고 내려가겠습니다. 여러분은 곧 이 법

---

92 *athletai*.

정을 떠날 것이고, 방청객으로 온 이방인과 시민들이 여러분을 주시하고 있습니다. 그들은 여러분 하나하나 앞으로 나올 때, 여러분의 표정에서 누가 그의 무죄에 표를 던졌는가를 짐작합니다. 여러분이 법을 무시한 것으로 드러난다면, 아테나이인 여러분, 무슨 말로 변명하겠습니까? 무슨 낯으로, 어떤 눈빛으로 그들 하나하나를 마주하시렵니까? 99. 무언가 필요할 때 메트로온(어머니 여신전)[93]에는 어떻게 들어가시겠습니까? 실로, 여러분이 이곳을 떠나기 전에 지금 다 같이 공동으로 법의 효력을 확인하지 못한다면, 여러분 중 아무도 법이 유효한 것이라고 말할 수 없게 됩니다. 매달 첫째 날[94] 어떻게 아크로폴리스로 올라가서 신들에게 도시와 여러분 개개인을 위한 축복을 기원하시겠습니까? 이 사람(아리스토게이톤)과 그 유능한 부친에 대해 여러분이 스스로의 맹세와 그곳에 있는 문서 내용에 반하여 결정을 내려놓고서 말이지요. 100. 여러분이 무죄에 표를 던진 줄을 아는 이가 여러분에게 묻는다면, 무어라 여러분이 변명하실 건가요, 아테나이인 여러분, 뭐라고 하실 건가요? 무어라 대답하실 건가요? 이 사람(아리스토게이톤)이 여러분 마음에 드시나요? 그러나 누가 감히 그런

---

93 Metroon(어머니 여신전). 메트로온은 '*meter*(어머니)'에서 파생한 단어로서, 신들의 어머니 키벨레(혹은 데메테르) 여신전을 뜻하며, 아테나이 광장(아고라)에 있다. 이 신전은 도시의 공문서 보관소였고, 법, 조령, 공문서 등 돌이 아닌 파피루스에 적힌 기록들을 보관했다.

94 *noumenia*(혹은 *neomenia*). 달의 시작을 뜻하며, 신성의 의미를 지닌 사당의 등잔불을 밝히고 제사를 지낸다. 헤르메스와 헤카테에게 제를 드리기도 한다. 참조, Aristophanes, *Shekes*, 96.

말을 할 수 있겠습니까? 저주와 불명예를 낳는 그 파렴치함을 누가 물려받고 싶어 하겠어요? 여러분은 제각기 그를 무죄 방면하는 데 표를 던지지 않았다고 하실 건가요? 그렇다면, 각자가 적어도 스스로 그런 이가 아니라는 증거로서, 무죄 표 던진 이들에게 저주를 퍼부어야 할 거예요. 무슨 이유로 그런 지경에 처하시렵니까? 축복의 말을 하고 모두가 온갖 행운을 모든 이에게 기원할 수 있는데도 말이죠. 여러분 자신은 물론 다른 시민들 모두, 더 나아가 이방인, 처자식까지 포함하여 말입니다. 이 사람(아리스토게이톤)의 악덕이 세상 사람들에게 널리 피해를 끼쳐서, 모든 이가 그 파렴치함에서 벗어나고, 그가 죗값 치르는 것을 보고 싶어 하니까요.

26

아리스토게이톤을 비난하여 2

해제

〈아리스토게이톤을 비난하여 2〉는 〈아리스토게이톤을 비난하여 1〉 다음에 발표된 것으로, 같은 사건에 관한 것이며, 앞의 변론과 같은 취지의 비난이 반복된다. 아리스토게이톤이 도시의 법을 무시함으로써, 그 행동의 방자함이 초래하는 위험을 경계하고, 공정한 법제가 우선해야 하며, 그것을 위반하면 처벌함으로써 이를 지켜 나가야 한다는 점을 피력한다. 또 데모스테네스의 다른 변론에서 흔히 볼 수 있는 것으로서, 위정자가 지녀야 할 행동거지에 대해서도 일반적으로 언급한다.

이 변론은 비난의 강도와 문체의 날카로움에서 돋보인다. 그러나 위작 여부와 관련해서는, 첫 번째 〈아리스토게이톤을 비난하여 1〉보다 더 의심을 갖는 이들이 있다. 리바니오스는 해제에서 이 변론이 완전히 데모스테네스의 것이 아니라고 규정한다.

1. 아리스토게이톤이 공금 채무자이며 자격보유자가 아니란[1] 사실이며, 그런 이들은 발언할 수 없다고 법에 분명히 규정되어 있음이 분명히 밝혀졌습니다.[2] 아테나이인 여러분, 그런데 모든 위법행위 한 이들을 배제하고 예방조치 해야 하지만, 특히 공직에 임하여 공무에 종사한 이들에 대해서는 그러합니다. 2. 그런 이들이 부정하면 공동체에 해를 끼치기 때문이에요. 반면, 정직하게 법을 준수하는 이에게는 최대의 편익을 도모해 주어야 합니다. 또 공무를 돌보는 이에게 법을 어기고 현행법을 무시하도록 허용한다면, 부득이 도시 구성원 전체를 해치게 됩니다. 3. 마치 항해를 할 때, 선원이 잘못하면 개인의 잘못은 그 피해가 가볍지만, 선장이 잘못하면, 항해하는 모든 이에게 불행을 가져다주듯이,[3] 개인의 잘못은 다수에게 미치지 않으나, 선장의 잘못이나 장관 관료들과 위정자들의 잘못은 모든 이에게 영향을

---

1 *ouk estin epitimos*. 자격 박탈된 이를 말한다. 이때의 자격박탈이란 공적 활동이 제한받는 것을 뜻하는 것으로 보아야 하겠다. 흔히 '*epitimos*'(자격보유자)의 반대말인 '*atimos*'를 '시민권 박탈'이라고 번역하는데, '시민권'이란 개념 자체가 너무나 모호한 것이라 이런 경우에 혼란을 불러일으킬 수 있다. 예를 들면, 아리스토게이톤의 경우, 국가에 진 빚을 갚지 못해서 공적 활동을 제한받는 것인데, 빚을 갚고 나면 다시 활동을 재개할 수 있다고 보아야 한다. 그러니 '*atimos*'는 한시적인 경우도 있을 수 있으므로, 시민권 자체를 박탈한다고 할 때 불필요한 오해를 불러일으킬 수 있다. '*atimos*'는 반드시 출생 혹은 사회적 신분 자체가 변동하는 것이 아닌 경우도 있다고 보아야 하기 때문이다.

2 이 변론 〈아리스토게이톤을 비난하여 2〉에서 연사는 세 번째로 발언하므로, 고소 내용은 여기서 소개하지 않고 있다. 이 사건 내용은 앞의 변론, Demosthenes, 25(아리스토게이톤을 비난하여 1) 참조.

3 정부 운영을 배의 항해에 비기는 것은 참조, Sophokles, *Antigone*, 189~190.

미치니까요. 4. 그래서 솔론은 개인에 대한 처벌은 완만하게 하고, 권력자와 민중지도자들에 대해서는 신속하게 하도록 했습니다. 전자는 세월이 다소간 흐른 다음에 처벌해도 크게 상관이 없지만, 후자는 지체해서는 안 된다고 본 것이에요. 정치체제가 와해되면, 처벌 자체를 할 수 없기 때문이지요.

그런데 아무도 이런 원칙을 거부할 정도로 그렇게 뻔뻔하고 여러분을 업신여기려는 이는 없어요. 참으로 교활한 아리스토게이톤을 제외하고는 말이죠. 오히려 모든 관료와 모든 위정자들이, 일단 여러분이 유죄 선고를 내리면, 그 판결을 존중하는 것을 우리가 보게 됩니다. 5. 한편으로, 어떤 공직자(가) 유죄로 탄핵되면, 즉시 공직에서 물러나고 화관을 벗습니다. 다른 한편으로, 아레오파고스 의원으로 들어가지 못한 법무장관들[4]도 트집 잡으려고 생각하지 않고 여러분의 결정을 존중합니다. 당연한 처사이지요. 그들이 공직에 있을 때는 사인(私人)이 그들의 지시에 복종하지만, 일단 개인의 신분으로 내려오면 그들도 도시를 지배하는 법을 따르는 것이 도리이기 때문입니다. 6. 또, 지난날을 처음부터 돌아보자면, 모든 위정자는 여러분의 결정을 따랐습니다. 아리스테이데스는, 여러분의 선조로부터 추방당했을 때, 민중이 다시 받아들일 때까지 아이기나에 살았어요. 반면, 밀티아데스와 페리클레스는 각기 30탈란톤과 50탈란톤의 국가 빚을 지고서, 그 빚을 다 갚고 난 다음에야 공적으로 발언을 할 수가 있었던 거예요.

---

4 *thesmothetai*.

7. 여러분에게 수많은 대단히 훌륭한 기여를 했던 이들도 그 행함에서 기존의 법을 어길 특권을 갖지 못하는 마당에, 아무런 기여도 한 바 없으면서 무수한 잘못을 범한 이가, 이익과 정당성에 반하여, 쉽게 범법하는 권리를 여러분으로부터 얻는다면, 참으로 어처구니없는 일이라 하겠습니다. 그런데 왜 옛사람들을 거론해야 하는 것입니까? 여러분, 당대인들을 생각해 보십시오. 도대체 그렇게 뻔뻔한 이가 있는지를 말이에요. 아무리 살펴봐도 못 찾습니다. 8. 지금 이런 문제와는 별도로, 어떤 이가 법령[5]이나 법[6]이 무효라고 하면서 조령(條令·결의안)이나 법에 대한 항의를 법무장관들 앞으로 제출하는 경우 그것을 작성하거나 제안한 이가, 제아무리 발언과 정무에서 여러분에게 최고의 명성을 가진 이라 해도, 완고하게 폭력으로 대들지 않고, 여러분이 어떤 결정을 내리든 그에 순응했습니다. 그런데, 여러분이 모두 모여 통과시킨 것이 법에 따라 무효가 되는 판에, 법을 우롱하는 아리스토게이톤의 재량이 법보다 더 큰 권위를 갖는다는 것은 모순 아닌가요? 9. 또 원고가 5분의 1[7] 지지표도 얻지 못할 때, 이후 그는 법의 규정에 따라, 누구를 고소,[8] 체포[9]하거나 혐의자가 있는 곳으로 관리를 인도[10]할 수 없고,[11] 같은 맥락에서 그 같은 처벌에 연루된 이

---

5 *psephisma.*

6 *nomos.*

7 탄핵 등 중대 사안에서는 무고의 가능성을 고려하여 고소하기 전에 보증금을 위탁해야 하고, 그것을 떼이지 않고 돌려받으려면 최소 5분의 1 지지표를 받아야 한다.

8 *graphesthai.*

9 *apagein.*

10 *ephegeisthai.*

는 아무도 그 같은 규정을 어기려 하지 않습니다. 세상 사람들 가운데 오직 아리스토게이톤에게만은 재판소도 법도 자신의 욕구보다 더 높은 권위를 갖지 않은 것 같아요.

10. 그런데 여러분은 물론 여러분의 선조는 이런 규정을 지킨다는 사실을 한 번도 후회한 적이 없어요. 민주정체를 지킨다는 것은 한편으로 조언이나 전투로서 적을 물리치는 것이고, 다른 한편으로 자유의사나 강제로 법에 복종하는 겁니다. 이런 원칙이 옳다는 사실은 아리스토게이톤 자신도 인정하는 것이지요. 11. 헬라스인이 카이로네이아[12]에서 고배를 마시고 우리 도시가 입지한 이 땅의 존립 자체가 최대 위기에 처했을 때, 히페레이데스[13]가 자격박탈[14]된 이들의 권리

---

11 고대 폴리스 시민사회에서는 상비 군인이나 경찰이 존재하지 않았고, 시민들이 직접 군인(시민 전사)으로 나갔다. 직접 혐의가 있는 이를 고소, 기소는 물론 체포, 구금하여 관리에게 혐의자를 인도하거나, 혐의자가 있는 곳을 적시하고 그곳으로 관리를 인도하여 데려갔다. 참조, 최자영, 《고대 그리스 법제사》, 아카넷, 2007, pp. 590~595; 같은 책(전자책), 아카넷, 2023, 제9장, 4. 1) 아파고게, 엔데익시스, 에페게시스.

12 기원전 338년 보이오티아의 카이로네이아에서 필리포스가 헬라스인에게 승리를 거두었다. 이 전투는 헬라스의 도시국가(폴리스)와 문화, 시민 자유의 종식을 뜻하는 상징적 사건이며, 이후 헬레니즘 시대로 접어드는 계기를 마련하게 된다.

13 변론인 히페레이데스(395~322 B. C.)는 아티카의 콜리토스구(區·*demos*) 출신이다. 플라톤과 이소크라테스의 제자였고, 데모스테네스와 같은 정치적 성향을 가졌다. 반마케도니아 저항의 선봉에 섰고, 라미아 전투(322 B. C.) 이후 안티파트로스의 명에 의해 처형되었다. 77개 정치적 변론이 전해지는데, 그중 25개는 위작, 52개가 그의 작품인 것으로 인정된다. 이 변론에 언급되는 조령 관련 내용은 참조, Lykourgos, 1(레오크라테스를 비난하여). 41; Ploutarchos, *Bioi deka rhetoron*, 849a.

14 *atimoi*.

를 회복[15]시키자고 제안했어요. 이 같은 위험이 도시를 위협할 때 모두가 한마음으로 적극 자유를 위해 투쟁하자는 것이었지요. 그때 이 사람(아리스토게이톤)이 그 조령에 대해 불법제안[16]으로 공소 제기했던 거예요. 12. 기가 막히는 일 아닙니까? 이 아리스토게이톤이 조국을 지키자고 하는 마당에 아무도 권리 회복을 시켜서는 안 된다고 하더니, 자기가 범한 불법에 대해서는 모든 이로부터 양해를 받고자 하니 말입니다. 13. 전자의 결의는 모든 시민에게 똑같이 공정하고 평등한 것이지만, 후자는 온 아테나이인 가운데 당신(아리스토게이톤)의 욕심만 채우자는 것이고요. 전자는 한 사람이 모든 정부를 장악하게 될 평화를 거부하기 위해 제안되었으나, 후자는 선조로부터 내려오는 경의와 법을 당신 혼자만 겁 없이 위반하고 방자하게 행동하기 위한 것이지요.

14. 제가 참으로 그에게 묻고 싶은 것은, 이 조령이 불법제안이라고 하는 그 주장이 합법적이고 정당한 것이냐, 아니면 부당하고 불법적인 것이냐는 거예요. 만일 민중에게 득이 안 되고 해를 끼치는 것이라면, 바로 그 때문에 사형에 처하는 것이 마땅하지요. 그러나 다수에게 득이 되고 유용한 것이라면, 왜 당신 자신이 지난날 제안했던 것과 반대되는 것을 지금 지지하도록 여기 있는 이들에게 요구하는 것이요? 당신의 제안은 그때도 옳은 것이 아니었고, 지금도 합법적이거나 여러분에게 득이 되는 것이 아니에요. 15. 제 소견에, 아테나이인

15 *epitimoi*.

16 *graphe paranomon*. 참조, Demosthenes, 7. 43, 18. 103.

여러분, 여러분도 자신을 위해 그 같은 의견인 것이지요. 그전에도 여러분은 개인을 상대로 한 그 같은 정보 고지(告知)[17] 고발사건을 많이 각하 처분해왔기 때문이에요. 당신(아리스토게이톤)이 자신의 사건에서는 면밀하게 법을 검토해 놓고는, 모든 이를 같이 괴롭히고 다른 이들보다 더 잘난 체 행세하는 오지랖 넓은 이들의 경우에는 이렇듯 허술하게 하자는 거요?

16. 여러분은 제가 말씀드린 것이 사리에 맞다고 판단하면서도, 아리스토게이톤의 그럴듯한 태도로 인해, 또 그가 여러분에게 쓸모가 있다는 생각에서 그 범법행위에 눈감아서는 안 됩니다. 그가 파렴치하며, 부정을 행하는 데 특별한 재능을 가지고 있다는 사실을, 제가 보기에, 리쿠르고스[18]가 그 변론에서 충분히 언급한 것 같습니다. 그가 용렬하다는 사실도 그 정치 이력에서 가늠할 수 있는 것이지요. 17. 그가 혐의를 씌워 재판소로 회부한 이들 가운데 유죄 선고를 받은 이가 누가 있나요? 그가 여러분에게 재정적으로 기여한 것이 있나요? 그가 제안한 것으로 처음에는 여러분이 수긍했다가 나중에 생각을 달리하지 않은 것이 있나요? 사실이 이러합니다. 그는 이렇듯 파렴치하고 야비한 데가 있어서, 여러분이 어떤 이에 대해 화를 내는 것을 보면, 그것도 지나칠 정도로 말이죠, 그 과도한 화에 빗대어 여러분의 이익을 해치는 쪽으로 잔머리를 굴리는 거예요. 18. 그러나 여러분을

---

17 *endeixis*. 참조, Demosthenes, 24.146.

18 리쿠르고스는 데모스테네스보다 손위 연장자로서 먼저 발언하면서, 사건의 개요를 소개한다. 참조, Demosthenes, 25.1.

위하는 위정자는 여러분을 분노하게 하는 성급한 감정에 편승해서는 안 되고, 합리적 판단, 실제 상황, 주어지는 기회들을 고려해야 하는 거예요. 전자는 재빨리 변하곤 하지만, 후자는 더 오래 지속되기 때문이지요. 이런 것들에 대한 배려 없이, 그가 정부의 내정을 관장하여, 같은 것이 강요되기도 하고 다시 무효가 되도록 하는 거예요.

19. 그가 모든 이를 비난하고, 폄훼하고 그 발언을 물고 늘어지므로, 혹시 지금 사안에서 그를 옹호할 가치가 있는 것인가요? 하지만, 아테나 여신의 이름으로, 재판관 여러분, 연단에서 그 같은 상황이 벌어지는 것은 도시의 수치이며, 이들 몰지각한 행각으로 인해 지금은 정치활동이 모든 품위 있는 시민들로부터 가장 수치스러운 것으로 간주되기에 이르렀습니다. 그러나 만일 여러분 가운데 그 같은 행각을 좋아하는 이가 있다면, 그 같은 부류의 인간이 없어지지 않을 것이고, 이미 지금도 그런 이들이 연단을 가득 채우고 있습니다. 어려운 것은 비판적으로 조언하는 것이 아니라, 바르게 결정하도록 조언하고 설득하는 것이에요.[19] 20. 더구나, 앞선 고발사건에서 그가 재판을 받을 때, 똑같은 주장으로 그전에 이미 여러분을 속인 것이 아니라면, 기존의 법에 어긋나는 양해를 하는 것은 올바른 처사가 아닙니다. 여러분이 어떤 이들은 법을 어겨도 놔두고 나머지는 지키도록 강요해서는 안 되기 때문이지요. 그럼에도 아마 그를 믿고 특권을 허용하는 한편 다소간 원칙을 훼손하는 것이 더 합리적일 수도 있었겠지요. 21. 그러나 개선의 정을 바라서 여러분이 그를 놔주었는데, 머지않아, 도시의

19 참조, Demosthenes, 1. 16.

최선의 이익에 반하는 발언과 행동을 한 죄로 다시 같은 이를 벌해야 한다면, 두 번째로 속은 데 대해 여러분은 무슨 변명을 하시겠습니까? 그의 행동을 가지고 재판을 하면서, 왜 그 말을 믿어야 합니까? 확실한 정보가 없을 때는 말에 근거하여 판단을 해야 할 필요가 있겠지요. 22. 그러나 저로서는 놀라운 것이, 사람들이 말이죠, 개인 재산은 과거의 경력을 통해 정직한 것으로 드러난 이에게 맡기면서, 공적 사무는 명백하게 파렴치한 것으로 증명된 이에게 위임한다는 것입니다.[20] 아무도 아무러한 잡종 개에게 가축 떼를 지키라고 위임하지는 않을 거란 말이죠. 그런데도 어떤 이들은 말하기를, 비리를 발견하는 척하는 이를 누구나 공직자를 감시하는 직책에 임할 수 있지만, 그들 자신에 대해서도 엄격히 감시해야 한다고 합니다.

23. 재치 있게 이런 것들에 유념하고, 말로 여러분에게 신실하겠다고 하는 이의 말을 바로 흘려들으시고, 아무에게도, 특히 짐짓 대중[21]을 위해 발언하고 제안하는 것같이 행세하는 이에게, 법을 무시하는 권력을 주지 않도록 만반의 주의를 기울이십시오. 실로 여러분의 선조는 법이 무너지는 일이 없도록 죽음을 불사할 만큼 치열했으나, 여러분은 그것을 어기는 이들도 벌하지 않으려 하는군요. 법을 정초한 솔론의 동상을 광장에 세우도록 의결하고는, 다른 한편으로 그(솔론)에게 각별한 명예를 드리는 그 같은 법을 무시하는 것처럼 보

20 정부와 가정, 공적 사안과 사적 사안의 유비에 대해서는 참조, Isokrates, 8(〈평화에 대하여〉). 52.

21 *plethoi*.

이니 말입니다. 24. 입법할 때는 악인에게 분노하면서, 현장범으로 그들을 잡으면 무죄로 풀어 주는 것이 웃기는 일 아닙니까? 입법자는 한 사람이지만 여러분을 위해 사기꾼의 적의를 감수하는 판에, 함께 뭉쳐서 자신의 이익을 보호하는 여러분은 악인을 미워하지도 않고, 그 악인 한 사람의 사악함에 오히려 압도되어 버리는 것, 또 어떤 이가 기존에 없는 법을 제안하면 사형이라고 해 놓고는, 있는 법을 마치 없는 것처럼 무시하는 이를 벌하지도 않고 놔주는 행태 말입니다.

25. 기존 법을 지키도록 축복하고, 무시하고 불복하는 것을 저주하도록 하는 확실한 방법은 법으로 인한 이득과 무법으로 인한 결과를 여러분 눈앞에 두고 비교하도록 하는 것입니다. 그러면 무법의 결실은 광기, 무절제, 탐욕이지만, 준법으로부터는 지혜, 절제, 올바름이 따른다는 사실을 깨닫게 될 거예요. 분명히 그러합니다. 26. 최선의 입법자들을 낸 도시들이 최선의 체제를 갖추고 있기 때문이지요. 몸의 병은 의사를 만나서 제어되듯이, 정신의 흉포함은 입법자의 분별에 의해 제거됩니다. 한마디로, 준법과 연관되지 않고서는 어떤 품위도 어떤 가치도 우리는 갖출 수 없는 것이죠. 27. 온 세계, 신들, 계절이라 불리는 것들이, 우리 눈에 보이는 것을 믿는다면, 법과 질서에 의해 운행되기 때문입니다. 그러니, 아테나이인 여러분, 법을 지키기로 서로 독려하는 한편, 신성한 것을 고의로 모독하는 이들을 유죄 판결하십시오. 그렇게 함으로써, 여러분은 의무를 다하고 최선의 결정을 도출하게 될 것입니다.

27

아포보스의 후견을 비난하여 1

해제

후견인 관련 변론은 데모스테네스가 젊은 나이에 변론 경력을 시작하면서 작성한 것이다. 후견인이란 데모스테네스의 부친이 마지막 유언으로 그 자신과 누이의 후견인 겸 유산 관리인으로 선임한 이들이다. 데모스테네스의 부친은, 아포보스와 데모스테네스의 집안사람, 그리고 자신의 친구 테리피데스 등 3명의 후견인을 지명한 것으로 추정된다.

아테나이 법에 따르면, 사자(死者)의 미성년 자녀가 있을 때, 1명 혹은 다수의 후견인을 지명할 수 있고, 장관(아르콘)들이 그 과정을 감독한다. 후견인들이 후견 임무를 소홀히 하면, 후견 위임 관련 계약서가 있는 경우 그에 준하여 검토한다.

후견인의 주요 임무는 미성년 피후견인의 주거, 식량, 의복, 교육과 함께, 사자의 인적 혹은 재산과 관련한 공적 현안을 대리한다. 특히 후견인은 유산을 보호하고, 경작, 임대 등을 통해 이를 증식시켜야 하며, 그 후견 활동에 필요한 비용을 쓸 수 있다.

피후견인이 18세가 되어, 성인으로 호적에 오르면, 후견인은 그동안 운영의 세목을 적은 회계보고서와 함께 유산을 피후견인에게 양도한다. 성인이 된 피후견인이 양도받은 유산의 가치에 불만이 있으면, 후견이 종식된 지 5년 이내의 기간에 '후견 소송'[1]을 제기할 수 있다.

데모스테네스는 10년의 후견 기간이 지난 다음, 후견인을 상대로 제소(提訴)했다. 애초에 15탈란톤 원금과 그에 따라 10년간 증식된 법정 이자를 계산하면 30탈란톤을 받아야 한다는 것이었다. 데모스테네스의 소송상대는 법정 안팎에서 음해 작업을 하여, 젊은 데모스테네스의 제소 자격을 원천적으로 봉쇄하려 했다. 그러나 데모스테네스는 기원전 364년 먼저 후견인 아포보스의 유죄 선고를 이끌어 냈고, 이로써 다른 동료 후견인에 대해서도 그 같은 가능성의 교두보를 마련하게 되었다.

〈아포보스에 반대하여 1〉에서는 그의 부친이 남긴 유산과 함께, 후견이 종식되면서 자신이 양도받은 재산의 내역을 상세하게 소개한다. 후견인들의 무책임한 태도와 방만한 재산 운용, 그리고 후견인들 측에서 제기할 수 있는 변명을 짚어 내고 그에 대한 반론을 미리 제기한다. 아직 젊고 미숙하지만, 그는 박력 있고 솔직하고, 진실하게, 그런 가운데서 호소력을 가진 변론을 구사한다.

후견과 관련한 데모스테네스의 변론은 5편이다. 〈아포보스의 후견을 비난하여 1〉, 〈아포보스의 후견을 비난하여 2〉, 〈아포보스에 반대하고 위증 혐의에 연루된 파노스를 위하여 3〉, 〈오네토르에 반대한 명도소송 1〉, 〈오네토르에 반대한 명도소송 2〉가 그것이다. 이 변론들은 데모스테네스가 변론가로서의 경력을 시작하던 무렵의 것들이다.

---

1 *dike epitropes*.

1. 재판관 여러분, 아포보스가 공정하게 처리하거나, 우리 사이의 분쟁을 친구들의 중재에 맡기려 했다면, 번거로운 소송이 벌어지지 않았을 겁니다. 저는 그들의 결정에 만족했을 것이고, 우리는 그를 둘러싸고 아무런 다툼도 벌이지 않았을 것이니까요. 그러나 그는 우리 사건을 꿰고 있는 이들이 결정하도록 맡기려 하지 않고, 오히려 내막을 잘 모르는 여러분 앞으로 제출했으므로, 부득이 제가 그에 대한 저의 권리를 되찾기 위해 여러분 앞에 서게 되었습니다. 2. 저도 잘 알고 있는바, 재판관 여러분, 언변에 능하고 용의주도하게 준비한 이들을 상대로, 아직 어리고[2] 전적으로 경험이 일천한 제가 저의 전 재산을 걸고 소송에 임한다는 것은 어려운 일이지요. 그러나, 제가 그들에 비해 아주 불리하다고 해도, 저는 강한 희망을 가지고 여러분 재판정에서 공정함을 구합니다. 또 제가 상세하게 사실을 고함으로써 여러분이 놓치는 것이 없도록 하고, 여러분이 결정할 사안에 대해 하나의 빈틈도 없이 이해하실 수 있도록 하겠습니다. 3. 청컨대, 재판관 여러분, 제 말을 잘 들으시고, 제가 피해를 입었다고 판단이 서시면, 제게 공정하게 도움을 주십시오. 가능한 한 약술하되, 여러분이 사건을 용이하게 파악하실 수 있는 사실부터 먼저 말씀드리겠습니다.

4. 저의 아버지 데모스테네스는, 재판관 여러분, 임종 시, 7살 난 아들인 저와 5살 난 제 누이에게 14탈란톤 가량의 재산을 남겼고, 과부가 된 제 어머니에게는 지참금으로 가져온 50므나가 돌아갔어요.

---

2 데모스테네스가 처음으로 후견인을 고소한 것은 기원전 364년 티모크라토스가 수석장관(104회 올림픽 경기 첫 번째 해) 인 해로, 그의 나이 17살이었다.

죽음에 임하여, 그는 우리를 생각하여, 이 재산을 모두 여기 있는 이 아포보스와 데몬의 아들 데모폰에게 맡겼지요. 둘 다 아버지의 조카들이었는데, 한 사람은 형제의 소생, 다른 이는 누이의 소생이었습니다. 또 파이아니아 출신 테리피데스도 있었는데, 친척은 아니지만 어릴 적부터 친구였지요. 5. 아버지는 제가 성인식[3]을 통과할 때까지, 저의 재산에서 70므나의 수익을 얻도록 조치했답니다. 돈을 탐하여 저와 관련한 사무를 그르칠까 봐 그랬던 거예요. 그러고는 제 누이를 데모폰에게 출가시키고 2탈란톤의 지참금을 마련하여 바로 지급했던 겁니다.[4] 이 사람(피고 아포보스)에게는 제 어머니를 재혼시키면서 80므나의 지참금, 그리고 제 집과 우리 가구를 사용하도록 했지요. 아버지 생각에, 이들을 제게 가까운 관계로 만들어 놓으면, 그 친인척의 유대로 인해 저를 더 잘 돌볼 것 같았던 거예요. 6. 그런데 이들은 자기 몫으로 돌아오는 재산에서 그 각각의 몫을 우선 손에 넣고, 또 나머지 모든 재산을 관리하면서 10년 동안 후견인으로 있는 동안, 제 재산을 온통 들어먹었고, 제 집과 예속인 14명, 은화 30므나 등, 총 70므나 정도만 제게 넘겨주었습니다.

7. 그들이 제게 준 피해의 핵심은, 가능한 한 약술하자면, 바로 이런 것[5]입니다. 재판관 여러분, 그런데 제 아버지가 유증(遺贈)한 재

---

3 *dokimasia*. 참조, Lysias, 16.9.

4 부친이 죽었을 당시 데모스테네스는 7살, 여동생은 5살이었다. 그 여동생과 데모폰의 혼인은 그 후 적어도 10년이 지나서야 가능한 것으로서, 이에 대해서는 Demosthenes, 29.43. 참조. 본문에 '바로(*euthys*)'라고 표현한 것은 여동생이 아니라 돈을 바로 지급했다는 뜻으로 풀이할 수 있겠다.

산이 제가 진술한 바와 같다는 사실에 대해 이들 스스로가 가장 확실한 증거를 제공하고 있어요. 납세분담조합(심모리아)[6] 기금과 관련하여, 이들은 제가 부담해야 하는 납세액으로 25므나당 500드라크메의 세(稅)를 지불하는 데 동의했거든요. 이 정도 세액은 코논의 아들 티모테오스, 그리고 가장 많은 재산을 가진 이들이 납부했던 겁니다. 게다가 재산에 따라 어떤 것은 투자가능[7] 재산이고, 어떤 것은 고정[8] 자산인데 각각 그 값어치가 어느 정도였는지 제 말을 들어 보십시오. 그 내용을 알게 되신다면, 지금까지 어떤 후견인들도 우리 재산을 후견 관리하던 이들만큼 파렴치하고도 공공연하게 탈취해 가지는 않았다는 사실을 깨닫게 될 거예요. 8. 먼저 납세분담조합에 세금을 낸 증인을 여러분께 소개하고, 그다음 제 아버지가 제게 가난을 물려주지 않았고 유산이 70므나에만 그친 것이 아니라, 그 엄청난 규모로 인해 이들(후견인들)도 도시 사람들 눈을 가릴 엄두를 내지 못했던 사실에 대한 증인을 대도록 하겠습니다. 자, 이 증언을 들고 저를 위해 읽어 주십시오.

5 참조, Demosthenes, 29. 30.

6 *symmoria*. 납세분담조합 기금으로 아테나이 10개 부족이 각각 120명의 유지를 뽑고, 이들이 20명씩 6개 조(*symmoria*)로 나뉘어, 삼단노선주, 비극 지휘 등의 공공부담을 위한 비용을 갹출한다.

7 *energa*.

8 *arga*.

9. 재산 규모가 이(증언)로 인해 밝혀졌습니다. 15탈란톤에 부과되는 세금은 3탈란톤이지요. 그만큼의 액수를 납부해야 한다고 그들이 말했거든요. 재산의 내용을 들어 보신다면 더 분명하게 이해하실 겁니다. 제 아버지는, 재판관 여러분, 제조 공장을 두 개 운영했는데, 각각 사업 규모가 작지 않았어요. 하나는 칼을 제조했는데, 32~33명 칼 제조 장인(匠人)이 일했어요. 대개가 한 사람당 5 혹은 6 므나의 가격으로 팔려 왔고, 3므나 이하인 이는 없었어요. 이들로부터 제 아버지는 매해 30므나의 순수익을 거두었지요. 다른 공장은 긴 등받이 의자(소파)를 만들었는데, 20명 일꾼이 있었어요. 이들은 40므나 채권의 담보로 아버지가 데리고 있었던 이들이지요. 이들이 아버지에게 20므나의 순수익을 제공했어요. 아버지가 남긴 돈에서는 한 달에 1탈란톤당 1드라크메 이자로 대부가 이루어져서,[9] 매해 이자 수익이 7므나를 웃돌았지요. 10. 이런 것이 제 아버지가 남긴 투자가능 재산의 규모로서, 이들(후견인)도 인정할 것인바, 애당초 원금이 4탈란톤 5천 드라크메에 달했고, 해마다 50므나 수익을 가져왔어요. 이외에 공장에서 쓰던 상아와 철, 그리고 긴 등받이 의자에 쓰이는 나무 등이 80므나에 달하고, 70므나에 구매한 염료[10]와 구리, 그 외에도 3천 드라크메 상

---

9 아테나이의 통상 이자는 1므나당 매월 1드라크메(1년에 12드라크메)는 연 12%이나, 경우에 따라서 더 높은 이자를 받기도 한다. 지참금을 반납하지 않은 경우 18%, 해상담보대부는 30%가 되기도 한다.

10 *kekis*.

당의 집, 그리고 가구, 식기, 제 어머니의 보석, 의복, 장신구 등이 총 1만 드라크메에 달하고, 집안에는 80므나 값어치의 은이 있었지요. 11. 아버지가 집에 남긴 것이 이러하고, 거기다 크수토스에게 위탁한 70므나의 해운 투자, 파시온이 경영하는 은행에 예치한 2,400드라크메, 필라데스가 경영하는 은행에 600드라크메, 데몬의 아들 데모멜레스[11]에게 1,600드라크메, 그리고 200~300드라크메 이자 수익을 가져오는 1탈란톤 대부금이 있었어요. 이런 것들이 우리에게 8탈란톤 50므나를 상회하는 수익을 가져다주었고, 모든 것을 합산하면, 14탈란톤 정도에 달하는 것을 여러분이 살펴보시면 알게 될 겁니다.

12. 아버지가 제게 남긴 재산은 이러했습니다, 재판관 여러분. 이들(후견인)이 훔쳐간 것이 얼마인지, 각기 따로, 또 모두 함께 얼마나 들고 갔는지 여러분께 다 고하려면, 물시계[12]가 다 비기 전에 끝낼 수 없어요. 그러니 부득이 각각 다른 기회에 따로 말씀드릴 수밖에 없지요. 데모폰과 테리피데스가 제게서 얼마를 빼앗아 갔는지는 제가 고소해서 그들이 재판받게 되면 그때 가서 고하는 것이 순리일 것 같아요. 여기서는 아포보스가 가져간 것만 그의 주변인들이 증언하는 것, 그리고 제가 알고 있는 것에 따라 말씀드리겠습니다. 우선 그가 80므

11 크수토스의 배를 뜻한다. 이어서 46므나(= 약 0.77탈란톤)가 세 개 은행에 예치되어 있다.

12 피고, 원고 등 화자(話者)가 말하는 시간을 재기 위해 만든 기구로, 물을 채워서 변론이 이어지는 동안 좁은 구멍으로 물이 떨어지도록 하고 다 떨어질 때까지 변론이 허용된다. 발언 시간은 주제에 따라 달라지고, 그에 따라 물시계의 용량을 조정한다. 참조, Aristoteles, *Athenaion Politeia*, 67.

나 지참금을 취한 사실부터 말씀드리고, 그다음 가능한 한 간략하게 다른 것들도 고하겠습니다.

13. 제 아버지가 죽자, 그 유언에 따라, 이 사람(아포보스)이 바로 제 집으로 들어와서 같이 살면서, 제 어머니의 금붙이와 술잔들을 들고 가서, 50므나 상당액을 손에 넣었어요. 또 80므나 지참금을 다 받을 때까지 예속인을 팔아서 챙긴 수익을 테리피데스와 데모폰으로부터 받아 갔지요. 14. 이렇게 자기 몫을 챙긴 다음, 삼단노선주가 되어 케르키라로 떠날 즈음에 그는 그 돈을 자기가 받았다는 수령증을 서면으로 테리피데스에게 보내고 지참금을 챙긴 사실도 인정했어요. 공동 후견인인 데모폰과 테리피데스가 이런 사실에 대한 증인이며, 그 외에도 돈을 받았다는 사실을 제 숙모의 남편인 레우코니온[13] 출신 데모카레스 외에도 다른 많은 이들이 증언하고 있습니다. 15. 이렇듯 아포보스가 지참금을 거머쥐고는 제 어머니에게 식비도 주지 않고, 집도 세놓지 않고 오히려 다른 후견인들과 공모하여 그것을 직접 관리하려 했던 겁니다. 데모카레스가 이런 사실에 대해 이의를 제기했어요. 그의 말을 듣고서도 아포보스는 자신이 지참금 등을 가진 사실을 부인하지 않았고, 또 아무것도 받은 것이 없었다면 화를 냈을 터인데 그러지도 않았던 거예요. 오히려 사실을 인정하면서, 제 어머니와 그녀의 보석 때문에 언짢은 일이 있었을 뿐이고, 그 문제만 해결되면 식비와 그 밖의 것들도 잘 보살펴서 제가 흡족하게 여기도록 조치하겠다고 했던 겁니다. 16. 그러니, 데모카레스와 다른 이들 앞에서 그(아포보스)

13 레우코니온(혹은 레우코노에)은 레온티스 부족에 속하는 구(區 · *demos*)이다.

가 이 같은 사실을 인정한 것, 지참금 보충분으로 그가 예속인들로부터 들어온 돈을 데모폰과 테리피데스로부터 받아 간 사실, 지참금 받은 사실을 공동후견인들에게 서면 수령증으로 써 준 사실, 제 아버지가 죽자마자 바로 우리 집으로 들어온 사실 등이 드러난다면, 그가 80므나 지참금을 분명히 받고는 아주 뻔뻔하게도 받은 적이 없다고 시침 뗀다는 것을 세상 사람들이 인정하지 않을까요? 17. 자, 제 진술이 사실임을 증명하는 증언들을 들고 읽어 주십시오.

증언들

이런 식으로 그(아포보스)가 지참금을 챙겨갔지요. 그런데도 그는 제 어머니와 혼인하지 않았으므로, 법에 따라 지참금과 함께 9오볼로스의 이자를 물어야 하는 거예요. 그러나 저는 1드라크메(6오볼로스)로 만족하고, 원금에 10년간 이자를 더하면 3탈란톤 정도가 됩니다. 18. 그가 재산을 가져갔고 또 스스로도 가진 사실을 그렇게 많은 증인들 앞에서 인정했다는 점을 이렇듯 제가 여러분께 증명했습니다. 그것 말고도 공장 수입에서 그가 30므나를 챙겨갔는데, 사람이라고 생긴 이들 가운데 가장 비열한 방식으로 그런 사실을 속이려 했어요. 제 아버지가 죽었을 때, 거기서 나오는 수입이 30므나였거든요. 예속인 절반을 팔아넘긴 다음에는, 당연히 제가 15므나를 받아야 했던 것이잖아요. 19. 7년간 예속인을 관리했던 테리피데스가 해마다 11므나를 제게 보내왔는데, 그것도 당연히 돌아와야 하는 것보다 4므나씩 부족한 금액이었지요. 그런데 이 사람(아포보스)은 처음 1, 2년간 한 푼도 내놓지 않았어요. 공장이 휴업했다든가, 자기가 아니라 우리가 해방시킨 밀리아스가 관리자라고 하고, 그에게 회계를 확인해 보라고 한 겁니다. 이렇게 변명한 사실을 지금 와서 그가 부인한다면, 그가 거짓말한 사실을 쉽게 밝힐 수 있어요.

20. 공장이 휴업했다고 하면서도, 운영에 들어간 경비 내역을 계상(計上)했던 거예요. 그게 예속인 부양에 든 게 아니라, 그 작업에 들어간 물품들, 말하자면, 칼 손잡이나 다른 공정에 들어가는 상아의 공급 같은 것이었는데, 그것은 공장(工匠)들이 일했다는 말이잖아요. 게다가 제 공장에 와 있던 테리피데스 소속 예속인 3명이 제 공장에서 일했다고 해서 그 임금을 지불한 것으로 계상했어요. 휴업했다면, 이들도 임금을 받거나, 제게 그 돈의 지불을 요구해서는 안 되는 것이지요. 21. 또 공장은 돌아갔는데 물건이 안 팔린 것이라면, 그 물건이라도 제게 넘겨야 하고, 그 넘긴 사실을 증명할 수 있는 증인들을 대야 하는 겁니다. 이 두 가지 중 아무것도 할 수 없다면, 2년간 공장에서 생긴 수입 30므나를 그가 횡령한 것이라고 어떻게 의심하지 않겠습니까? 공장이 가동된 것이 확실한데 말이지요. 22. 이런 사실에 대한 진술을 거부하고, 밀리아스가 모든 것을 관리했다고 말한다면, 어떻게 여러분이 그 말을 믿을 수 있겠습니까? 자기가 거의 500드라크메를 상회하는 비용을 지출했는데, 거기서 얻은 수익은 그이가 가져갔다고 하는 것이니까요. 제 짐작에는, 사실은 그 반대일 것 같아요. 실제로 밀리아스가 작업을 관리하고, 돈도 지출했는데, 그 수익은 이 사람(아포보스)이 챙겨간 것이지요. 다른 행동과 그 뻔뻔함을 보면, 불문가지예요. 자, 이 증언들을 들고, 여기 있는 분들에게 읽어 주십시오.

증언들

23. 그(아포보스)가 이 30므나를 공장에서 취하고 8년 동안 그 이자까지 챙겼지요. 이자를 1드라크메[14]씩만 쳐도 그것만 30므나가 넘어요. 이것을 착복했던 겁니다. 여기다가 지참금 원금까지 합치면 총 40탈란톤에 달합니다. 다른 공동후견인과 공모하여 훔쳐간 것, 그리고 제 아버지가 유증한 유산 액수가 그가 주장하는 것과 전혀 맞지 않는다는 사실을 하나하나 여러분께 말씀드리겠습니다. 24. 먼저 40므나 채권의 보증으로 아버지가 잡아 놓은 20명의 긴 등받이 의자 제조공들은 말이죠, 아버지가 사망 시에 분명히 남겨 놓았던 것인데, 어떻게 그들(후견인들)이 너무나 파렴치하고도 공공연하게 제게서 이들을 갈취해갔는지 여러분께 밝히겠습니다. 이들이 저의 집에 예속인으로 남겨져 있었고, 해마다 12므나의 수익을 아버지에게 가져온 사실은 집안사람들이 모두 인정합니다. 그러나 10년간 이들은 수익에 대해서는 한마디 말도 하지 않은 채, 아포보스는 그들(공동후견인)이 지출한 비용을 총 1천 드라크메로 계상했어요.

25. 이런 정도로 그(아포보스)가 뻔뻔한 거예요. 그가 비용을 지출했다고 하는 이들 예속인을 그들이 제게 넘겨준 적이 없고, 숫제 말도 안 되는 변명을 하는 겁니다. 담보를 잡고 제 아버지에게 이 예속머슴들[15]을 넘겨준 이가 가장 교활한 사기꾼이라, 여러 군데 곗돈을

---

14 원래 이자는 1탈란톤(6천 드라크메) 당 9오볼로스(15% 이자)였으나 낮게 잡아서 6오볼로스(1드라크메; 약 10% 이자)로 계상한다는 뜻이다.

타 먹고는 상환하지도 않고 빚더미에 올라앉았다는 것이었어요. 그러고는 이 사실을 증명한답시고 그들이 적지 않은 증인들을 불러왔지요. 그러나 그 예속머슴들을 누가 데려갔는지, 어떻게 저의 집에서 나가 버렸는지, 누가 자기 소유라고 주장하여 재판에서 승소하여 그들을 데려갔는지 등에 대해서는 일언반구 말이 없어요. 26. 그들이 경우에 맞는 말을 하려 한다면, 저와 하등 관계도 없는 그이[16]의 사악함과 관련하여 증인을 불러올 것이 아니라, 예속머슴들을 확보하고 있어야 하고, 누가 그들을 데려갔는지, 그들 중 한 사람도 없어지면 안 된다는 사실 등을 말해야 하는 겁니다. 그러나 지금, 뻔뻔하게도, 예속머슴들이 유산의 일부로 자신의 손에 들어왔고 10년간 그들을 부려먹었다는 사실을 인정하면서도, 공장을 아예 통째로 없애 버린 거예요. 제 말이 진실임을 증명할 증언들을 들고 저를 위해 읽어 주십시오.

15 *andrapoda*. 예속인을 지칭하는 용어가 여러 가지 쓰이는데, 여기서 *andrapodon* (복수형 *andrapoda*) 은 '예속머슴', *anthropos* (단수형, 참조, Demosthenes, 19. 209) 는 '머슴'으로 번역한다. 반면, 다소간 예속성을 가지는 의미의 용어로서, *doulos* (복수형 *douloi*, 예속인), *oiketes* (복수형 *oiketai*, 하인; Demosthenes, 9. 3, 18. 258 등 참조), *paidon* (복수형 *paida*, 하인) 등은 달리 번역했다. 용어에 따른 이 같은 번역의 차이는 예속의 정도, 혹은 자유인으로 해방될 가능성, 혹은 예속인에 대해 화자가 갖는 입장 등에서 각기 차이가 있는 것이라 보이기 때문이다. 물론 그 차이는 절대적인 것이라 하기 어려운 것임을 밝혀 둔다.

16 담보를 잡고 예속머슴들을 빌려준 것이라고 아포보스가 주장하는 이.

증언들

27. 가장 확실한 증거를 통해 모이리아데스[17]가 가난하지 않고, 제 아버지가 예속머슴들을 두고 그와 맺은 약정이 허튼 것이 아니라는 사실을 여러분이 아시게 되었습니다. 아포보스가 이 공장을 손에 넣었을 때, 여러분이 증인들로부터 들으신 바와 같이, 다른 이가 이 예속머슴들을 담보로 돈을 융통하려고 하면, 제 후견인으로서, 그러지 못하도록 막아야 할 사람이, 스스로 이들 예속인을 담보로 잡히고 500드라크메를 모이리아데스에게 빌려주었다는 거예요. 그(아포보스)는 이런 사실을 스스로 인정하고 있는바, 그 돈을 제대로 당연히 다 회수했다고 하고 있기 때문이지요. 28. 그런데 놀라운 일 아닙니까? 예속머슴들로부터 어떤 이득을 취하는 것은 고사하고, 그전에 약정하여 대부해 준 돈까지 우리가 잃게 된 마당에, 이 사람(아포보스)은 우리 재산을 담보로 돈을 빌려줬어요. 그러면 그 대부는 우리 재산에 속하는 것인데도, 되레 그 이자와 원금을 우리 재산에서 그가 갈취해갔던 것이고, 그래도 아무 문제가 없었다는 겁니다. 제가 드리는 말씀이 진실임을 증명하기 위해, 이 증언을 들고 읽어 주십시오.

---

17 모이리아데스는 데모스테네스의 부친에게 40므나 채무를 지고 있었고, 예속인들을 담보로 잡혔던 사람이다. 이 변론 §9 참조. 같은 변론 §9에 아포보스는 모이리아데스가 파산했다고 주장한다.

29. 이제 여러분이 생각해 보십시오. 이 긴 등받이 의자 제조공들로부터 그가 얼마만큼 돈을 갈취해갔는지 말이지요. 원금만 40므나이고, 거기다 10년간 이자를 치면 2탈란톤에 달합니다. 이들의 작업으로부터 해마다 12므나 수익을 그들이 챙겼거든요. 별로 중요하지 않은 것이라, 사소하고 드러나지 않은 것은 잘못 계산하기 쉬운 것이지만, 이들은 공공연히 3탈란톤 정도를 갈취해간 것 아닙니까? 후견인 3인이 공모한 것이니, 이 사람(아포보스)은 그 3분의 1을 제게 돌려줘야 합니다.

30. 게다가, 재판관 여러분, 아버지가 제게 남긴 상아와 철(鐵)도 이들이 이 같은 방식으로 없애 버렸어요. 아무데도 보이지 않으니까요. 제 아버지가 그렇게 많은 수의 긴 등받이 의자 제조공과 칼 제조공을 거느리고 있었는데도, 작업에 필수적으로 들어가는 철과 상아를 전혀 남겨 놓지 않았다는 겁니다. 그런 것 없이 어떻게 작업합니까? 31. 그런데도 이들(후견인들)이 말하기를, 50명이 넘는 예속머슴과 2개 공장을 소유했던 이(아버지)가 그런 것들을 남기지 않았다는 겁니다. 그 가운데 한 공장은 긴 등받이 의자 만드는 데 한 달에 2므나 값어치 이상의 상아를 너끈히 소비했고, 칼 제조 공장은 더 많은 상아에다 철까지 필요했어요. 그런데도 이들이 상아도 철도 남아 있지 않았다고 하는 겁니다. 그 뻔뻔함이 이런 정도예요.

32. 이런 사실들만 보아도 이들의 진술에 신빙성이 없음을 쉽게 알 수 있지요. 실로 제 아버지는 예속머슴들이 생산 작업하는 데 넉넉한

원자재뿐만 아니라, 구매하려는 이를 위한 상품 재고도 충분하게 비축했어요. 이런 사실은 그가 생전에 물건을 팔았고, 그가 죽고 난 다음에도 데모폰과 이 사람(아포보스)이 제 집에서 물건들을 들어내서 필요로 하는 이에게 가져가 팔았던 것에서 증명됩니다. 33. 제 아버지가 유증한 자재의 규모가 얼마만큼이라고 보아야 하겠습니까? 아주 큰 공장들을 경영하는 데 충분했고, 그에 더하여 후견인들이 그것을 팔아먹을 정도였으니까요. 그게 작은 액수이거나, 제가 청구하는 금액보다 훨씬 더 많은 것이 아니란 말입니까? 자, 여기 이 증언들을 들고 여기 있는 분들에게 읽어 주십시오.

증언들

상아만 해도 1탈란톤이 넘는데, 원자재이건 완성된 상품이건 간에 이들은 일언반구 없고, 온통 완전히 없애 버린 겁니다.

34. 더구나, 재판관 여러분, 그들이 하는 변명과 그들 스스로 인정하는 영수증을 근거로 제가 여러분에게 증명할 수 있는 것은, 이 3명(후견인)이 공동으로 제 돈 8탈란톤 이상을 갈취해 갔고, 아포보스는 그 외에 3탈란톤 1천 드라크메를 가져갔다는 사실입니다. 제가 그들이 스스로 말하는 것보다 더 많은 금액을 계산해내고, 그들이 제게 넘긴 돈 총액은 거기서 뺄 거예요. 그러면 그들의 수작이 여간 파렴치한 것이 아니라는 사실을 여러분이 보시게 될 겁니다. 35. 제 재산에서 가져갔다고 그들이 인정하는 것이 말이죠. 아포보스가 108므나[18]인데, 그가 달리 가져간 것으로 제가 증명하려는 것을 포함하지 않은

금액이 그래요. 테리피데스가 가져간 것이 2탈란톤, 데모폰이 87므나예요. 총 5탈란톤 15므나가 되는 것이죠.[19] 이 가운데 정기적으로 받아 챙긴 77므나는 예속머슴들로부터 거둔 것이고, 한꺼번에 가져간 것은 4탈란톤에 조금 못 미칩니다. 10년간 이자를 계산하면, (1탈란톤당) 1드라크메(6오볼로스)씩만 계산해도 원금을 합쳐서 8탈란톤 1천 드라크메가 되는 것이죠. 36. 우리 식비는 공장에서 나오는 77므나에서 충당되는 것이라는 점을 환기해야 하겠습니다. 그 비용으로 해마다 테리피데스가 7므나를 가져왔고, 우리가 그것을 받았다는 점을 밝힙니다. 그래서 10년간 우리 식비로 70므나를 그들이 지불했던 것이죠. 여기 700므나 차이가 나는 것은 까짓것 그냥 넘어가죠. 그들보다 덜 엄격하게 계산해서 말이죠. 그러나 제가 성인식을 한 다음 제 손에 들어온 것과 제 명의로 도시를 위한 부담금으로 납부한 것을 8탈란톤을 웃도는 금액에서 빼야 합니다. 37. 그렇게 해서 아포보스와 테리피데스가 31므나를 제게 건네주었고, 그 외 18므나를 도시에 기부했어요. 이런저런 토를 달지 않도록 제가 그들이 말하는 금액보다 후하게 쳐서 기부금을 30므나로 계상하겠습니다. 8탈란톤에서 1탈란톤[20]을 빼면, 7탈란톤이 여전히 남는데, 이것을 그들이 가져갔고, 부득이한 상황에서 수중에 가지고 있다는 겁니다. 더욱이 다른 저의 재

---

18 108므나는 아마도 화자의 어머니의 지참금 80므나(위 §5 참조)와 하녀들 앞으로 딸린 28므나(아래 §46 참조)를 합한 금액으로 추정된다.

19 1탈란톤 = 60므나, 1므나 = 100드라크메로 환산한 금액.

20 60므나. 데모스테네스에게 건네준 31므나와 후하게 계산한 기부금 30므나를 합하면 61므나이므로, 약 1탈란톤(60므나)이 된다.

물도 다 빼앗아 가 놓고는 그런 일 없다고 우기고 있지만, 이 돈만큼 은 제가 받은 유산에서 가져간 사실을 인정하므로 제게 돌려줘야 합니다. 38. 그런데 지금 이들이 뭐라고 하는 줄 아세요? 이 돈에서 나오는 이득을 전혀 내놓지 않고, 77므나와 함께 원금까지 삭아 버렸다는 겁니다. 더욱이 데모폰은 제가 그에게 채무를 진 것으로 서류까지 만들어 놓았어요. 이것이 후안무치하게 뻔뻔한 것 아닌가요? 이것이 극도의 가공할 파렴치함 아닌가요? 극도로 치닫는 상황을 그렇게 표현하지 않는다면, '가공'할 만하다는 것은 도대체 무엇을 뜻하는 것입니까? 39. 그런데 이 사람(아포보스)은 108므나를 받은 사실을 인정하므로, 이 돈과 그에 부수하는 10년간 이자를 몸소 가지고 있고, 그 총액이 3탈란톤 1천 드라크메에 달합니다.

후견인들이 하나같이 돈을 가져갔으나 후견 기간 동안 다 써 버렸다는 사실을 인정하고 있다는 저의 말이 사실임을 증명하기 위해, 증언들을 들고 읽어 주십시오.

증언들

40. 이제, 재판관 여러분, 이들(후견인)이 각기 돈을 갈취하고 비리를 행한 사실에 대해 여러분이 충분히 알게 되셨으리라 믿습니다. 그러나 제 아버지가 남긴 유언장을 제게 넘겨주기만 했더라면, 더 정확하게 상황을 파악하셨을 것입니다. 제 어머니가 말하기를, 유언장에는 아버지가 남긴 전 재산이 기재되어 있고, 이들(후견인들)이 자신의 몫으로 돌아와서 수령한 자금, 그리고 가옥을 세놓는 것 등과 관련

한 지침을 담고 있다고 합니다. 41. 그러나 지금 제가 그것을 요구해도, 이들은 가지고 있으나 내놓을 수 없다고 해요. 그들의 이런 수작은 자신들이 횡령한 유산의 규모를 밝히지 않고, 결국 무단히 재산을 갈취한 사실을 은폐하기 위한 것이지요. 그들이 제게 한 대답과 관련하여, 증언을 들고 여기 있는 분들에게 읽어 주십시오.

증언들

42. 이 사람(아포보스)은 유언장이 있다고 하고, 데모폰에게 2탈란톤, 자신에게 80므나가 주어진 사실을 인정합니다. 그러나 테리피데스가 70므나를 받아 간 사실, 유산 규모, 가옥 임대 등은 기재된 바 없다고 합니다. 그 같은 사실들을 인정하는 것이 득이 될 것이 없기 때문이지요. 이 사람(아포보스)이 한 대답을 들려주십시오.

증언

43. 또 이 사람이 하는 말에 따르면, 유언장은 존재하고, 구리와 염료에서 나온 돈은 분명히 테리피데스에게로 돌아갔다고 하지만, 테리피데스는 그런 사실을 부인합니다. 그리고 2탈란톤이 데모폰에게로 갔다고 해요. 그러나 자신(아포보스)에게 주어진 돈과 관련해서는, 유언장에 해당 조항이 기재되어 있음을 인정하면서도, 자신은 그것을 받지 않았다고 해요. 그것을 가지고 있는 것처럼 보이지 않으려고 말이죠. 또한 유산 규모도, 집의 임대와 관련해서도 밝히지 않습니다. 그

런 것을 인정하는 것이 자신에게 이득이 되지 않기 때문이지요. 44. 유산의 실제 규모는, 이들은 감추려 하지만, 유언장에 기재된 바에 빗대어 각자가 다른 이들에게 돌아갔다고 주장하는 상당 금액을 통해 드러납니다. 누가 4탈란톤 3천 드라크메에서 한 사람에게 3탈란톤 2천 드라크메의 지참금을, 다른 이에게는 70므나의 소득이 돌아가도록 했다면, 모든 이에게 분명한 사실은, 이 돈이 사소한 재산이 아니라 그 두 배 이상의 규모로 제게 물려진 재산에서 빠져나왔다는 것이지요. 45. 분명히 제 아버지는 아들인 저를 가난뱅이로 만들거나, 이미 부자인 이들을 더 부유하게 만들려 하지는 않았습니다. 그가 제게 상당한 재산을 유증했고, 테리피데스에게 그 같은 금액을 건넸고, 데모폰에게 제 누이와 바로 결혼할 것이 아닌 상황에서도 2탈란톤을 주었지요.[21]

이렇게 해서 둘 중 하나의 가능성이 있게 되는 것인데요. 이같이 거액을 줌으로써 후견 임무를 더 성실하게 수행하도록 하거나, 아니면 그들이 고약하여 그같이 대접을 받고서도 우리에게 누를 끼치면 여러분이 그들을 절대로 가만두지 않을 것이란 말이지요. 46. 그런데 이 사람(아포보스)은 제 어머니의 지참금에 더하여 하녀들까지 거느리고 저의 집에서 살았는데, 지금 이런 사안들에 대해 회계보고를 해야 할 때가 되자 자기 것을 관리한 것뿐이라고 주장합니다. 그 파렴치함이 도를 넘어서, 저의 선생에게 주는 수당까지 갈취했고, 납부하지도 않은 특별세를 제게서 받아 갔던 겁니다. 이 증언들을 들고 여기 계신 분들에게 읽어 주십시오.

21 부친이 죽었을 때 데모스테네스는 7살, 여동생은 5살이었다. 이 변론 §5 참조.

47. 이렇듯 많은 증인과 많은 증거를 대는 것 이외에 어떤 이가 이보다 더 분명하게 사실을 증명할 수 있겠습니까? 그가 최소한의 조각도 남기지 않고 온 재산을 탕진했다는 사실을 말입니다. 그는 한편으로 지참금을 수령했음을 인정했고, 그것을 보유하고 있다는 사실을 다른 후견인들 앞에서 서면으로 밝혔어요. 다른 한편 공장에서 나는 수익을 취했으나, 그 소득 내역을 밝히지 않아요. 48. 다른 재산은 일부는 팔아 버리고 그 돈을 우리에게 주지 않았고, 일부는 스스로 가져가서 없애 버렸지요. 그 자신이 한 진술에서도 얼마나 갈취했는지가 드러나고요. 유언장을 숨기고, 예속머슴들을 팔아 버리고, 다른 모든 것에서도 이렇듯 개판으로 처리한 것인데, 철천지원수도 그렇게까지 하지는 않았겠죠? 이 모든 사실을 누구라도 이보다 더 분명하게 증명할 수 있을지 저는 알지 못하겠습니다.

49. 더욱이 그가 맹랑하게도 중재인[22]에게 말하기를, 그의 공동후견인인 데모폰과 테리피데스에게 제가 진 빚이 많아서 그 돈에서 갚았으므로, 이들이 저의 재산을 많이 가져간 것이라고 했어요. 그러나 이 두 가지 사실 중 어느 것에 대해서도 그는 증거를 대지 못해요. 제 아버지가 저에게 빚을 남겼는지를 장부로 증명하지도 않고, 그가 지불했다고 하는 이들을 증인으로 소환하지도 못하는 겁니다. 또 그가 동료 후견인들에게 요구한 금액이 자신이 받았다고 하는 액수와 일치하

---

22 *diaitetes.*

지도 않고, 훨씬 더 적은 거예요. 50. 중재인이 조목조목 검토하면서 물었지요. 제 재산에서 나오는 이자를 이용하고 원금을 훼손하여 그 자신의 것을 늘렸는지, 또 그 자신이 후견을 받을 때 후견인들로부터 그 같은 처우를 받고 있을 것인지, 아니면 증식한 이자와 함께 원금을 돌려달라고 요구할 것인지를 말이죠. 그랬더니 대답하지 않았어요. 오히려 제게 제안[23]을 하여, 10탈란톤에 달하는 재산을 제게 보여 주려 한다는 겁니다. 51. 만일 모자라는 게 있으면, 자기가 보충하겠다는 거예요. 제가 그런 사실을 중재인 앞에서 증언하라고 했더니, 그렇게 하지 않았고, 그의 공동후견인들이 제게 돈을 지급했다는 사실도 입증하지 못했어요. 만일 그런 입증을 했더라면, 중재인이 그에게 불리한 결정을 내리지 않았을 것이니까요. 다만 그는 그가 주장하고 싶어 하는 사실에 대한 약간의 증거를 내놓았을 뿐이었지요.

52. 지금이라도 제가 수중에 재산을 가지고 있다는 사실을 그가 주장하려 한다면, 누가 그것을 제게 주었는지 그에게 물으시고, 진술 하나하나에 대해 증인을 대라고 요구하십시오. 만일 다른 두 공동후견인이 각각 (제게 돌려주어야 하는 재산을) 가지고 있는 것을 염두에 두고 그런 주장을 한다면, 두 배보다 더 적은 것[24]에 대해서만 언급한다는 뜻이고, 그것조차 제 손에 들어왔다는 사실을 증명하는 것이 아

23 *proukaleito*. 원래 원문에는 '*prokaleito*'. 이 동사의 명사형은 '제안(*proklesis*)'으로, 이것은 분쟁 쌍방 중 한 편이 다른 편에 대해 하는 것으로서 상대의 예속머슴을 증인으로 심문에 붙이자거나, 맹세를 하자는 것 등이다. 이 제안을 거절하면, 거절하는 쪽의 진실성이 의심받을 위험에 처하기도 한다.

24 Loeb 판본에서는 이것을 3분의 1로 번역한다.

닙니다. 제가 비난한바, 이 사람(아포보스)이 그만큼 제 재산을 가지고 있는 것같이, 나머지 두 후견인도 각기 그보다 적지 않은 양의 제 재산을 가지고 있음을 제가 증명하도록 하겠습니다. 그래야 그 같은 주장을 하지 못하고, 이 사람이나 그 공동후견인들이 돈을 제게 돌려주었다는 사실을 증명하도록 할 수 있을 테니까요. 그가 이런 사실들을 증명하지 못한다면, 여러분이 왜 그의 제안에 주의를 기울일 필요가 있는 것이겠습니까? 재산이 제 손에 들어와 있다는 사실을 그가 전혀 증명하지 못하고 있으니까요.

53. 이 모든 사실과 관련하여 중재인 앞에서 아주 곤혹스러운 처지에 놓이고, 지금 여러분이 하듯이, 조목조목 (중재인으로부터) 질문을 받게 되자, 이 사람은 무모하게도 완전히 터무니없는 거짓말을 만들어내어, 제 아버지가 4탈란톤을 땅에다 묻어 제게 남기고 어머니에게 그것을 관리하도록 했다고 합니다. 그가 이런 말을 한 이유는, 오늘 이 사람이 그런 말을 할 것이라 예상한 제가 그에 반박하느라 시간을 허비해서, 그에게 주어진 다른 혐의에 대해 제가 여러분에게 고할 수 없도록 하려는 거예요. 혹은, 그런 말이 없었던 것처럼 제가 무시하고 지나가면, 지금 그 자신이 그것을 들추어내어, 제가 부유한 사람인 것처럼 보이게 함으로써, 저에 대한 여러분의 연민을 감소시키려 하는 거지요. 54. 그는 이 같은 진술에 대해 아무런 증거를 제시하지 않았고, 허풍만으로 당연히 자신을 믿어 줄 것으로 여기는 거예요. 어떻게 그렇게 많은 제 돈을 써 버렸느냐고 누가 묻는다면, 저를 위해 빚을 청산했다면서 저를 가난한 이로 만들어 버려요. 그런데, 필요할 때는 또 제가 부자인 것처럼 생색을 내요. 제 아버지가 그같이 많은

돈을 제 집에 남겨 놓았다고 하면서 말이죠. 그러나 그가 사실이 아닌 말을 하고, 아무런 근거 없음을 여러 가지 측면에서 쉽게 알 수 있죠.

55. 제 아버지가 이들을 신뢰하지 않았다면, 다른 재산을 맡기지도 않았을 것이고, 이 사람이 말하는 방식으로 아버지가 재산을 남겼다면, 그에 대한 정보를 그들(공동후견인)에게 흘리지도 않았을 것이니까요. 가시적[25] 재산도 믿기지 않는 마당에 은닉한 재보에 대해 발설한다는 것은 참으로 미친 짓이니까요. 그러나 만일 아버지가 그들을 믿었다면, 재산이라고 있는 것은 모조리 그들 손에 맡기지 않은 것이 없었을 것이고, 제 어머니에게 그것을 지키도록 하지도 않았을 거예요. 당시 공동후견인 가운데 이 사람(아포보스)에게 어머니와 혼인하도록 했으니까요. 한편으로 제 어머니를 통해 돈을 관리하도록 하고, 다른 한편으로 공동후견인 중 한 사람에게 제 어머니와 재산 관리를 맡기는 것은 논리에 맞지 않지요.[26]

56. 더구나 이 사람(아포보스)의 진술이 사실이라면, 이 사람이 제 아버지의 유증에 따라 그에게 주어진 제 어머니와 혼인하려 하지 않았을 것이라고 여러분은 보십니까? 그는 혼인을 위한 지참금 80므나를 가져가 놓고는, 멜리테[27] 출신 필로니데스의 딸과 혼인했어요. 만

---

25 *phanera*. '가시적(可視的)' 재산이란 흔히 객관적으로 분명하게 평가할 수 있는 재산으로, 토지나 그에 딸린 예속인, 가축, 가구 등을 가리킨다. 비가시적(*aphanes*) 재산은 현금이나 (증인 없이 이루어지는) 대부자본 등을 말한다. 참조, 최자영, 《고대 그리스 법제사》, p. 463, p. 471; 같은 책(전자책), 제7장, 1. 1) (2) 가시적인 재산: 4) 공동소유권.

26 유사한 논리의 전개 관련하여, Demosthenes, 29. 48 참조.

일 4탈란톤이 땅에 묻혀 있고 어머니가 관리하고 있었다면, 어머니와 함께 그 돈까지 차지하려 들지 않았을 것이라고 여러분은 믿으십니까?

57. 재산이 있었던 사실을 여러분 중 다수도 잘 알고 있는 바, 그 가시적 유산을 공동후견인과 합세하여 이렇듯 몰염치하게 갈취해가는 판에, 여러분이 증거도 구할 수 없는 재산을 두고 가져갈 수 있는데도 그대로 놔뒀겠습니까? 그걸 누가 믿겠습니까? 그럴 리가 없어요, 재판관 여러분, 없고말고요. 제 아버지는 유증한 모든 재산을 이들에게 맡겼고, 이 사람(아포보스)이 그런 말을 하는 것은 저에 대한 여러분의 연민을 감소시키려는 것입니다.

58. 저는 이 사람에 대해 다른 많은 비난거리를 가지고 있지만, 한 가지로 압축하여, 그의 변명에 반박하겠습니다. 법 규정들에 따라 집을 세놓기만 했어도,[28] 그는 이 모든 질곡을 벗어날 수 있습니다.

법조문들을 들고 읽어 주십시오.

법조문들

안티도로스는 이 법조문들에 따라 재산을 세놓은 결과, 원금 3탈란톤 3천 드라크메에서 5년 후 6탈란톤을 상회하는 재물을 챙겼습니다. 여러분 가운데 직접 이 사실을 목격한 이들이 있지요. 프로발린토스[29]

---

27 멜리테는 아티카의 케크로피스 부족에 속하는 데모스이다.

28 후견인이 피후견인의 재산 관리를 소홀하게 하여, 세를 놓지 않으면, 시민 중 누구라도 후견인을 고발할 수 있다.

29 프로발린토스는 판디오니스 부족에 속하는 구(區 · *demos*)이다.

출신 테오게네스는 집을 세놓아서 시장에서 돈을 벌어들였어요. 59. 저의 재산은 원금이 14탈란톤이었고, 10년간 들어왔을 집세를 계산하면 3배가 훌쩍 넘습니다. 이 사람이 집을 세놓지 않는 것이 더 좋다고 주장한다면, 2배, 3배로 늘어난 것이 아니라, 원금이라도 그대로 제게 반납했다는 사실을 증명하도록 하십시오. 그렇지 않고 만일 14탈란톤 중 70므나도 제게 주지 않고, 그들(공동후견인) 가운데 한 사람이 저를 그의 채무자로 등재한 것이라면, 그들의 말을 어떻게 진솔한 것으로 받아들일 수 있겠습니까? 절대로 그렇게는 못하지요.

60. 제가 유산으로 물려받은 재산이 엄청나서, 여러분이 처음에 들으신 바와 같이, 그 3분의 1만 해도 50므나의 수익을 냈어요. 아무리 욕심에 성이 차지 않는다 해도, 또 집을 세놓지 않으려 했다고 해도, 원금은 그대로 보유한 상태에서, 그 수익만으로도, 우리를 부양하고 도시에 세금을 납부하고도 돈이 남았을 겁니다. 61. 그 2배에 달하는 나머지 재산에서도 수익을 거둘 수 있었을 테니까요.[30] 그렇게만 했다면, 이들은 원대로 다소간 적정 수익을 거두고, 저도 원금에다 창출된 수익으로 집안을 부양할 수 있었을 겁니다. 그런데 이들은 이런 것들을 전혀 하지 않았어요. 오히려 가장 값진 예속머슴들을 서로 교환하고, 다른 예속인들은 완전히 없애 버렸고, 제 수익을 가져오는 원금도 훼손한 가운데, 이들은 저의 재산을 이용하여 적지 않은 규모의 자기들 재산을 축적한 겁니다. 62. 이같이 파렴치한 방법으로 나머지 재산도 온통 갈취하고는, 입을 모아 말하기를, 반 이상

30 *energon*.

의 유산이 전혀 제게 유증된 적이 없다고 하는 거예요. 그들 계산에 따르면, 유산액이 5탈란톤 정도 된다고 해요. 거기서 나는 수익은 흔적이 없고, 원금이 있었다고 하는데, 뻔뻔하게도 그것을 다 써 버렸다는 겁니다. 이런 수작을 하면서도 부끄러운 줄을 몰라요.

63. 도대체 제가 이들 손에 어떤 지경에 처했겠습니까? 더 오래 그들에게 후견을 받았더라면 말이죠. 아마 그들은 대답하기가 어려울 거예요. 10년이 지나고 나니 이들(후견인) 가운데 두 사람은 터무니없이 별 볼 일 없는 것 외에는 내놓은 것이 없고, 다른 한 사람은 저를 채무자로 등록해 놓았으니, 어떻게 속에 열불이 나지 않겠습니까? 세상 사람들이 다 아는 것이에요. 제가 1살 때 아버지가 죽었다면, 그래서 6년을 더 그들 후견 아래 있었다면, 제가 받은 그 보잘것없는 것조차 받지 못했을 거란 말입니다. 그들이 쓴 비용이 정당한 것이라면, 그들이 내게 넘겨준 금액은 6년을 버틸 수 있는 것이 아니니까요. 그들이 자신의 돈으로 저를 부양하든지, 아니면 굶어 죽도록 저를 방치했어야 했던 거예요. 64. 그런데 1 혹은 2탈란톤 값어치가 다른 이들에게 맡겨진 경우, 세(稅) 수익으로 2배, 3배로 늘어나서 그것을 챙긴 소유주들은 공적 부담을 지도록 요청받는 반면, 저의 경우 삼단노전선31을 건조하도록 요청받고, 거액 특별세를 납부하곤

31 *trierarchia*. 삼단노선주직은 예외적으로 도시에 대하여 부담을 지는 것으로, 배의 장비 등 모든 비용을 감당하는 것이다. 기원전 413년 시켈리아 원정 이후에 두 명이 한 조(*syntrierarchoi*)가 되어 부담을 졌고, 기원전 357년에 납세분담조합(*symmoria*)이 제도화되었다(이 변론 §7 참조). 데모스테네스는 기원전 359년, 357년에 삼단노선주직을 수행했다.

했던 재산이었으나, 이들의 파렴치한 수작 때문에 소액도 기부할 수 없게 된 것이 언어도단 아닙니까? 그들이 저지르지 않은 무모한 짓거리가 무엇입니까? 자신들의 수작을 은폐하려고 유언장을 감추어 버렸고, 수익을 통해 자신들의 재산을 증식했으며, 저의 재산을 갈취하여 그들 자신의 원금을 늘리고, 우리가 그들에게 최대의 부당행위를 한 것처럼 저의 재산을 온통 날려 버렸어요. 65. 여러분은 여러분에게 죄를 범한 이를 유죄 선고할 때에도 모든 재산을 다 빼앗지 않고, 그 처자식을 연민하여 재산 일부를 남겨 두지요. 그러나 이 사람(아포보스)은 그런 여러분과는 아주 달라서, 자신들에게 주어진 임무를 성실하게 수행하도록 우리에게서 보상을 받아 놓고는, 이 같은 행패로 우리에게 누를 끼쳤습니다. 제 누이가 2탈란톤의 지참금을 아버지에게서 받았으나 합당한 대우를 받지 못하고 있는 상황에 대해 그들은 연민은 고사하고 일말의 죄책감조차 없어요. 철천지원수 같을 뿐, 친구나 친족 같지 않고, 가족의 정으로 우리를 돌보지도 않았습니다.

66. 모든 사람 중에서 가장 곤경에 처했던 저는 두 가지 사안에서 어려움에 직면했어요. 누이를 어떻게 출가시킬 것이냐, 그리고 제 집안을 어떻게 부양할 것이냐는 것이죠. 도시에서는 특별세 납부를 요구해왔는데, 당연한 것이죠. 제 아버지가 제게 물려준 재산이 그런 부담을 질 만큼 충분했으니까요. 그런데 이들이 제 모든 유산을 다 들고 가 버렸어요. 67. 지금 저는 저의 재산을 찾으려고 극도의 위험을 감내하고 있습니다. 제가 패하고 아포보스가 무죄 방면되면, 저는, 6분의 1[32] 비율로 계상하여, 100므나를 지불해야 하는 겁니다.

만일 여러분이 그에게 벌금형을 선고하신다면, 그에게 부과되는 벌금[33]은 그 자신의 돈이 아니라 원래 저의 것이었던 돈으로 그가 지불하게 되는 것이고요. 그러나, 여러분이 제게 연민을 베풀지 않을 경우, 제가 법 규정에 따라 정해진[34] 벌금을 물어야 할 것이고, 그러면 저는 제 아버지의 유산을 상실할 뿐만 아니라, 자격박탈[35]의 불이익을 당하게 됩니다.

68. 그래서, 재판관 여러분, 제가 여러분에게 부탁하고 간청하고 읍소하는 바, 법과 여러분이 재판관으로 임하면서 한 맹세를 기억하시고, 우리의 처지를 연민하시고, 우리보다 그의 호소에 더 큰 비중을 두지 마십시오. 부정한 이들이 아니라 터무니없이 불행에 처한 이들을 연민함으로써 정도(定道)를 지키십시오. 남의 재산을 강탈해간 이들이 아니라, 오랜 세월 동안 부친의 유산을 침탈당하고 지금은 그들 때문에 자격박탈 위기에 처한 우리들을 연민하십시오. 69. 아버지

---

32 *epobelia*(에포벨리아). 1드라크메(6오볼로스) 당 해마다 1오볼로스의 비율의 벌금이나 이자를 계상하는 것이다. 아테나이에서는 사소(私訴)의 재판에서 5분의 1 지지표도 얻지 못할 경우, 패소한 이가 승소한 피고에게 벌금을 지불한다. 이 사건에서 데모스테네스는 아포보스에게 10탈란톤을 청구했으므로, 6분의 1(에포벨리아) 비율로 계산하면 100므나(1만 드라크메)가 된다.

33 *timeton*. 이것은 '책정'한다는 뜻으로 재판관들이 책정하여 부과하는 벌금이다. 다음에 나오는 '*atimeton*'(책정하지 않고 법 규정에 따라 기계적으로 부과되는 벌금)과 대비되는 말이다. 여기서는 법률 규정에 따른 6분의 1(*epobelia*) 비율의 벌금을 뜻한다.

34 *atimeton*. 이것은 '*timeton*'과 대조되는 뜻이다. 바로 위 주 참조.

35 *etimomenos* [자격박탈(*atimia*) 당한 사람]. 자격 박탈된 사람(*atimos*)의 여러 가지 유형에 대해서는 Andokides, 1.75~76 참조.

가 이들에게 제공한 지참금 및 증여금으로 인해 그 아들이 6분의 1 세(稅) 벌금을 물게 될 처지에 있음을 알게 되었다면, 더구나 다른 시민들은 친족이 아니라 가난한 친구의 딸을 위해 자기 돈으로 지참금을 대주는 마당에, 아포보스는 지금까지 10년 동안 가져간 지참금을 돌려줄 생각도 하지 않는 것을 본다면, 제 아버지가 억장이 무너져 내려앉을 것이라고 저는 생각합니다.

28

아포보스의 후견을 비난하여 2

해제

〈아포보스의 후견을 비난하여 2〉는 데모스테네스의 후견인이었던 피고 아포보스의 변론에 대한 반론이다. 이 제 2 변론에서 데모스테네스는 앞서 〈아포보스의 후견을 비난하여 1〉에서 미처 다루지 못했던 상대의 주장에 대한 반론을 전개한다.

제 1 변론에서 제시했던 주장을 상기하고 증거를 제시함으로써 그것을 보강한다. 맺음말에서는 간절하게 호소하며, 자신과 그 모친과 누이에 대한 재판관들의 호의와 연민을 구하고 있다.

1. 아포보스가 여러분에게 한 많은 파격적 거짓말 중에 먼저, 다른 어떤 것보다 더 제가 분노하는 것에 대해 반박하겠습니다. 제 할아버지가 공금 채무자라고 한 것, 그리고 그 때문에, 제 아버지가 위험부담을 염려하여, 집을 임대하지 않았다고 한 것입니다.[1] 이런 주장을 하면서도, 그는 제 할아버지[2]가 빚을 갚지 않고 죽었다는 증거를 대지 못합니다. 그저 빚을 졌다고만 하고, 마지막 날까지 기다렸다가, 나중에 답변으로 내놓았어요. 그렇게 해서 상황을 기만할 수 있을 것이라 생각한 것이죠. 2. 그가 그 증언을 읽으면, 여러분이 주의해 주십시오. 그 증거라는 것이 제 할아버지가 아니라, 오히려 그 자신이 공적 채무자 중 한 사람이라는 사실을 보여 주는 것이기 때문이에요. 그는 확실하다고 하지만, 우리는 거짓이라고 규정하는 혐의 내용부터 먼저 검토해 보도록 하겠습니다. 그때[3] 할 수만 있었다면, 그리고 이렇듯 시간에 쫓기는 일이 없었다면,[4] 제 할아버지가 돈을 갚고, 도시에 대한 모든 빚이 청산되었다는 증거를 준비해서 제시했을 것입니다. 그렇지만 지금 제가 중요한 증거를 제시하겠습니다. 제 할아버지는 물론이고 우리도 빚을 진 것이 없으며, 조금의 위험부담 없이 공개

---

1 참조, Demosthenes, 27. 58.

2 데모스테네스의 외조부 길론을 가리키는 것으로 본다. 공금 채무자는 변제 기일을 넘기면 배로 갚아야 하고, 빚을 갚을 때까지 공적 생활에 참여하지 못 하고, 부친이 못 갚은 빚은 아들에게 전가된다. 아들이 빚을 갚지 않겠노라고 상속 포기를 선언하면, 그와 함께 시민권을 박탈당한다.

3 〈아포보스의 후견을 비난하여 1〉(Demosthenes, 27) 을 발표할 때를 말하다.

4 상대소송인이 마지막 날까지 기다렸다가 답변으로 제시한 증거라서 그것을 반박하는 자료를 모으지 못했다는 뜻이다.

적으로[5] 재산을 보유하고 있습니다.

3. 첫째, 데모카레스는 길론의 딸인 제 이모의 남편인데, 재산을 숨긴 적이 없고, 무창단 기부자,[6] 삼단노선주로 기여했으며, 또 다른 공적 비용을 부담하는 등, 전혀 그 같은 염려를 한 적이 없어요. 그다음, 제 아버지는 다른 재산과 함께 4탈란톤 3천 드라크메를 공개했는데, 이 돈은 이들이 서로 비난하는 가운데, 유언장에 언급되었고, 또 그들이 받은 사실도 인정했던 겁니다. 4. 더구나 아포보스 자신이 공동후견인과 함께 저에게 상속된 재산의 규모를 드러낸 적이 있어요. 저를 납세분담조합[7]의 지도자로 임명하고, 적은 금액이 아니라 25므나당 500드라크메의 비율[8]에 상당하는 큰 금액으로 기부를 할 때였지요. 만일 아포보스의 말이 다소간 사실이라면, 그가 이렇게 처신하지 않았을 것이고 갖은 경계 조치를 다 취했겠지요. 그러나, 실로 데모카레스, 제 아버지는 물론 이들 자신도 분명하게 그 재산이 공개[9]되

5 *phanera*,

6 *choregos*. 비극 무창단을 조직하고 상여하는 데 돈을 기부하고 관리하는 이를 뜻한다. 도시를 위한 공적 부담으로는, 범헬라스 축제에 사신을 파견하는 것(*architheoria*), 체전을 위한 선수 육성(*gymnasiarchia*), 부족장으로부터의 식사 제공(*estiasis*), 판아테나이아 제전에서 아테나 여신에게 제물을 제공하는 것(*arrhephoria*), 삼단노선의 장비 마련 및 운영(*trierarchia*) 등이 있다. 삼단노선주의 부담은 특히 커서, 시켈리아 원정이 끝날 무렵(413 B.C.), 시민 두 명이 공동으로 직을 맡아 봉사했고(*syntrierarchia*), 기원전 357년에는 납세분담조합(*symmoria*) 제도가 만들어졌다. 납세분담조합 제도는 약 10여 년 만에 데모스테네스의 제안에 의해 폐지된다.

7 *symmoria*. 참조, Demsthenes, 27. 7.

8 25%의 비율이다.

도록 했고, 아무도 아포보스가 말하는 것 같은 그런 위험부담을 염려는 하지 않았습니다.

5. 참으로 어이가 없는 것은, 제 아버지가 재산을 대여하지 않으려 했다고 주장하면서도, 그 진실 여부를 가릴 수 있는 유언장을 그들이 내놓지 않는 사실, 이렇게도 중요한 증거를 파기해 놓고는 자신의 말을 믿어 주기를 여러분에게 바란다는 사실입니다. 그와는 반대로, 그들은 제 아버지가 죽자마자 바로, 다수의 증인을 불러서 그들로 하여금 유언장을 봉인하도록 하고, 분쟁이 일어나면 유언장 자체를 참조하여 사실의 전모를 밝히도록 했어야 했던 거예요. 6. 그런데, 지금에 와서 그들은 모종의 다른 문서들을 봉인해 놓았다고 하는데, 거기에는 상속재산의 많은 부분이 기재가 되어 있지 않고, 단순히 비망록이었어요. 그들(후견인)로 하여금 재물과 함께 봉인한 서류들을 관리하도록 위임했으며, 그들이 상속재산을 대여하지 않은 근거도 나와 있다고 하는 그 유언장은 봉인해 놓지 않았을 뿐만 아니라, 아직 내놓지도 않고 있어요. 이런 사안들과 관련하여 그들이 무슨 말을 하든, 정작 믿을 수도 있겠지요.

7. 그러나, 저로서는 그들을 이해할 수가 없습니다. 그들 말에 따르면, 정작 제 아버지가 상속재산을 대여하지 못하도록 하고 또 재물을 공개하지 않았다고 합니다. 둘 중 누구에 대해 말입니까? 저 말입니까? 아니면 도시에 대해서 말입니까? 그런 것이 아니라, 도시에 대해서는 재산을 공개해 놓고, 저에 대해서는 완전히 은폐하고, 액수도

---

9 *phanera*.

가르쳐 주지 않았던 것이죠. 제 이름으로 나간 기부 금액을 산정한 기초가 되었던 그 금액 말입니다. 그러니 그 재산을 내게 알려 주시오. 어떤 것을 어디서, 누구 면전에서 그것을 내게 넘겼는지를 말이오. 8. 4탈란톤 3천 드라크메 가운데서, 당신들은 2탈란톤 80므나를 받았는데, 이 금액은 내 이름으로 기부한 공적 기금을 산정할 때 포함시키지 않았어요. 당시에는 당신들의 것이었으니까요. 그러나 내게 넘겨준 집과 예속노동자 14명, 30므나는 당신들이 납세분담조합에 지불한 거금의 기부액에 부합하는 재산이 아니거든요. 9. 어쨌거나, 전후 맥락으로 보아 내 아버지가 남긴 재산은 이것보다 훨씬 더 많았는데, 그것을 온통 당신들이 손아귀에 장악하고 있었고, 횡령한 사실이 명백하게 드러나니 거짓부렁까지 지어내게 되었구려. 게다가 때로는 서로 간에 책임을 전가하다가, 다시 돈을 가져갔다고 서로를 비난하는구려. 많이 가져간 것은 아니라고 말하면서도, 계산서상 여러분이 지출한 금액은 많았던 것이고요. 10. 당신네 모두가 공동으로 내 후견인이 되었으나, 그 후 각자 따로 잔머리를 굴렸구려. 진실을 알 수 있는 유언장은 당신네가 없애 버렸고, 서로 말하는 것이 일치할 것 같지도 않구려.

증언을 들고 차례로 여기 있는 모든 분들께 읽어 주십시오. 증거들에 담긴 내용을 살펴 이들에 대해서 더 정확하게 이해할 수 있도록 말이지요.

증언들

11. 여기 이들이 저의 이름으로 기여하기로 동의한 평가액에 따르면, 저의 재산은 15탈란톤 보유자의 등급에 속합니다. 그런데 이 3명이 합하여 저에게 넘긴 재산은 70므나에 미치지 않아요.

증언들

공동후견인은 물론 그(아포보스)가 수령했다고 털어놓은 다른 이들도 그가 지참금을 가져갔다고 증언했어요. 그러나 그는 지참금[10] 반환은 물론 양육비조차 내놓지 않았지요.[11] 다른 증거들을 읽어 주십시오.

증언들

12. 2년 동안 작업장을 경영하면서, 그는 인력을 제공한 테리피데스에게 임금을 지불했고, 2년 동안 30므나에 달하는 수익을 올렸지만, 저에게는 그 가운데 한 푼도, 또 그에 따른 이자도 준 적이 없습니다. 또 다른 증언을 들고 읽어 주십시오.

---

10 원고 어머니의 지참금을 말한다. Demosthenes, 27. 13 참조.

11 Demosthenes, 27. 14~15: 60 참조.

증언들

그는 예속머슴들은 물론 그들과 함께 우리에게 담보로 주어진 다른 것들도 차지했는데, 이를 유지하는 비용은 너무 세게 잡아 놓고는, 그들로부터 나오는 수익은 아무것도 없었어요. 그러다 그 예속머슴들도 사라져 버린 거예요. 해마다 12므나씩 순이익을 가져오던 이들이었는데요. 다른 증언을 읽어 주십시오.

증언

13. 그는 상아와 철을 팔아 버리고는 유산 중에 그런 것이 없다고 하고, 거기서 나온 돈을 빼앗아 갔고, 그게 1탈란톤쯤 됩니다. 이 증언들을 읽어 주십시오.

증언들

그러니 아포보스는 다른 것을 제외하고도 3탈란톤 1천 드라크메를 차지한 겁니다. 또 자본금에서 5탈란톤을 가져갔고, 이자까지 치면, 1드라크메씩으로만 계산해도, 5탈란톤을 상회하는 거예요. 다음의 증언들을 읽어 주십시오.

14. 후견인들 스스로도 이런 것들이 유산에 속한다는 것을 인정하고, 서로 돈을 가져갔다고 비난하고 있습니다. 아포보스 말에 따르면, 제 아버지가 그를 불렀다는 거예요. 그래서 우리 집으로 오긴 왔는데, 그를 부른 제 아버지를 보러 안으로 들어오지는 않았고, 그와 이 사안과 관련하여 어떤 동의도 한 것이 없었다고 합니다. 또 아포보스의 주장에 따르면, 데모폰이 무슨 글을 읽었는데, 테리피데스가 그것이 유언장이라고 하더랍니다. 집 안으로 들어온 것은 테리피데스였고, 그가 아버지에게 유언장의 내용을 이행하겠다고 약속했다는 것이에요. 15. 그런데, 재판관 여러분, 제 아버지는, 낫는 병이 아니라는 사실을 깨달은 후 이 세 사람을 같이 불러들여 우리를 위탁물이라고 칭하면서 그들 손에 우리들 몸을 맡겼어요. 그는 내 누이를 데모폰에게 맡기고, 지참금 2탈란톤을 당장에 지불하고 혼인하도록 했죠. 저와 저의 재산에 대해서는 그들(후견인 3명) 모두가 공동으로 관리하고 임대하도록 위임함으로써, 모두 협조하여 저의 재산을 보존하도록 했습니다. 16. 동시에 아버지는 테리피데스에게 70므나를 주었고, 제 어머니는 보증금 80므나를 들려서 피고(아포보스)에게 출가하게 한 다음, 자신의 무릎 위에 저를 올려놓았지요. 이런 조건으로 저의 재산을 맡게 되었으면서도, 그와 관련하여 세상 사람 중에 가장 사악한 아포보스는 일언반구 없어요. 오히려 공동후견인과 짜고 저의 재산을 다 가로채고는, 지금 여러분의 동정을 구하려 하고 있어요. (공동후견인 3명 가운데) 세 번째인 이 사람이 저에게 돌려준 것은 70므나도 안 되는데, 그

것조차 다시 빼앗아 가려고 흉계를 꾸미고 있는데도 말이죠.

17. 제가 그들에 대한 소송을 시작하려던 시점에, 이들이 저를 노리고서 '재산교환소송'[12]을 내려고 작당하고 있었거든요. 만일 제가 재산교환 청구를 받아들이면 그들을 상대로 소송을 걸지 못하고, 그 권리가 재산교환을 제기한 쪽으로 넘어가 버리는 거예요. 그렇지 않고 만일 제가 거부한다면, 저는 완전히 파산에 직면하게 되는 겁니다. 빈약한 재산으로 부담금을 짊어져야 할 테니까요. 이런 기획에서 제 후견인들은 아나기로스 출신 트라실로코스[13]를 앞세웠어요. 저는 결말이

---

12 *antidosis*. 재산교환소송이란 어떤 이가 삼단노전선 건조 혹은 운영 등 국가의 부담을 지게 되었을 때, 자기보다 더 부자인 사람에게 그 부담을 전가하는 것이다. A가 자신보다 더 부자로 생각되는 B에게 재산교환소송을 제기하면, B는 그 제안을 받아들여 그 부담을 짊어지거나, 자신은 A보다 더 가난하므로 거부할 수 있다. 그때 양편은 재산을 교환하기로 동의할 수 있고, 일단 동의가 이루어지면 사흘 만에 재산목록을 작성하여 제출하게 된다. 재산을 교환한 상태에서 A가 부담을 지게 된다. 이렇게 비교적 원만하게 해결되지 않을 때 문제는 아르콘(장관) 앞으로 제기되고, 아르콘은 재판소에 사안을 넘겨 결정하도록 한다. 데모스테네스의 경우, 메이디아스의 형제인 트라실로코스가 그를 상대로 재산교환소송을 제기했다〔참조. Demosthenes, 21(메이디아스를 비난하여). 78~79〕. 이 소송은 데모스테네스가 후견인 소송을 못 하도록 하려는 음모로, 만일 데모스테네스가 이 제안을 받아들이면, 스스로 막대한 지출을 감당해야 하므로 역부족이 되고, 거절하면 재산교환을 해야 한다. 그러면 자기가 가진 재산과 권한이 소송을 제기한 쪽으로 넘어가므로, 데모스테네스는 후견인에 대한 소송도 제기할 수 없다. 그래서 데모스테네스는 재산이 변변치 않은 상황에서도, 후견인에 대한 소송을 계속하기 위해, 재산교환 청구에 부득이 찬성하고, 결국 자신이 공적 부담을 졌다. 참조, Demosthenes, 21. 78~79.

13 데모스테네스에게 소송을 제기한 트라실로코스는 메이디아스의 형제로 에레크테이스 부족에 속하는 아나기로스 데모스 출신이다. Demostenes, 21(메이디아스를 비난하여) 참조.

야 어떻게 나든, 일단 재산교환 제안을 받아들였으나, 재판소의 판결을 통해 승소할 수 있다는 기대를 걸고, 그에게 집안 출입을 금지시켰지요.[14] 그러나 이 같은 기대는 어긋나고 시간은 촉박하여, 저는 저의 (후견인에 대한) 소송을 포기하기보다는, 제 집과 전 재산을 저당 잡히고 당면한 부담금[15]을 지불하기로 했습니다. 이들(후견인들)을 상대로 한 소송을 여러분 앞으로 가져오기 위해서 말이에요.

18. 애초부터 제가 본 피해가 실로 엄청난 데다가, 지금에 와서 제가 구제를 받으려 하니, 지금 다시 이들이 저에게 엄청난 피해를 주려는 것 아닌가요? 여러분 가운데 누가 마땅히 그 같은 이(아포보스)를 미워하고 저를 연민하지 않을 이가 있겠습니까? 10탈란톤도 넘는 재산을 스스로 상속받고 거기다 또 그만한 액수의 제 상속분까지 더하여 차지하고 있는 판에, 우리는 상속재산을 도둑맞았을 뿐만 아니라, 우리 손에 들어온 것까지 이들 무뢰한에 의해 빼앗길 형편에 처한 것을 보면서 말이에요. 이 사건에서 만일 여러분이 저들에게 승소판결 내린다면, 우리는 무엇에 의지하겠습니까? 대부업자에게 저당 잡힌

---

14 재산교환 제안이 받아들여지면, 쌍방 당사자는 상대의 집으로 들어가서 집과 토지 등을 수색할 권한을 갖는다. 데모스테네스는 트라실로코스에게 그 권한을 부여하지 않았다. 이런 사건과 관련하여 후견인에 대한 자신의 소송권이 가시적(*phanera*) 재산과 함께 트라실로코스에게로 넘어가는 것인지의 여부에 대해 재판하는 장군들의 판결에서 자신이 승소할 것이라 기대했기 때문이었다. 〈메이디아스를 비난하여〉(Demostenes, 21)에 따르면, 메이디아스와 트라실로코스가 같이 데모스테네스의 집으로 와서는, 폭력적으로 여성들이 거주하는 안채까지 들어왔으나 마침내 거부당했다.

15 삼단노선주의 부담으로 20므나에 달한다.

것입니까? 그것은 그들(대부업자들) 것이지요. 채권자에게 빚을 갚고 난 다음 남는 것에 의지합니까? 여러분이 저에게 패소 판결하여 1드라크메당 1오볼로스[16]씩 지불하도록 하면, 그것이 이 사람(아포보스)의 재산이 되는 거예요. 19. 재판관 여러분, 여러분은 저희가 그 같은 곤경에 처하는 원인 제공자가 되지 마십시오. 제 어머니와 누이, 저 자신이 부당하게 불행을 겪도록 하지 마십시오. 제 아버지가 우리에게 물려준 것은 이와 같은 지경에 처하라는 것이 아니었습니다. 제 누이는 데모폰의 아내로, 2탈란톤의 지참금을 받았고, 제 어머니는 세상 사람들 가운데 가장 악랄한 이 인간(아포보스)의 아내로 80므나의 지참금을 받았으며, 저는 아버지의 상속자로서 그의 뒤를 이어 공적 부담을 지도록 했던 거예요.

20. 저희를 도와주십시오, 공정을 위해서, 여러분을 위해서, 저희를 위해서, 저의 죽은 아버지를 위해서, 저희를 도와주십시오. 저희를 구하시고, 연민을 베풀어 주십시오. 저희에게 친인척이 되는 이들이 우리를 연민하지 않기 때문입니다. 저희는 피난처를 찾아서 여러분에게 왔습니다. 여러분에게 간청합니다. 여러분의 자식, 아내, 여러분이 가진 모든 귀중한 것들의 이름으로, 제가 여러분에게 애원합니다. 이렇듯 여러분이 가진 것을 향유하시고, 저를 홀대하지 마십시오. 제 어머니가 여생에 희망을 잃고 생경한 불운에 고통당하게 하지 마십시오. 21. 어머니는 지금 제가 여러분으로부터 공정한 판결을 받고 집으로 돌아오는 저를 맞을 것이고, 또 제 누이를 출가시

---

16 *epobelia*. 1드라크메당 1오볼로스(6분의 1)로 벌금이나 이자를 지불하는 것을 말한다.

킬 것이라고 기대하고 있습니다. 그러나, 만일 여러분이, 제발 그런 일은 일어나지 않기를 바라지만, 달리 판결하신다면, 어머니가 어떤 지경에 이를 것 같습니까? 유산을 빼앗길 뿐만 아니라 자격까지 박탈된 저를 보고, 또 우리에게 닥쳐올 가난 때문에 마땅하게 설 자리를 찾지 못하는 제 누이를 본다면 말입니다. 22. 재판관 여러분, 저는 여러분으로부터 패소 판결을 받을 만큼 결격 사유가 있는 것이 아니고, 또 아포보스는 부당하게 가지고 있는 그만큼 많은 돈을 보유할 자격이 없습니다. 제가 여러분에게 어떻게 기여하게 될 것인지를 파악할 수 있는 아무런 증거도 아직 여러분은 가지고 있지 않지만, 제 아버지보다 더 나쁘지는 않으리라고 생각하시는 것이 합당할 것 같습니다. 그러나 이 사람(아포보스)에 대해서는 여러분이 겪어서 알고 그것도 잘 알고 있잖습니까? 많은 재산을 취했으나 여러분에게 관대하게 베푼 적이 없고, 오히려 남의 것을 갈취하는 이로 드러났다는 사실 말입니다.

23. 이러한 사실은 물론 또 다른 사실을 유념하시고 사리에 맞게 결정하십시오. 여러분에게 충분한 증거가 제시되었습니다. 증인, 증거, 개연성, 그들 자신의 실토가 그러합니다. 그들은 저의 전 재산을 가져갔다는 사실을 인정하지만, 그것을 써 버렸다고 말합니다. 그러나 쓴 것이 아니라, 모든 재산을 자신의 소유로 가지고 있는 것이에요.

24. 이런 점들을 유념하시고 저희를 위해 배려해 주십시오. 여러분의 결정으로 저의 재산을 돌려받게 된다면, 당연히 저는 공적 기금을 적극 부담할 것입니다. 저의 재산을 정당하게 돌려받는 데 있어

여러분에게 빚을 졌기 때문이지요. 그러나 이 사람(아포보스)을 제 재물의 소유자인 것으로 인정하신다면, 그가 그 같은 기여를 할 것 같지는 않습니다. 가졌다는 사실을 부인하는 그 재물을 여러분을 위해 적극 기부할 것이라는 기대는 하지 마십시오. 오히려 그는 재산을 숨기려 할 것이니까요. 정당하게 무죄 선고를 받은 것으로 보이기 위해서 말이죠.

29

아포보스에 반대하고 위증 혐의에 연루된 파노스를 위하여 3

해제

후견 소송에서 데모스테네스는 후견인 아포보스의 유죄를 이끌어 내는 데 성공했다. 그러나 아포보스는 물러서지 않고, 간접적으로 판결 취소 효과를 거두기 위해 일련의 방법을 구사했다. 사건의 판결에 따라, 아포보스는 데모스테네스에게 하인 밀리아스를 고문에 처할 수 있도록 양도해 줄 것을 요구했다. 아테나이 법에 따르면, 하인은 고문에 처할 수 있는 반면, 자유인은 고문하지 못하도록 하고, 그 대신 여차하면 배상금을 지불해야 한다.

데모스테네스는, 밀리아스가 자유인이라는 이유로, 아포보스의 이 같은 제안을 받아들이지 않았다. 자신의 부친이 죽기 조금 전에 밀리아스를 해방시켰다는 것이다. 파노스란 증인이 증언하여, 밀리아스가 자유인이라는 사실을 아포보스가 인정할 때 그 자리에 임석했다고 했다. 그러자 아포보스가 파노스를 위증으로 고소했다. 여기서 파노스가 유죄 판결을 받게 되면, 이미 난 판결의 효력이 퇴색하고, 재심이 이루어질 수도 있다.

이 변론은 데모스테네스가 파노스를 위해 하는 것이나, 실은 자신을 위하는 것이었다. 데모스테네스는 파노스의 증언이 사실이라는 점, 그리고 파노스의 증언보다는 다른 이들의 증언들이 아포보스의 유죄 선고에 더 큰 영향을 미쳤는데도, 다른 이들은 고소하지 않고 가만히 놔두는 것은 아포보스 자신의 죄를 인정하는 것이라는 점 등을 피력한다. 또 많은 재판관들이 내용을 잘 모를 터이므로, 아포보스가 유죄 선고를 받게 된 근거들을 소상히 소개함으로써 올바른 판결에 이르도록 도울 수 있을 것이라는 생각에서 사건의 본말을 설명한다.

후견 소송 관련 다른 변론과 같이 이 변론에서도, 막 연사로서의 경력을 시작한 젊은 나이이지만 최고의 달변가로서 미래에 구체화되는 데모스테네스의 재능이 담지되어 있다. 주장의 전개와 구성이 유연하고 분명하며, 표현이 간결하고, 분쟁 현안 관련 대의명분도 적합하게 구사되고 있다. 이 소송에서 아포보스는 패소했고, 파노스는 무죄 방면되었다.

1. 아포보스에 반대하여 진행된 지난번 저의 재판에서, 재판관 여러분, 그의 부정행각이 너무나 명백한 것이었으므로, 그가 지금 하는 말보다 훨씬 더 엄청나고 더 터무니없는 거짓말에도 불구하고 그의 유죄를 쉽게 증명했습니다. 그 사실을 제가 의식하고 있지 않았다면, 각 사안마다 꼼수로 그가 여러분을 속이는 것에 대해 여러분 앞에 밝히지 못할 것이 아닌가 하고 지금도 염려했을 거예요. 그러나 지금 신들의 가호 속에서 저는 희망을 품고 있습니다. 저번과 같은 관심과 공정함으로 제 말씀을 들어 주신다면, 지난번 재판관들과 똑같이 그의 파렴치함을 이해하실 것이기 때문이지요. 이 같은 목적을 위해 각별한 변론 능력이 필요한 것이라면, 너무 어린 저로서는 부끄럽고 주저했을 겁니다.[1] 그러나 지금 저는 그저 있었던 사실대로, 우리에게 누를 끼쳤던 그의 행적에 대해 말씀드리는 것으로 충분한 것 같습니다. 제 생각에, 자초지종을 잘 설명하면, 우리 쌍방 가운데서 어느 쪽이 사기를 치는지 여러분 모두가 잘 파악하실 수 있을 것 같습니다.

2. 원고(아포보스)가 이 소송을 제기한 것은 누구를 그에 대한 위증죄로 유죄 선고 받게 할 수 있다고 믿기 때문이 아니라, 그가 선고받은 거액의 벌금이 저에게 불리한 반감을, 반면 그를 향해서는 연민을 일으킬 가능성이 있다고 생각하기 때문이라고 저는 봅니다. 이 때문에, 그는 이미 판결이 나 버린 소송에서 제기되었던 혐의와 관련하여 자신을 변명하려 하는 거예요. 당시에는 그럴듯한 변명거리를 구사하지 못했다고 보는 것이지요. 저로서는, 재판관 여러분, 그에게 불

---

1 참조, Demosthenes, 27. 2.

리한 판결에 따라 제가 구제를 위한 실행에 들어갔고, 어떤 타당한 명분으로도 양보하고 싶지 않았으므로, 여러분의 판결에 의해 인정된 손해분을 구제받는 과정에서 어떤 잘못을 저질렀다고 생각하지 않습니다. 그럼에도, 제가 너무 몰인정하고 적대감을 가지고 친척인 사람에게서 그의 전 재산을 빼앗아 간다고 말할 수 있겠지요. 3. 그러나 실상은 그 반대입니다. 이 사람(아포보스)이 공동후견인과 합세하여 제 아버지가 물려준 유산을 다 없앴습니다. 그 죄상이 여러분 (재판관) 앞에 이렇듯 분명하게 그 죄상이 인정된 마당에도, 아무런 합당한 조처를 취하려 하지 않는 겁니다. 오히려 재산을 정리해서 집은 아이시오스[2]에게, 밭은 오네토르[3]에게 넘기고, 저로 하여금 그들을 상대로 소(訴)를 제기하도록 한 겁니다. 동시에 가재(家財)를 장악하고 예속머슴을 처분하고, 저수지를 메우고, 집 문짝을 뜯어내 버렸어요. 집에다가 불만 지르지 않았을 뿐입니다. 그런 다음 메가라로 가서 그곳에 머물면서 거류외인세를 내고 있었지요. 그러니 여러분은 부당하게 저에게 죄를 뒤집어씌울 것이 아니라, 이 같은 행위를 한 그를 증오해야 하는 것이죠.

4. 이 사람(원고)의 파렴치와 사기성에 대해서는 나중에 여러분께 말씀드려야 할 것 같습니다. 당장에는 전체적 윤곽을 여러분이 들으신 겁니다. 제가 여러분께 밝히려는 것은 여러분이 판단해야 하는 증

2 아이시오스는 아포보스의 형제이다. 참조, 이 변론 아래 §15 이하. 〔필사본에는 아포보스로 나오나 F. A. Wolf가 Aisios로 바르게 수정했다.〕

3 오네토르는 아포보스의 처남이다.

언의 사실 여부에 관한 겁니다. 청컨대, 재판관 여러분, 저의 호소는 정당하므로, 우리 쌍방의 주장을 공정하게 들어 주십시오. 그것이 곧 여러분에게도 득이 될 것입니다. 사실이 실제로 어떠했던가를 정확하게 알면 알수록, 더 공정하고 또 여러분이 한 맹세에 더욱 합당한 결정을 내리실 수 있기 때문이지요. 5. 제가 여러분 앞에 밝히려는 것은 밀리아스가 자유인이라는 사실, 그리고 이 사건이 실제로 발생한 것이란 사실을 이 사람(아포보스)이 인정했다는 것입니다. 더구나 그는 가장 명확한 사실을 탐지할 수 있는 심문을 회피했습니다. 그런 방식으로 진실을 밝히는 것을 그가 원치 않았고, 꼼수, 위증에 의지하고 말로 사실을 왜곡했던 것이죠. 우리의 말이 진실이고, 이 사람의 주장은 아무것도 바른 것이 없다는 사실을 모든 이가 명백하게 간파할 수 있도록, 참으로 중요하고 분명한 증거를 여러분에게 제시하겠습니다. 여러분이 가장 쉽게 이해하고, 저로서는 아주 간략하게 말씀드릴 수 있는 사안부터 시작하겠습니다.

6. 저로서는 말이죠, 재판관 여러분, 데모폰, 테리피데스, 그리고 이 사람(아포보스)을 고소했어요. 후견 기간 중에 이들이 제 재산을 다 없애 버렸거든요. 첫 번째 소(訴)는 아포보스를 상대한 것이었어요. 제가 지금 여러분께 하려 하듯, 그때도 저는 이 사람이 다른 공동후견인들과 함께 저에게 상속된 유산을 다 횡령했다는 사실을 재판관들 앞에 명백히 밝혔으며, 위증한 적이 없습니다. 7. 그 재판에서 아주 많은 증언이 소개되었는데요. 그중에는 다소간 제 재산을 그에게 건네주었다는 사실을 인정하는 이들의 증언, 또 어떤 것은 이 사람(아포보스)이 그것을 받아 갈 때 임석했던 이들이 한 것이고, 또 다른 일부는 이

사람으로부터 관련 물건을 사고는 값을 지불한 이들의 겁니다. 이 사람(아포보스)은 이 증언들 가운데 하나도 거짓이라고 이의를 제기한 적이 없고, 그 증인을 위증으로 고소한 적도 없었어요. 이의를 제기한 것이 딱 한 가지가 있는데, 거기에 1드라크메의 증거조차 없는 거예요. 제가 빼앗긴 금액을 계산하는 데 있어, 8. 저는 돈에 대해 전혀 언급하지 않는 이 사람의 증언이 아니라, 이 사람이 이의를 제기하지 않은 다른 이들의 여러 증언을 근거로 했습니다. 그래서 당시 저의 호소를 들은 재판관들이 그를 유죄로 선고했을 뿐 아니라, 제가 청구한 금액 총액을 배상액으로 결정한 겁니다. 그런데 그가 다른 증인들은 다 관두고 왜 저만 상대로 이 소(訴)만 제기한 걸까요? 그 이유를 제가 여러분께 말씀드리겠습니다.

9. 이 사람이 재물을 가져갔다고 증언한 모든 증인과 관련하여, 그 각각의 사안에 대해 많은 논쟁이 벌어질수록, 자신이 재물을 보유한 사실이 더 확실해질 것이고, 그렇게 되면 사안이 위증으로 발전하게 된다는 사실을 그가 알고 있었던 겁니다. 첫 번째 재판에서 각각의 사안을 따로 설명하는 데 제게 허용되어 있는 한정된 발언 시간을 할애했습니다. 더구나 다른 사안들도 함께 우리가 다루었어요. 그러나 두 번째 재판에서는 더 심화한 설명을 하는 데 허용된 전체 시간을 이용하겠습니다. 그가 상대의 진술을 반박하는 것은 10. 사신이 그전에 인정했던 것을 지금에 와서 부정할 수 있는 권리가 있다고 믿는 겁니다. 이 때문에 그가 증언을 반박하는 것이죠. 실로 저는 증언이 진실임을 여러분 모두에게 명백히 밝힐 것이고, 가능성이나 임기응변의 노림수가 아니라, 확신컨대, 공정하게 여러분 모두에게 설득력을 갖는 논리에 의

거할 겁니다. 경청하셔서 판단해 주십시오.

11. 제가 알고 있는바, 재판관 여러분, 쟁송은 공부(公簿)에 기록된 증거에 기초하여 이루어지는 것이고, 또 여러분은 그 기록된 증언의 진실 여부에 따라 판결하는 것으로 압니다. 그래서 진실 확인을 위해 제가 무엇보다 먼저 이 사람(아포보스)에게 제안[4]했습니다. 무얼 했냐고요? 읽고 쓸 줄 알고, 이 사람이 본안과 관련하여 실토할 때 임석하여 증인 진술을 기록했던 하인[5]을 심문[6]에 부치도록 제가 그에게 내놓겠다는 것이었지요. 어떤 불법행위를 하도록 우리가 그에게 명한 적이 없고, 또 이 사람이 그에게 말한 것과 다르게 더하거나 빼거나 하지 말고, 오로지 있는 그대로, 그리고 무엇이든 이 사람이 말하는 것만 적으라고 지시했습니다. 12. 그로서는 예속인을 심문하여 우리가 거짓말하는지 여부를 밝히는 것보다 더 유리한 것이 달리 무엇이 있을 수 있습니까? 그러나 그는 다른 누구보다 증언이 진실이라는 사실을 더 잘 알고 있고, 이 때문에 심문을 회피했지요. 이 같은 사실을 알고 있는 것이 한두 사람이 아니고, 저도 은밀하게 하지 않고 많은 이들이 임석한 광장에서 제안한 겁니다. 저를 위해 이 사실에 대한 증인들을 불러 주십시오.

---

4 *prokaloumenos*. 제안(*proklesis*) 절차 관련해서는 참조, Demosthenes, 27. 50 (*proukaleito*).

5 *paidon*.

6 *basanizein*. 참조, Aristoteles, *Rhetorike*, 1375b.

13. 이렇듯 이 사람은 꼼수를 구사하고 의도적으로 진실을 외면하고 있습니다. 그가 위증죄에 걸어 고소했으므로, 여러분은 이에 대해 판결을 내려야 하고 그에 따라 맹세했는데도, 그는 자신이 가장 역점을 두어 해명해야 할 증언의 진실 여부를 심문을 통해 확인하자는 제안을 거부했고, 오히려 엉뚱한 사안들에 대해 해야 한다고 하는 거예요. 이게 거짓말하는 것이죠. 14. 한편으로, 자유인인 사람,[7] 이 사실은 제가 확실히 여러분에게 증명할 것입니다만, 그이를 (심문하도록) 자신에게 넘겨달라고 요구했으나 (저로부터) 거절당하여 자신이 심각한 불이익을 당하게 되었다고 주장하면서, 다른 한편으로, 증인들이 제공한 증언과 관련하여, 누구나 인정하는 예속인을 (심문하도록) 내놓겠다고 했으나 그가 받아들이지 않아서 저의 증인들이 황당하게 불이익을 당했다는 생각은 하지 않다니, 이것이 궤변 아닙니까? 이 사람은, 자신이 무엇을 원하든, 다른 어떤 방법들이 아니라 심문이 가장 확실하다는 사실을 스스로 주장할 수 없게 된 거예요.

15. 더구나, 재판관 여러분, 처음으로 증언을 제공한 것은 이 사람의 형제인 아이시오스였어요. 그런데 지금 와서 그가 그 증언을 부인하고 있어요. 이 소송에서 아포보스와 연대하고 있으니까요. 그러나 당시 그의 증언은 다른 이들과 함께 한 것이고, 위증하거나 바로 따르

---

7 밀리아스(Milyas)를 두고 하는 말이다. 법에 따라, 예속인은 심문할 수 있으나, 자유인은 심문할 수 없다.

는 처벌을 받고 싶어 하지 않았던 거예요. 그런데 실로 제가 만일 가짜 증거를 조작한 것이었다면, 그이(아이시오스)를 제 증인 목록에 넣지 않았을 겁니다. 그이는 세상에 그 누구보다 아포보스와 더 친하다는 것, 또 소송에서 그(아포보스)를 위해 변호하고 저에게는 적이 될 것이라는 사실을 알고 있으니까요. 제게 적인 사람을 허위 진술에 대한 증인으로 소환한다는 것은 말이 안 되잖아요.

16. 이 사실들에 대해 많은 증인들, 그리고 증인들보다 수가 적지 않은 증거들을 저는 확보하고 있습니다. 그 무엇보다 첫째, 만일 그가 사실이 아닌 증언을 했던 것이라면, 지금에 와서 그것을 부인하려 할 것이 아니라, 그 증언이 낭독될 때 법정에서 바로 했어야만 했던 것이죠. 지금보다 그때 그렇게 하는 것 자신에게 더 유리했을 테니까요. 둘째, 제가 만일 그 형제(아포보스)를 상대로 한 위증 소송에서, 그것도 돈은 물론 자격박탈[8]의 위험이 있는 소송에 그(아이시오스)를 소송당사자로 세웠다면, 그가 가만히 있지 않고 저를 상대로 손해소송[9]을 제기했을 겁니다. 17. 더구나 사실을 검증하기 위해 그(아이시오스)는 증언한 하인[10]을 내놓으라고 제게 요구해야 했던 것이죠. 그래서 제가 만일 예속인을 내놓지 않는다면, 제가 한 진술의 근거가 없는 것처럼 보이게 될 테니까요. 그러나 지금 그는 이런 것은 하려 하지 않고, 자신이 했던 증언을 부인하고,[11] 예속인을 심문에 부치도록

8 *atimia.*

9 *dike blabes.*

10 *pais.*

11 아이시오스.

내놓겠다는 저의 제안을 거부하고, 또 그 형제가 한 것과 똑같이, 이 사건 관련 심문을 통한 검증을 회피하려 하고 있어요. 18. 제가 사실대로 말씀드리고 있고, 또 아이시오스가 법정 안 그 면전에서 낭독된 증인의 증언에 이의를 제기하지 않았으며, 또한 심문에 부치자고 제가 제안한 예속인을 받아들이지 않은 사실 등, 이 모든 사안을 증명할 수 있는 증인들을 지금 여러분께 소개하겠습니다. 그러면, 저를 위해 증인들을 이곳으로 불러 주십시오.

증인들

19. 지금, 재판관 여러분, 언급된 모든 것들 중에, 원고가 이 같은 식으로 진술한 사실과 관련하여, 가장 강한 증거라고 제가 간주하는 점을 여러분에게 말씀드리겠습니다. 그가 진술한 다음 밀리아스를 심문에 부치도록 제게 요구했을 때, 이것도 역시 그가 부리는 꼼수라는 것을 증명하기 위해 제가 어떻게 했겠습니까? 20. 그의 숙부이며 공범인 데몬에게 불리한 증언을 하도록 아포보스를 소환했어요. 그가 위증인 것으로 비난하는 증언을 적고 거기에 선서하라고 했던 것이죠. 처음에 그가 뻔뻔하게 본 채도 않았는데, 중재인이 그에게 증언하든지 아니면 맹세로서 부인하든지 하라고 명했더니, 그제야 마지못해 선서한 겁니다. 그리고 만일 그이[12]가 실제로 예속인이었고, 그가 자유인이라는 사실을 여기 이 사람(아포보스)이 그전부터 인정

12 밀리아스.

하지 않았더라면, 도대체 무엇 때문에 그가 그런 증언을 했을 것이며, 무엇 때문에 그가 맹세로서 부인하고 그 같은 질곡을 벗어나려 하지 않았겠습니까? 21. 그래서 이 사안 관련하여 제가 증언을 기록했던 하인을 심문할 수 있도록 제가 이 사람에게 넘기려 했던 겁니다. 그(하인)가 자신의 필체를 인식하고 또 이 사람(아포보스)이 이런 사실을 분명히 인정한 사실을 기억하고 있을 테니까요. 제가 그런 제안을 한 것은 증인이 없어서가 아니었어요. 다른 증인들이 있었지만, 이 사람이 그들을 위증으로 비난하지 않도록, 심문을 통해 사실이 확인되도록 하려는 것이었지요. 그러니 어떻게 그의 말만 듣고 증인에게 유죄를 선고할 수 있습니까? 여러분 앞에서 재판받는 이들 가운데 유일하게 이들만이 원고(아포보스)가 스스로 이 사안과 관련하여 그들의 증언에 증인이 되었던 사실을 증명할 수 있는 판에 말이지요.

제가 드리는 말씀이 진실임을 증명하기 위해, 제안과 증언을 들려주십시오.

제안, 증언

22. 이와 같이 정당한 제안을 거부했고, 이 같은 증거들에 의해 그 악의와 사기성이 드러나는데도, 그는 자신의 증언을 믿어 달라고 여러분에게 청하고, 제가 제시한 증거를 비방하고 사실이 아니라고 합니다. 실로 저로서는 개연성의 범위에서 이 사안들에 대해 말씀드리고자 합니다. 여러분 모두가 동의할 것이라 제가 확신하는 것은 말이죠, 위증하는 사람은 가난에 찌들어 뭔가 이득을 보려고 하거나, 친

구에게 유리하게 하려 하거나, 혹은 소송상대에 대한 적의 때문에 그렇게 하는 겁니다. 23. 이런 동기들 가운데 하나도 그들(증인)이 저를 위해 위증하도록 유인하는 것이 없어요. 우정을 두고 볼까요? 어떻게 그런 것이 개재(介在)할 수 있습니까? 그들이 저와 같은 일에 종사한 것도 아니고, 연배가 같은 것도 아닌 것이, 그들 가운데 일부가 저에 대해 그런 감정이 없고, 저도 그들에 대해 그런 게 없죠. 적의도 그들 간에 작동하지 않는 것이 분명합니다. 한 사람은 그(아포보스)의 형제로서 그의 변호인이었고요. 파노스는 그와 절친한 사이였고 같은 부족 출신이죠. 필리포스는 그의 친구도 적도 아닙니다. 그러니 적의의 요소가 그들에게 불리하게 작용하는 것이 아니죠. 24. 더구나 가난이 영향을 미친다고 할 수도 없어요. 그들이 모두 풍부한 재산을 가지고 있어서 공적 부담을 기꺼이 감내하고, 할당되는 비용을 얼마든지 지출하려 하니까요. 그 외에도 그들은 여러분에게 낯선 이들이 아니고, 비열한 이로 알려진 것도 아니지요. 그들은 점잖은 이들이거든요. 그들이 가난하지 않고, 이 사람(원고인 아포보스)의 적도, 저의 적도 아니라면, 위증하는 것으로 의심하는 것이 어떻게 정당하겠습니까? 저는 그렇게 보지 않습니다.

25. 이 사람(아포보스)은 이런 사실들을 알고 있고, 그들의 증언이 진실임을 다른 누구보다 더 잘 알고 있어요. 그렇지만 그들에 대해 악의적 비방을 퍼붓고, 또 제가 확실하게 이 사람이 한 것으로 증명한 진술을 한 적이 없다고 잡아뗄 뿐만 아니라, 그(밀리아스)가 예속인[13]

13 *doulos*.

이라고 주장하는 겁니다. 저는 이 점에서도 그가 거짓말하고 있다는 점을 여러분에게 간략히 밝히려 합니다. 저로서는, 재판관 여러분, 이 사실과 관련해서도 저의 하녀[14]들을 심문에 부치도록 그에게 넘기려 했습니다. 그녀들은 아버지 임종 당시 그에게 자유를 주었던 사실을 기억하고 있어요. 26. 그 외에도 제 어머니는 누이와 저를 가까이 불러서, 자신이 거짓말한다면 우리 머리 위에 저주가 내릴 것이라는 맹세와 함께 말하기를, 우리가 그녀의 유일한 자식들이라고 하고, 그렇기 때문에 과부로 수절했으며, 아버지가 죽으면서 그(밀리아스)에게 자유를 주었고, 그 후 그는 자유인으로 우리와 함께 살았다고 했지요. 여러분은 모두 제 말을 믿어 주십시오. 제 어머니가 분명히 알지도 못하는 사실에 대해서, 우리에 대해 그 같은 저주의 말을 걸고 맹세했을 것이라고 생각하시는 분은 여러분 가운데 없기를 바랍니다. 제가 드리는 말씀이 진실이며, 우리가 이 같은 것들을 실천하려 한다는 것을 증명하기 위해 관련 증인들을 불러 주십시오.

증인들

27. 이렇듯 우리는 경우 바른 주장들을 개진하고, 또 주어진 증언들과 관련하여 가장 확실한 검증을 받을 태세를 갖추고 있었습니다. 그러나 이 사람은 이 모든 것을 회피하고 이미 종결된 재판과 관련하여 저를 비방하고 소(訴)를 제기함으로써, 증인에 대해 유죄 선고하도록

---

14 *therapainai*.

여러분을 호도(糊塗)할 수 있다고 믿고 있습니다. 제가 보기에, 이는 세상에서 가장 부정하고 탐욕스러운 농간입니다. 28. 이 사안들과 관련하여 그는 사람을 사주하여 위증하도록 하고, 매부인 오네토르, 그리고 티모크라테스[15]를 공모자로 두었지요. 저희들은 사전에 그런 낌새를 알아채지 못했고, 소송은 증언에만 관련한 것이라고 짐작하고 후견 재산 처리 관련 주장에 대해 미처 대비하지 못했습니다. 그러나, 이 사람의 꼼수에도 불구하고, 저는 단순히 사실을 개진함으로써, 가장 마땅히 처벌받아야 하는 사람은 다른 사람이 아닌 바로 이 사람이라는 사실에 대해 쉽게 여러분을 설득할 수 있다고 봅니다. 29. 이 사람이 패소한 것은 밀리아스를 심문에 처하도록 제가 내놓지 않았다거나, 이 사람 스스로 그(밀리아스)가 자유인이라는 사실을 인정하게 되었다거나, 증인들이 증언했다거나 하는 것이 아니라, 이 사람이 거액의 제 재산을 횡령한 것으로 밝혀진 점, 그리고 법에 따라서 제 아버지의 유언에 따라서 그가 내놓아야 할 재산을 내놓지 않았기 때문이라는 점을 제가 여러분에게 명백히 말씀드리겠습니다. 법, 그리고 이들이 갈취해간 돈의 규모는 모두가 알 수 있는 겁니다. 그러나 밀리아스에 대해서는 그가 누구인지조차 아무도 몰라요. 이런 사실들은 이 사람에 대한 고소장에서 여러분이 확인할 수 있습니다.

30. 저로서는, 재판관 여러분, 후견과 관련하여 이 사람을 상대로

---

15 티모크라테스는 오네토르의 누이인 동시에 아포보스의 부인인 이의 첫 번째 배우자이다. 티모크라테스는 무남상속녀와 혼인하기 위해, 법에 따라, 오네토르의 누이와 부득이 이혼했다. 참고로 Demosthenes, 24에서 데모스테네스가 반박하는 티모크라테스와 동일인인 것으로 추정된다.

소(訴)를 제기했을 때, 비방을 목적으로 하는 이들이 흔히 하는 것 같은 일정액의 돈을 노린 것이 아니었습니다. 다만 재산목록을 작성하여, 어디서, 누구에게서 받았고 그 값어치[16]가 얼마인지를 적었던 거예요. 저는 이런 사안에 대해 밀리아스가 뭔가를 알고 있다는 말을 한 적이 없어요. 31. 고소장 서두를 보시면, "데모스테네스가 아래 사유로 아포보스를 고소한다. 아포보스는 본인에 대한 후견을 맡으면서 위탁받았던 본인 재산을 여전히 차지하고 있으며 그것은 다음과 같다. 본인 아버지의 유언에 따라서 본인의 어머니로부터 받은 지참금 80므나 … ." 제가 빼앗겼다고 주장하는 재산목록은 이렇게 시작됩니다. 그러면 증인들의 증언은 어떻게 되어 있을까요? "증인들이 중재인 노타르코스 앞에 나서서 증언하기를, 밀리아스는 데모스테네스의 부친에 의해 해방된 자유인이다"라고 했습니다. 32. 생각해 보십시오. 여기에 무지하게 훌륭한 언변의 연사, 궤변가 혹은 마술사가 있어서, 아포보스가 제 어머니의 지참금을 받아 간 사실에 대해 누군가를 설득하기 위해 이같이 증언했던 것으로 여러분에게 보이느냐는 말입니다. 제우스의 이름을 걸고, 맙소사! 뭐라 적혀 있습니까? "(아포보스가) 밀리아스는 자유인이라는 사실을 인정했다"라고 했잖아요. 여기서 어떻게 "아포보스가 지참금을 가져갔다"라는 결론이 나오느냐고요? 그런 뜻은 여기서 나오는 게 아니죠.

---

16 데모스테네스가 후견인들에게 요구한 금액의 총액은 30탈란톤으로, 원금이 15탈란톤, 10년간 이자가 15탈란톤이었다. 공동후견인이 3명이었으므로, 처음으로 소를 제기한 아포보스에게 3분의 1인 10 탈란톤을 요구했다.

33. 그러면 그런 사실은 어디서 드러나는 걸까요? 첫째, 공동후견인인 테리피데스가 자신이 이 사람에게 돈을 주었다고 증언한 겁니다. 둘째, 그(아포보스)의 숙부인 데몬과 그 자리에 임석한 다른 증인들이 있어서, 이 사람이 제 어머니의 지참금을 챙기고 부양하겠다고 동의한 사실을 증언했어요. 이들에 대해서 이 사람(아포보스)은 고소하지 않았어요. 그들의 증언이 진실임을 스스로 잘 알고 있었으니까요. 그 외에도 제 어머니는 누이와 저를 가까이 불러서, 자신이 거짓말한다면 우리 머리 위에 저주가 내릴 것이라는 맹세와 함께 말하기를, 아버지의 유언에 따라 아포보스가 어머니의 지참금을 받아 갔다고 했어요. 34. 그렇다면, 이 사람이 80므나를 가지고 있다고 우리가 말해야 할까요? 말아야 할까요? 그리고 이 사람이 유죄 선고를 받은 것이 이런 사실 때문인가요? 아니면 증인들 때문인가요? 제 소견에는 사실이 명백하기 때문인 것이지요. 이 돈에서 10년 동안 이득을 취하고, 유죄 선고를 받을 때까지도 여전히 반환하려 하지 않았거든요. 그런데도 자신이 피해를 입었다고 하고 이들 증인 때문에 유죄 선고를 받았다고 하는 겁니다. 그러나 이 증인들 중 아무도 이 사람이 지참금을 가져갔다고 증언한 사람은 없었어요.

35. 우리가 물려받은 대부금,[17] 침대 제조공들, 철, 상아는 물론 제 누이의 지참금 등, 이 사람이 자신의 이득을 위해 없애 버리고 또 제 재산 중 멋대로 차지한 것들에 대해 살펴보시고, 이 사람이 유죄 선고를 받은 것이 얼마나 지당하며, 이 사안과 관련하여 밀리아스를

17 참조, Demosthenes, 27.9.

심문에 부치는 것이 얼마나 하릴없는 일이 될 뻔했었는지 여러분께서 유념해 주십시오.

36. 당신의 관할하에 있었으나 사라진 재산과 관련하여, 당신 자신이 그것을 차지한 것과 같은 책임을 분명하게 부과하는 법조문이 있어요. 이런 법이 있는데, 심문을 통한 사실 검증이 왜 필요합니까? 한편, 대부와 관련해서는, 당신이 크수토스[18]와 공모하여 돈을 나누어 가지고는 계약서를 없애 버렸지요. 그러고는 편의에 따라 일을 꾸미고, 데몬이 당신에게 불리하게 증언한 경우와 같이 증거를 인멸하고, 여기 있는 재판관들을 호도하려 하고 있어요. 37. 긴 등받이 의자 제조공들과 관련하여, 당신이 돈을 받아 챙기고, 다른 사람이 그렇게 하려 해도 막아야 할 당신이, 내 재산을 담보로 대부받아 거대 이익을 챙기고, 마침내 그들 예속머슴들을 다 없애 버렸다면, 도대체 증인들이 당신에게 무슨 소용이 있소? 당신이 내 재산을 가지고 대부해 주고, 내 예속머슴들을 당신 것처럼 차지했음을 인정했다는 사실을 이들 증인이 증언한 것이 아니에요. 오히려 당신이 스스로 그런 사실을 인정했고, 증인들은 그런 사실을 확인했던 것뿐이었어요.

38. 이제 상아와 철에 대해서 제가 여러분께 밝혀 둘 것은, 이 사람(아포보스)이 이 물건을 팔았다는 사실을 예속머슴들이 모두 알고 있다는 점이에요. 그때처럼 저는 지금도 하인 가운데 누구라도 그가 원하는 사람을 심문에 부치도록 넘길 용의가 있어요. 그런데, 만일 사

---

18 참조, Demosthenes, 27. 11. 데모스테네스의 부친이 크수토스의 배를 담보로 70므나를 대부한 사실이 있다.

실을 알고 있는 사람이 아니라 사실을 알지 못하는 다른 이를 넘기려 한다고 이 사람이 주장한다면, 이 사람은 더욱더 저의 제안을 받아들여야 하는 이유를 드러낼 뿐입니다. 왜냐하면, 제가 사실을 잘 알고 있는 이들을 그에게 넘기게 되어, 이 사람이 아무것도 수중에 가진 것이 없었다고 증언한다면, 이 사람 자신이 혐의에서 벗어나게 될 테니까요. 39. 그러나 그런 것은 사실이 아니에요. 그가 재물을 팔아서 이익을 챙겼다는 사실은 명백하게 증명되는 것이니까요. 이 때문에 이 사람이 실제 상황을 아는 예속인[19]들을 도외시하고, 엉뚱하게 자유인을 심문하도록 내놓으라고 하는 것이거든요. 실상을 밝히자는 것이 아니고, 심문에 부칠 예속인을 거부함으로써 체면을 세우려는 것이에요. 이 모든 것들과 관련하여, 먼저 사라진 지참금, 그다음 이 사람이 없애 버린 재산, 그다음 또 다른 재산에 대해서, 여러분이 이해하시도록 관련 법조문과 증언들을 소개하겠습니다.

법조문들, 증언들

40. 어느 모로 보나 제가 심문에 부치도록 사람을 내놓지 않아서 이 사람(아포보스)이 불이익을 당한 것이 아니라는 사실을 여러분이 간파한 것은 이미 소개된 사실들에서뿐만 아니라, 사실 그 자체에서 드러나는 것입니다. 밀리아스가 바퀴 고문대에 묶여 있다 치고,[20] 이

---

19 *douloi*.

20 바퀴는 고문 기구로서, 수직으로 세워진 채 회전한다. 참조, Aristophanes, *Ploutos*, 874~875.

사람이 그에게서 어떤 말을 가장 듣고 싶어 하는지 가늠해 보십시오. 이 사람이 수중에 어떤 재물을 가지고 있었는지를 알지 못한다는 것 아니겠습니까? 그러면, 그(밀리아스)가 그렇게 말했다 칩시다. 그것이 이 사람이 아무것도 갖지 않았던 사실을 증명하는 것입니까? 전혀 그렇지 않죠. 그 사실을 알고 있는 사람, 이 사람에게 돈을 지급한 사람, 직접 증인으로 임석했던 사람을 제가 증인으로 세울 수 있으니까요. 어떤 사람이 수중에 무엇을 가지고 있는 것을 모를 때가 아니라, 모르는 사람이 다수일 겁니다만, 알고 있을 때, 그것이 확실한 증거가 되는 것이니까요.

41. 당신의 말에 반대 증언한 그렇게 많은 이들 가운데, 당신이 누구 하나 위증한 것으로 고소한 이가 있는지 우리에게 말해 보시구려. 당신은 그런 적이 있다고 말할 수 없어요. 당신은 자신을 죄인으로 만들고 있는 것이 아니겠소? 억울하게 피해를 보았다고 하고, 내가 사람을 심문하도록 내놓지 않아서 당신이 부당하게 패소했다고 거짓말하니 말이오. 그러나 당신은 당신에게 불리하게 증언한 이들을 위증으로 고소하지 않았소. 당신이 밀리아스를 심문에 부쳐서 유산의 일부가 아니었다는 증언을 받아 내려고 했던 그 재물이 바로 당신 수중에 있다고 하면서 당신의 말을 반박했던 이들 말이오. 당신이 억울하다면, 이들을 고소하는 것이 훨씬 나을 것 아니겠소. 그러나 당신은 억울한 것도 없으면서 남을 중상하고 있는 거요.

42. 누구라도 당신의 꼼수를 여러 측면에서 간파할 수 있지만, 특히 유언장과 관련하여 그러합니다. 제 아버지는, 재판관 여러분, 우리에게 유증한 재산을 모두 유언장에 기록했고, 그것을 세놓도록 지

시했지요. 그런데 이 사람은 유언장을 내놓지도 않았는데, 그것은 제가 유산이 얼마인지를 정확히 알지 못하도록 하려는 것이었어요. 다만, 너무나 분명해서 가지고 있음을 부인할 수 없는 재산에 한하여 이들이 받은 사실을 인정했어요. 43. 유언장에 기록되어 있었다고 그가 주장하는 게 뭘까요? 데모폰이 2탈란톤을 바로 받았고, 제 누이가 적령기에 달하면, 그러니까 10년 후에 혼인하도록 했다는 겁니다. 이 사람(아포보스)은 80므나를 받고 제 어머니와 혼인하고 제 집에 머물라고 하고, 마지막으로 테리피데스는 제가 성인이 될 때까지 70므나에서 나오는 수익을 챙기라고 되어 있다는 것이에요. 그러고는 제 아버지가 남긴 다른 모든 것들, 그리고 수익을 창출하는 집을 유언장에서 없애 버렸어요. 여러분(재판관) 앞에서 이런 것들이 드러나는 것이 자신에게 이득이 안 된다고 판단한 것이죠.

44. 그러나 이들(공동후견인) 스스로가 인정한 것은, 제 아버지가 죽을 때 각자에게 그 같은 금액을 남겼다는 것이고, 전번 재판에서 재판관들은 이와 관련한 증언을 금액의 규모에 대한 증거로 인용한 바 있습니다. 누구라도 지참금 및 희사로 4탈란톤 3천 드라크메를 내줄 때는, 그것이 소액이 아닌 재산에서 나오는 것이고, 이 사람은 제게 물려진 그 2배 이상의 재산을 없애 버린 것이 명백합니다. 45. 그(부친)는 물론 자신의 아들인 저를 가난뱅이로 만들려 하거나, 이미 부자인 이들(공동후견인)을 더욱더 부자로 만들려 하지는 않았을 것이니까요. 그는 거액의 유산을 남겼고, 이 때문에 테리피데스에게 70므나를 주어 이득을 챙길 수 있도록 했고, 데모폰에게 (지참금으로) 2탈란톤을 주었으나, 후자는 여전히 제 누이와 혼인하지 않았습니다. 이

런 재물들은 물론 그보다 적은 액수도 이 사람(아포보스)은 저에게 돌려준 적이 없어요. 그중 일부는 써 버렸고, 일부는 받은 적이 없고, 일부는 전혀 알지 못하고, 일부는 제 집안 어딘가에 있다는 등, 제게 준 것 빼놓고는 죄다 무언가 변명할 말이 있는 겁니다.

46. 재물이 제 집안에 남아 있다는 그의 말이 거짓임을 제가 여러분에게 분명하게 증명하겠습니다. 그가 이런 변명을 하게 된 것은 유산이 거액이었음이 분명해지고 그것을 자신이 반환한 사실을 증명하지 못하게 되었을 때였어요. 그래서 제가 이미 가지고 있는 것을 경우도 없이 요구하는 것으로 보이도록 하려는 것이었지요. 47. 제 아버지가 이들을 신임하지 않았더라면, 나머지 재산도 위임하지 않았을 것이고, 또 아버지가 이 사람(아포보스)이 주장하는 것 같은 그런 식(땅에다 묻는 것)으로 유산을 남겼다면, 그들에게 그런 사실을 발설하지 않았겠죠. 그런데 어떻게 그들이 그 사실을 안답니까? 실로 아버지가 그들을 믿었다면, 거액의 재물을 이들에게 넘기거나, 나머지(땅에 묻었다고 하는) 돈도 그들 관할하에 두지도 않은 채, 제 어머니에게 그 돈을 지키라고 물려주면서, 동시에 그녀를 공동후견인 가운데 한 사람에게 아내로 내주는 그런 일은 있을 수 없는 것이에요. 완전히 앞뒤가 안 맞는 겁니다. 한편으로 어머니를 통해 돈을 안전하게 보관하려 하고, 다른 한편으로 자신이 믿지 않는 사람에게 그녀 자신과 돈을 넘기다니 말입니다.

48. 더구나, 이 중 일말의 진실이 있다면, 이 사람이 제 어머니와 혼인하지 않았을 것이라고 여러분은 보십니까? 그것도 제 아버지가 혼인하도록 유언까지 한 마당에 말이지요. 사실, 이 사람은 이미 혼

인 명목으로 지참금 80므나를 받아 챙긴 다음, 멜리테 출신 필로니데스의 딸과 혼인했는데, 순전히 돈 욕심 때문이었어요. 우리에게서 받은 것 외에 그이(필로니데스)에게서 다시 80므나를 받으려 한 것이었지요. 만일 제 집안에 4탈란톤이 있어 제 어머니가 관할하고 있었다면, 같이 관리하겠다고 덤비지 않았을 것이라고 여러분은 보십니까?[21] 49. 여러분 가운데서도 많은 이가 우리 유산인 줄을 잘 알고 있는 가시적 재산[22]조차 공동후견인들과 공모하여 몰염치하게 차지한 마당에, 그 손이 닿는 데 있는 재산, 그것도 여러분이 입증할 수도 없는 재물을 건드리지 않고 그대로 두었겠습니까? 있을 수 없는 일이지요. 재판관 여러분, 없고말고요. 제 아버지가 제게 남긴 돈은 모두 이들의 손에 들어간 날 사라진 겁니다. 게다가, 이 사람은 그중 어떤 것이라도 돌려준 사실을 증명하지 못하므로, 제가 부자인 것처럼 보이도록 하여 여러분이 저에 대한 연민을 거두도록 이 같은 변명을 늘어놓는 것이에요.

50. 그에 대한 다른 많은 비난거리를 가지고 있으나, 제가 본 피해에 연연하고 있을 수만 없는 것이, 저를 위한 증인이 자격박탈 여부의 위기에 처해 있기 때문입니다. 그래도, 제가 제시한 제안서[23]만은 여러분에게 소개하겠습니다. 그것을 들어 보시면, 증언들이 사실이라는 것, 그리고 지금 유산 총액과 관련하여 밀리아스를 심문해야 한다

---

21 같은 논리의 전개에 대해서는 Demosthenes, 27. 55~56 참조.

22 *phanera ousia*.

23 *proklesis*.

고 주장하지만, 그 당시에는 30므나와 관련해서만 그를 심문해야 한다고 했을 뿐이며, 더구나 이 증언으로 인해 그가 피해 본 것이 없음을 여러분이 깨닫게 될 겁니다. 51. 저는 이 사람이 말하는 것을 조목조목 반박하고 그 꼼수와 비루함을 여러분 앞에 밝히기 위해서, 그에게 물었지요. 사실을 알고 있다고 하는 밀리아스를 심문하여 밝히려는 금액이 얼마냐고 말이죠. 그랬더니 그가 유산의 총액이라고 하는 겁니다. 그래서 제가 이렇게 대답했습니다. "그렇다면, 당신이 내게 준 제안서의 사본을 가지고 있는 사람을 넘기겠소. 52. 나는 맹세로서 그이(밀리아스)가 자유인이라는 사실을 당신이 인정한 점, 그래서 당신이 데몬의 말에 반하는 증언을 했다는 사실을 증언한 바 있소. 만일 당신이 당신 딸에 대한 저주를 걸고 반대 사실을 맹세한다면, 내가 밀리아스를 심문에 부쳐서 밝히려고 한 금액 전부를 내가 당신에게 희사하기로 하고, 그만큼을 당신이 실로 패소했던 재판에서 내가 배상받으려고 요구한 총액에서 빼기로 하겠소. 증인들로 인해 당신이 손해를 보지 않도록 말이요." 53. 이렇게 제가 많은 사람이 임석한 가운데 제안했으나, 그가 거부했습니다. 누가 스스로 자신에 대한 검증을 피한다면, 맹세하고 이 자리에 있는 여러분이 그런 이의 말을 믿고 증인들을 불신하는 것이 어떻게 바른 것입니까? 반대로, 그런 이는 세상 사람들 가운데서 가장 파렴치한 이로 보아야 하는 것 아닙니까?

저의 진술이 진실임을 증명하기 위해, 이 사안과 관련한 증인들을 불러 주십시오.

증인들

54. 저 혼자서만 그랬던 것이 아니라 증인들도 저와 같은 입장이었습니다. 이들은 증언에 신실함을 더하기 위해 자기 자식들에 대한 저주를 걸고 맹세하기를 마다하지 않았습니다. 그러나 이 사람(아포보스)은 그들에 대해서도 저에 대해서도 맹세하려 하지 않았어요. 오히려 거짓말과 위증을 동원함으로써, 쉽게 여러분을 기만하려 하고 있습니다.

증언

55. 누가 제가 한 것보다 더 분명하게 다음 사실들을 증명할 수 있겠습니까? 저희가 악의적 고소의 희생물이며, 제 소송상대의 진술에 반하는 증언이 진실이며, 그는 마땅히 유죄 선고를 받아야 한다는 점, 자신이 증언한 바로 그 사실과 관련하여 (반대) 증언한 이를 심문에 부쳐 검증하지 않으려 했던 사실, 이 사람의 형제 아이시오스가 이 사람이 진술한 사실이 거짓이라고 증언한 점, 56. 이 사람 자신이 제가 한 소환에 응하여, 자신의 숙부이며 공동후견인인 데몬[24]의 말을 반박하고, 오히려 그를 고소한 증인들의 증언과 같은 내용을 진술한 사실, 밀리아스가 자유인이라는 사실과 관련하여 저의 하녀들을 심

---

24 데몬은 데모스테네스 부친의 형제이다. 데모스테네스 자신의 후견인이 아니었고, 공동후견인은 데몬의 아들 데모폰이었다.

문에 부치지 않으려 한 사실, 제 어머니가 제 자식인 우리에게 내릴 저주를 걸고 한 맹세로서 이런 사실들을 밝힌 점, 밀리아스보다 상황을 더 잘 꿰고 있는 하인들을 (심문을 위해) 아무도 받아들이려 하지 않았던 사실, 이 사람이 저의 재물을 가지고 있다고 증언한 증인들 중 아무도 위증으로 고소하지 않은 사실, 57. 이 사람이 유언장을 넘겨주지도 않고 법에 따라 집을 세놓아야 했는데도 그러지 않은 사실, 이 사람이 밀리아스를 심문에 부쳐 확인하려 한 금액만큼 말소해 주겠다고 증인과 제가 맹세했음에도, 이 사람은 맹세하기를 거부한 사실 등이 그러합니다. 신들의 이름을 걸고, 이런 사실들을 밝히는데, 이보다 더 좋은 방법은 구사할 수 없었습니다. 다만 분명한 것은 이 사람이 거짓말로 증인들을 공격하고 있고, 증언 사실로부터 아무런 피해도 본 것이 없으며, 마땅히 유죄 선고를 받아야 함에도, 여전히 부끄러운 줄을 모른다는 겁니다. 58. 자신의 친구들과 중재인에 의해 부정한 행위를 한 것으로 판정받고 난 다음 이 같은 언사를 쓴 것이 아니라면, 덜 곤혹스러웠을 거예요. 그러나 지금 이 사람은 제가 이 사건을 아르케네오스, 드라콘티데스, 그리고 위증으로 이 사람이 지금 제소(提訴) 한 파노스의 중재에 맡기도록 사주해 놓고서는, 이들을 퇴박 놓았어요. 이들이 맹세하고 결정한다면, 이 사람이 후견인으로서의 잘못을 인정할 것이라고 하는 말을 엿듣고서는 말이죠. 그러고는 중재인 앞으로 갔는데, 이 사람이 제가 제기한 혐의를 불식하지 못해서 그에게 불리한 결정이 나게 되었지요.

59. 그다음 법정으로 갔는데, 사실을 파악한 재판관들이 그 자신의 친구들과 중재인이 내린 것과 같은 결정을 내렸고, 배상액을 10탈

란톤으로 확정했어요. 이런 결과는, 제우스의 이름으로, 이 사람이 밀리아스가 자유인이라는 사실을 인정했기 때문이 아니에요. 이런 사실 여부는 본 사건과 무관한 것이니까요. 오히려 15탈란톤이 제게 유증되었는데, 이 사람이 그 재산을 세놓지 않았기 때문이었지요. 더구나, 공동후견인과 함께 이 사람은 10년간 재산을 관리했고, 아이였던 제 앞으로 부과되는 납세분담조합금으로 5므나[25]의 특별세를 내기로 했어요. 60. 이 세액은 코논의 아들 티모테오스, 그리고 최대의 재산을 가진 이들에게 책정되는 것과 같은 세율이었지요. 이렇듯 고액의 세금을 이 사람이 자진해서 납부할 정도의 거액의 재산을 오랜 세월 재산을 관리했으면서도, 이 사람은 제게 20므나도 돌려주지 않았고, 다른 공동후견인과 함께 저의 전 재산을 빼앗아 간 겁니다. 원금뿐만 아니라 이자 소득도 함께 말이죠. 재판관들은 통상의 가옥 임대 세율이 아니라 최저 비율로 이자를 계산했음에도, 30탈란톤 이상을 이들이 갈취해간 것으로 파악했던 것이고, 그래서 이 사람에게 돌아가는 배상액은 10탈란톤으로 확정했습니다.

25 Demosthenes, 27. 7 참조. 20므나당 500드라크메의 비율로 세액을 환산한다. 이 세율은 최고 부자들에게 적용되던 고액의 세율이다.

30

오네토르에 반대한 명도소송 1

해제

2편의 〈오네토르에 반대한 명도소송[1]〉은 박력 있고 투명한 논지와 문체가 데모스테네스의 변론들 가운데 가장 우수한 것으로, 오네토르에 대한 법정소송에서 발표되었다. 오네토르는 아포보스 처의 형제였고, 데모스테네스 후견인 중 한 사람으로 그의 유산을 착복하여 데모스테네스로부터 고소당했다. 아포보스가 유죄 선고를 받는 것을 보고, 오네토르는 자기도 패소할 것 같아 보이자, 자기 누이를 불러들이고, 짐짓 아포보스와 이혼하는 것 같은 행색을 연출했다.

급기야 승소한 데모스테네스가 오네토르의 집으로 가서 재산을 거두려 했으나, 오네토르는 그를 막고 나섰다. 그의 주장에 따르면, 자기 누이가 이혼했으나 아포보스가 누이의 지참금을 아직 돌려주지 않았으니, 아포보스가 관리하던 데모스테네스 아버지의 토지 재산은 그 지참금에 대한 담보로 잡혀 있는 것

1 *dike exoules* 혹은 *exoules*.

이기 때문이었다.

데모스테네스는 자기에게 귀속되어야 할 토지를 되찾기 위해 오네토르를 상대로 명도(明渡)소송을 제기했다. 명도소송이란 주인 아닌 이가 점유한 토지 등 재산을 일정한 시한까지 실권리자에게 돌려주지 않을 때, 그 재산으로부터 축출하기 위해 제기하는 소(訴)이다. 승소한 이는 강제로 점유자를 그 재산에서 축출하거나, 그 같은 가치의 점유자 재산을 장악할 수 있다. 명도소송에서 패소한 이는 재산을 내줘야 할 뿐만 아니라, 채무와 같은 액수의 벌금을 국고에 납입해야 한다.[2]

데모스테네스에 따르면, 오네토르는 아포보스를 위하여 거짓말하고 있다. 실제로 오네토르가 누이의 지참금을 아포보스에게 내준 적도 없고, 또 이 부부가 이혼한 것도 아니다. 이 두 사람 앞으로 협상을 제안하기도 했으나 거부당했다고 한다. 변론은 논리적 정합성을 갖춘 가운데, 광범한 증인들의 증언을 인용하고 있다.

문체의 유려함은 당시 약 30세에 이른 데모스테네스의 젊은 기상과 부합하므로, 이것이 그 자신의 작품이라는 사실에 신빙성을 높여 준다. 그러나 일부에서 이 변론이 데모스테네스의 스승이었던 아사이오스의 작품일 것으로 보기도 한다. 물론 초기의 데모스테네스는 그가 구사하는 어법에 있어 스승의 영향을 받았을 것이나, 자신의 기호에 부합하는 고유의 사안에서는 스승은 물론 다른 누구에게도 뒤지지 않는 능력을 보여 주었다.

이 소송의 결말은 알려져 있지 않다. 다른 사례[3]를 비추어 본다면, 명도소송에서 원고가 패소하는 경우가 적지 않았던 것 같다.

---

2 Demosthenes, 21. 44; Andokides, 1. 73.

3 참조, Demosthenes, 21. 81.

1. 재판관 여러분, 저는 지난번에도 아포보스와 다투고 싶은 마음이 전혀 없었고, 지금 그의 사돈[4](처남)인 오네토르와도 마찬가지입니다. 그러나 여러 번 제가 두 사람 모두를 향해 제안[5]했으나, 적절한 해결책을 찾을 수가 없었고, 오히려 그이(아포보스)보다 이 사람(오네토르)이 더 상대하기 어렵고, 다른 누구보다 더욱더 처벌받아 마땅하다는 사실을 깨닫게 되었습니다. 2. 전자(아포보스)의 경우는 그와의 분쟁이 친구들의 도움으로 해결될 것이라 보고 여러분(재판관) 앞까지 오려는 의도가 없었는데, 그를 설득할 수가 없었어요. 그러나 이 사람(오네토르)은 여러분 앞에 와서 재판받는 질곡에 처하는 일이 없도록 그 자신의 사건에서 재판관처럼 결정하라고 제가 양해했어요. 그런데도 저를 너무나 같잖게 여겨서 제 말에 아예 귀 기울이려 하지 않았을 뿐 아니라, 아포보스가 제게 패소했을 때도, 제가 아포보스가 가지고 있던 땅에서 오네토르에 의해 폭력적으로 쫓겨났습니다.[6]

3. 이 사람(오네토르)은 자신의 매부(아포보스)와 결탁하여 내 재산을 빼앗고, 여러분 앞에서는 꼼수를 동원하려고 획책하고 있으므로, 제게 남은 유일한 방법이 여러분의 법정에서 제 입장의 정당성을 밝히는 것이에요. 4. 제가 알기로, 재판관 여러분, 사전에 기획된 해명

---

4 *kdestes*(복수형 *kedestai*). 흔히 장인 장모를 가리키는 용어이지만, 헤시키오스(Hesychios, 사전편찬자, 기원후 5~6세기 알렉산드리아에서 활동)에 따르면, 사돈댁 사람들을 보편적으로 가리킨다. 여기서 오네토르는 아포보스의 처남이다.

5 *prokalesamenos*.

6 데모스테네스가 후견인들을 처음 고소하기 시작한 것은, 기원전 364년(올림픽 104회 첫 번째 해) 티모크라토스 수석장관(아르콘) 시절로, 그의 나이 17세 때였다.

과 위증에 맞서 싸워야 할 것 같습니다. 그러나 저의 정당함이 그보다 저에게 더 유리하게 작용하리라 저는 믿습니다. 그래서 여러분 가운데 누가 이전에는 그가 비열하지 않다고 여겼다 해도, 이 사람(피고 오네토르)이 저에게 한 행위를 알고는, 여러분이 알지 못했으나, 그가 원래부터 사람들 중에 가장 사악하고 불공정한 이라는 사실을 알게 될 거예요. 이 사람은 그 토지가 담보 잡혀 있다는 이유로 지참금을 돌려주지 않았을 뿐만 아니라, 처음부터 제 재산을 침탈하려 했어요. 게다가, 제 땅에서 저를 쫓아내게 된 빌미를 주게 된 여인과 5. 그(아포보스)는 아직 이혼하지 않았고, 당면한 재판을 앞두고, 아포보스의 이름으로 이 사람(오네토르)이 제 재산을 점유하고 있습니다. 제가 제시하는 증거는 참으로 중요하고 명백한 것이라, 제가 이 사람(오네토르)에 대한 이 소송을 정당하게 시작했음을 여러분 모두가 이해하실 거예요. 우선 여러분이 더 쉽게 사안을 이해하실 수 있는 내용부터 제가 설명드리겠습니다.

6. 저로서는, 재판관 여러분, 다른 많은 아테나이인은 물론 이 사람 자신은 제(데모스테네스)가 후견을 받으면서 억울하게 사기당했고 처음부터 불이익을 당했음이 분명하다는 사실을 모르지 않았습니다. 저와 관련한 사안에서 그렇게 많은 분쟁과 진술이 장관[7]과 또 다른 이들 앞에서 이루어졌으니까요. 보십시오, 유산의 규모는 분명히 알려져 있었고, 관리자들은 자의로 그 재물을 이용하기 위해서 가옥을 세놓지 않았다는 사실이 명백했어요. 그러니 상황을 감지한 이들은 모

---

7 *archon*. 수석장관을 뜻하는 것으로 본다.

두 제가 성인식을 하면 바로 이들(공동후견인) 로부터 입은 손해에 대해 제가 구제받을 것이라고 기대했습니다. 7. 티모크라테스[8]와 오네토르도 시종 이같이 예상하고 있었던 겁니다. 이런 사실과 관련하여 가장 분명한 증거를 여러분 앞에 제시하도록 하지요. 이 사람(오네토르) 은 자기 누이를 아포보스에게 출가시키고 싶어 했어요. 아포보스가 자기 아버지에게서 받은 유산뿐 아니라 어마어마한 규모의 제 유산을 같이 관리하는 것을 보았던 것이죠. 그러나 이 사람은 불안하여 그에게 지참금을 건네주고 싶지는 않았던 겁니다. 마치 후견인들의 재물은 피후견인들 재산에 대한 담보물인 것이라 여긴 것 같아요. 이 사람이 누이를 그(아포보스) 에게 출가시켰는데, 지참금 관련하여 그녀의 전 남편인 티모크라테스가 아포보스에게 지참금 조로 빚을 지고 있고, 5오볼로스 비율로 이자를 지불하겠다고 했답니다.

8. 지금 아포보스가 후견 관련 소송에서 저에게 패소해 놓고도 그에 따른 합당한 조치를 취하지 않고 있는 판에, 오네토르도 저와 협상할 마음이 없어요. 오히려 그 누이가 이혼했다고 하고, 아예 지불한 적이 없이 자기 수중에 들고 있는 지참금을 짐짓 돌려받지 못하고 있는 척하면서, 그 땅을 담보로 잡고 있다는 거예요. 그래서 저를 그 땅

---

8 티모크라테스는 오네토르 누이의 첫 번째 배우자였는데, 무남상속녀(*epikleros*)와 혼인하기 위해 오네토르 누이와 이혼했다. 무남상속녀에 대해서는 참조, 최자영, 《고대 그리스 법제사》, 아카넷, 2007, pp. 298~299, pp. 401~406, p. 409, pp. 452~453, p. 458, p. 748쪽; 같은 책(전자책), 아카넷, 2023, 제3장, 3. 5) (3) 지참금과 무남상속녀: 제6장, 1. 2) (1) 혼인의 범위와 규제: (3) 지참금: 5. 2) (2) 딸: 4) 에피디카시아: 부록 VI (viii).

에서 쫓아낸 겁니다. 이렇듯 이 사람은 저뿐만 아니라 여러분과 현행 법을 백안시했습니다. 9. 사실이 이러하고, 그 때문에 이 사람이 당면 소송에서 피고가 되고, 여러분이 결정을 내리시게 되었습니다. 이 사실과 관련하여, 재판관 여러분, 제가 증인들을 소개할 것인바, 첫 번째 증인은 티모크라테스 자신입니다. 그가 (애초에 지불한 적이 없는) 지참금을 자신이 대여받은 것으로 하고 그 이자를 아포보스에게 지불하기로 서로 동의했고, 아포보스도 티모크라테스에게서 이자를 받는 데 동의했다는 것이죠.

자, 저를 위해 증언들을 들려주십시오.

증언들

10. 이렇듯, 애초에 지참금은 아포보스에게 지불된 것이 없고, 아포보스가 그것을 관할한 적이 없다는 사실이 드러납니다. 제가 말씀드린 그런 연고로, 그들은 지참금에 대한 채무자로 있었던 것이지, 치명적 위험부담이 농후한 아포보스의 재산으로 지참금을 주지 않은 것이 거의 확실합니다. 이들이 빈곤해서 지참금을 당장에 지불하지 못했다는 주장도 할 수 없어요. 티모크라테스는 10탈란톤이 넘고, 오네토르는 30탈란톤이 넘는 재산을 가지고 있거든요. 그러니 당장에 지급하지 않은 것은 빈곤하기 때문이 아닌 것이죠. 11. 또 재산은 있으나 가용할 현금이 없었다거나, 과부라서 너무 급하게 일을 추진하다 보니 지참금을 제때 지불하지 않았다는 것도 말이 안 돼요. 이들은 다른 사람들에게 상당 금액을 수시로 대부해 주곤 했고, 또 그녀는 과

부가 아니라, 재혼할 때 티모크라테스의 집의 아내로 살고 있다가 그 집에서 바로 출가했거든요. 그러니 이 두 가지 이유가 다 설득력이 없는 겁니다. 12. 더구나, 재판관 여러분, 제 소견에 여러분도 모두 동의하실 것으로서, 이 같은 부류의 사안을 처리할 때는 누구라도 다른 사람의 돈을 빌려서 줘 버리지, 누이의 남편 될 사람에게 지참금을 체불하지 않거든요. 이런 경우 변제하지 못하면 채무자가 되는데, 채무자인 이 사람이 빚을 갚을지 안 갚을지가 모호해지는 것이에요. 반면, 여인을 출가시키면서 그에 따르는 재물을 같이 주어 버리면, (채무자가 아니라) 집안 인척이 되는 겁니다. 13. 해야 할 일을 다 해서 미심쩍은 것이 없어지기 때문이지요. 사리가 이러하므로, 제가 예시한 그 어떤 구실도 부득이한 이유가 될 수 없고, 그들 자신도 그런 상황을 원치 않았을 것이므로, 지참금을 지불하지 않은 데 대한 다른 이유는 찾을 수 없게 되는 것이죠. 그 부득이한 이유는 신뢰할 수 없기 때문에 지참금을 내주지 않은 것이 되는 겁니다.

14. 이렇듯 이런 사실을 확실하게 밝혔으므로, 이 같은 사실에 근거하여, 나중에도 지참금을 지불하지 않았다는 점을 제가 증명하겠습니다. 여러분이 분명하게 이해할 수 있듯이, 제가 언급한 이유가 아니라 하더라도, 돈이 있었고 곧바로 지급할 수 있었는데도, 그는 지참금을 지급하지 않았고 그런 의사도 없었던 것이죠. 이들에게는 이와 같은 부득이한 상황이 있었어요. 15. 그(오네토르)의 딸이 출가하고 이혼할 때까지 기간이, 그들 해명에 따르면, 2년이라고 해요. 폴리젤로스가 장관(아르콘)9이었던 스키오포리온달10에 혼인하여 티모크라테스가 장관이었던 포세이데온달11에 이혼했다고 하고요. 이들이 혼인

한 다음에 바로 제가 성인식을 거치고는 소송을 시작했고, 회계보고서를 요구했어요. 제 전 재산을 빼앗긴 사실이 입증되어, 두 번의 재판에서 승소했는데, 이게 같은 사람(티모크라테스)[12]이 장관으로 있을 때였지요. 16. 그 무렵 오네토르가 지참금 채무를 지고 있었다고 하는 것인데요. 짧은 기간이라 동의에 따라 채무 상태에 있을 수는 있지만, 그것이 변제되었다는 것은 있을 수 없는 겁니다. 이 사람(오네토르)이, 누이의 지참금이 남편의 다른 재산과 섞여서 빼앗기는 일이 없도록, 애초에 채무를 지고 이자를 주기로 했는데, 그 남편이 피고가 되어 소송에 걸려 있는 마당에 (오네토르가 아포보스에게) 지참금을 지불했을 것이라고 여러분은 보십니까? 이 사람(오네토르)이 처음부터 그(아포보스)를 믿었다 해도, 그즈음에는 당장에 지참금을 되돌려 받으려고 했을 테니까요. 절대로 그런 일은 없어요, 재판관 여러분.

17. 그 여인이 제가 언급한 그 당시 혼인한 사실, 그사이 아포보스와 제가 이미 소송 진행 중에 있었던 사실, 제가 소송을 시작할 때까지 이들이 장관 앞으로 이혼 사실을 등록하지 않은 사실 등을 증명하기 위해, 저를 위해 이 증언들을 하나하나 들려주십시오.

---

9 수석장관(아르콘)으로 한 해의 명칭을 제공하므로 명칭(*eponymos*) 장관이라고 부른다.

10 6월 중순~7월 중순(아티카 달력 12번째 달).

11 12월 중순~1월 중순(아티카 달력 6번째 달).

12 기원전 364년

증언

그 후 케피소도로스와 키온이 차례로 장관으로 들어섰어요. 이들 재임 기간에 제가 성년으로 인정받게 되어 문제를 제기하게 되었고, 티모크라테스(장관) 때 제가 소송을 시작했습니다. 이 증언을 들려주십시오.

증언

18. 이 증언도 읽어 주십시오.

증언

이런 증언들로부터 분명하게 드러나는 것은, 이들이 지참금을 지불한 것이 아니라 아포보스를 위해서 재산을 차지하고 싶어서 짐짓 지불한 것처럼 내숭 떠는 겁니다. 그들 주장에 따르면, 그렇게 짧은 기간 동안 그들이 지참금 채무를 지고 있다가 그것을 변제하고, 여인이 이혼하고 그것을 돌려받지 못하여 땅을 담보로 잡았다는 거예요. 여러분의 결정에 의해 배상으로 제게 주어진 재산을 이들이 빼앗아가려고 공모하는 것이 명백하지 않습니까? 19. 이 사람 자신(오네토르), 티모크라테스, 아포보스가 진술한 바에 따라, 지참금 지급 사실은 있을 수 없다는 점을 제가 여러분에게 증명하겠습니다. 재판관 여러분, 많은 증인 앞에서 제가 그들 각각에게 따로 물었습니다. 오네토르와 티모크라테스에게는, 지참금을 내줄 때 증인들이 있었는지, 그리고 아포보스에게는 지참금 수령할 때 증인들이 임석했는지를 말이지요. 20. 제가 각기 따로 물었는데, 모두가 하나같이 증인은 아무도 없었고, 그냥 아포보스가 필요한 금액을 필요한 때 간간이 가져갔다는 거예요. 오네토르와 티모크라테스가 아포보스에게 1탈란톤에 달하는 지참금을 증인도 없이 지급했다는 사실을 여러분 중에 누구라도 믿을 수 있습니까? 이런 식이 아니고 많은 증인이 있다 해도, 혹여 분쟁이 일어나면 여러분의 법정에서 마땅한 금액을 쉽게 돌려받을 수 있도록 만반의 주의를 기울이게 되어 있잖아요.

21. 아무도, 제가 아포보스만 두고 하는 말이 아니라, 누구라도 그같이 중요한 거래를 증인 없이 하지 않지요. 그래서 우리가 결혼식 잔치를 하고 가장 가까운 친지를 부르는 겁니다. 사소한 일이 아니라 누이와 딸들의 생명을 다른 이에게 맡기는 것이므로, 가능한 한 그들의 안전을 확보하려는 것이지요. 22. 만일 이 사람(오네토르)이 실제로 지참금을 아포보스에게 지불했다면, 채무를 인정하고 이자 지불을 약속하기 전에 증인 임석하에 계약을 맺는 것이 정도입니다. 그렇게 처리했다면, 모든 의혹에서 벗어날 수가 있었을 거예요. 그러나 그들끼리만 모여 앉아서 지불한 것이라면, 원래 계약을 맺을 때 임석했던 이들이 볼 때 그이는 여전히 채무자로 보이는 것이겠죠. 23. 지금 이들은, 친하고 자신보다 더 정직한 친구들에게는 채무 변제에 증인을 서도록 부를 수 없고, 또 그들 생각에, 자신과 무관한 증인을 부르면 여러분이 그들을 믿지 않을 것 같은 겁니다. 또 채무가 한꺼번에 변제되었다고 그들이 말한다면, 우리가 돈을 가져다준 하인을 심문에 부

치도록 요구할 것이라는 점을 염려했어요. 변제가 이루어지지 않았다면, 이들은 하인을 내놓지 않으려 할 것이고, 그러면 스스로 사기죄 혐의를 쓰게 된단 말이죠. 그런데 만일 증인 없이 그들이 주장하는 식으로 (분할) 변제가 이루어졌다고 주장한다면, 딱히 증명할 수 없다고 생각한 겁니다. 24. 그래서 이들은 부득불 이 같은 거짓말을 만들어낸 것이죠. 그 같은 계책과 꼼수로, 자신들이 소박한 사람들로 보이기를 희망하면서, 여러분을 쉽게 속일 수 있다고 생각한 겁니다. 그러나 이들은 소박함이 아니라, 자신의 이익에 관해서는 사소한 것까지도 만반의 치밀함을 구사합니다.

이들이 대답할 때 임석했던 이들의 증언을 듣고 읽어 주십시오.

증언들

25. 이제, 재판관 여러분, 제가 그 여인(오네토르의 딸)이 단지 형식적으로 이혼한 척했을 뿐, 실제로 아포보스의 아내로 동거하고 있음을 여러분에게 증명하겠습니다. 이 사실만 여러분이 완전히 확신한다면, 이들을 더욱더 불신하게 되고, 저에게 마땅한 도움을 주실 것으로 저는 봅니다. 몇 가지 사실에 대해 제가 증인들을 소개할 것이고, 그 외에 중요한 정황증거들과 신빙성 있는 논증에 기초한 사실들을 말씀드리겠습니다. 26. 저로서는, 재판관 여러분, 장관 앞으로 이혼장이 제출되고, 땅이 지참금의 담보로 묶여 있다고 오네토르가 천명한 이후, 저는 아포보스가 그 땅을 가지고 경작하고 또 그 아내와 함께 있는 것을 보곤 했어요. 그래서 그들이 하는 말이 모두 변명과

속임수에 불과하다는 사실을 분명하게 알게 된 것이죠.

27. 이런 상황을 여러분 모두에게 밝히고 싶어서, 만일 그가 저의 진술을 부인한다면, 증인들 앞에서 그를 비난하는 것이 도리라고 생각했고, 그래서 제가 오네토르에게 사실을 잘 알고 있는 하인 한 사람을 심문하자고 제안했지요.[13] 그 하인은 아포보스가 법정 시한 내에 배상금을 갚지 않았으므로,[14] 그 하인들 가운데 제가 데려온 사람이었어요. 저의 제안에 대해 오네토르는 아포보스와 함께 사는 그 누이의 문제 관련하여 하인을 심문하는 데 반대했지요. 그러나 아포보스가 갈고 있는 땅에 관해서는 사실이 너무 명백하여 부인할 수가 없는 것이었으므로, 실토했습니다. 28. 아포보스가 그 아내와 계속 동거했고, 소송이 시작되던 무렵에도 땅을 가지고 있었던 사실을 명백하게 증명하는 것은 이런 사실들뿐만 아닙니다. 소송에서 패소한 다음 땅을 처분하는 과정에서도 드러나니까요. 땅이 담보로 잡힌 것이 아니었고, 법원의 결정에 따라 제게 속하는 것이었음에도, 그는 항아리만 남기고 과실, 농기구 등 옮길 수 있는 물건은 다 들고 가 버렸어요. 부득이 옮길 수 없는 것들만 남겨 놓고는 말이죠. 그래서 그 땅에 대해 이 사람(오네토르)이 관리하고 있다는 주장이 의심스러운 겁니다.

29. 말이 안 되는 일이죠. 한 사람은 땅을 담보로 잡고 있다고 하고, 담보를 설정했다고 하는 다른 사람이 보란 듯이 경작하고 있으니 말입니다. 이 사람(오네토르)도 자기 누이가 이혼했다고 해요. 그러

---

13 참조, 이 변론 아래 §36; Lysias, 4. 10; 3. 33. 자유인은 고문할 수 없다.

14 *hyperemeria*. 변제하지 못하고 법정 시한을 넘기는 것.

나 그런 사실을 확인하는 검증은 막무가내로 회피합니다. 다른 사람(아포보스)도 이혼했다고 하면서, 그 땅에서 나는 과실과 농사지어 나는 모든 수확물을 다 가져가는 거예요. 급기야 그 형제(오네토르)는 이혼한 그녀를 위하여 지참금 조로 토지를 담보 잡은 것이라고 하면서도, 그에 대해 전혀 분노하지 않고 침묵하고 있단 말입니다. 전제 사건의 윤곽이 아주 분명하지 않습니까? 30. 노골적으로 그(아포보스)를 보호하려는 것 아닙니까? 사실들 하나하나를 면밀히 따져 본다면, 누구라도 그렇다고 할 겁니다.

제가 아포보스에게 소송을 걸기 전에 그(아포보스)가 경작을 하고 있었음을 (오네토르가) 인정한 사실, 누이가 동거하지 않는다는 사실과 관련하여 (하인을) 심문에 부치려 하지 않았던 사실, (아포보스 측의) 패소 결정이 난 다음 땅에 부착된 것 이외에 농장에 있는 모든 것이 옮겨져 나간 사실 등을 증명하기 위해, 증언들을 들고 읽어 주십시오.

증언들

31. 이렇듯 증거가 아주 많습니다. 더구나 오네토르 자신도 (그 누이의) 이혼이 거짓부렁이라는 점을 분명하게 증명하고 있어요. 그 자신의 주장처럼, 지참금을 지불했는데, 돌려받을 때는 돈이 아니라 땅을 받았답니다. 만일 누구의 것인지 모호한 그 땅을 받은 것이라면, 오네토르는 아포보스와는 사이가 껄끄러워져야 하거든요. 그런데 사이가 나쁘다거나 피해를 본 사람 같지 않고 오히려 가까운 집안사람 같이 말이죠, 제가 그(아포보스)를 상대로 제기한 소송에서, 오네토

르가 그를 변호하는 겁니다. 그러고는 그가 관장할 수 있는 한에서 아포보스와 함께 아버지가 제게 물려준 유산을 빼앗아 가려 했어요. 저로부터 어떤 피해도 입은 적이 없으면서 말이죠. 자신의 주장이 사실이라면, 아포보스를 적대시해야 할 텐데요. 그를 위해 이미 가지고 있는 것에다 저희 재산까지 빼앗아 얹어 주려는 겁니다. 32. 이 사안에서만 그런 게 아닙니다. (1차) 판결15이 이미 나온 다음 이 사람이 법정으로 와서 그(아포보스)를 위해 벌금을 1탈란톤으로 해 달라고 호소하고 읍소하고 눈물을 흘렸고, 마침내 그를 위한 보증인이 되었지요. 이런 사실들은 여러 가지 측면에서 증명할 수 있는 것이고, 지난번 법정의 재판관은 물론 임석한 다수 방청객이 알고 있는 겁니다. 그럼에도 여러분에게 증인을 소개하겠습니다. 저를 위해 증언을 들려주십시오.

증언

33. 그 외에도, 재판관 여러분, 실제로 그이(아포보스)가 아내와 동거했고, 지금도 이혼하지 않은 사실을 여러분이 쉽게 알 수 있는 명명백백한 증거가 더 있어요. 이 여인은 아포보스와 동거하기 전에도 하루도 남편 없이 지낸 날이 없었고, 티모크라테스가 여전히 살아 있는데도 바로 그(아포보스)에게로 가서 동거한 겁니다. 그 후 3년간 다른 이와 동거한 것으로 보이지가 않아요. 그런데 어떻게 이혼했단 말

---

15 고대 그리스 재판은 2차로 나뉘어, 1차는 유무죄 여부, 2차는 형량을 결정한다.

을 믿습니까? 남편 없이는 못 살아, 이 남자에게서 바로 저 남자에게로 간 마당에, 만일 정말로 이혼한 것이라면, 다시 다른 사람에게 출가할 수도 있을 텐데, 그렇게 오랫동안 남편 없이 지낸답니까? 그것도 그 형제가 돈이 많고, 그녀 자신이 아직 젊은데 말이죠. 그런 일은 있을 수 없어요. 34. 재판관 여러분, 실없는 변명에 불과한 것이에요. 이 여인은 분명히 동거 중에 있고, 사실을 감출 수 없어요. 여기 파시폰의 증언을 소개합니다. 그는 그녀가 아플 때 돌보았고, 아포보스 측근에서 그를 보아왔던 사람입니다. 이런 상황은 같은 명칭장관[16] 때이며 이미 소송이 진행 중에 일어난 것입니다. 자, 저를 위해 파시폰의 증언을 들려주십시오.

증언

35. 이렇듯 제가 알고 있는바, 재판관 여러분, 이 사람(오네토르)은 판결이 나자 곧 아포보스의 집에서 그(아포보스)의 재물은 물론 제 재산까지 옮겨가서 자신이 관할하고 있고, 더욱이 이 여인은 명백하게 아포보스와 동거하고 있습니다. 그래서 이 여인이 아포보스와 함께 살고 있다는 사실, 그리고 재물이 여전히 이들의 손아귀에 있다는 사실을 알고 있는 3명의 하녀를 심문에 부치자고 제가 제안했어요. 말로만 때울 것이 아니라, 심문을 통해 확보한 증거에 의해 사실이 검증되어야 하니까요. 36. 그러나 제가 그 같은 제안을 하고 임석한 모

---

16 *eponymos archon*(명칭장관). 수석장관으로 그 이름을 한 해의 명칭으로 삼는다.

든 사람이 제 제안을 지지하는데도, 이 사람은 그 같은 방법으로 검증 받기를 거부했어요. 그러고는 마치 심문이나 사실 입증이 아닌 다른 더 확실한 증거가 있는 것처럼, 지참금 지불 사실과 관련된 증인을 아무도 대지 못하면서도, 사실을 알고 있는 하녀를 심문에 부치려 하지 않았지요. 제가 그런 제안을 하자, 이 사람은 폭력적이고 모욕적으로 제가 자기에게 말도 걸지 못하게 했어요. 이 사람보다 더 상대하기 힘든 이, 혹은 사실을 모른 척 잡아떼는 데 이 사람보다 더 잘 잡아떼는 사람이 누가 있겠습니까? 자, 이 제안문[17]을 들고 읽어 주십시오.

제안

37. 여러분께서는 공사를 불문하고 심문이 모든 검증 방법 가운데 가장 확실하다는 사실, 그리고 예속인과 자유인 중 선택지(選擇肢)가 주어진 가운데 사실을 밝히려 할 때, 여러분은 자유인이 아니라 예속인[18]을 심문함으로써 진실을 검증하게 됩니다. 그래야 하는 것이죠. 재판관 여러분, 증인 가운데 진실이 아닌 말을 한 이들이 있는 것으로 이미 드러났습니다. 그러나 심문[19]에 당해서는 아무도 거짓말한 것으로 밝혀진 것이 없어요. 38. 그러나 오네토르는 이렇듯 확실하고 분명한 심문 방법을 회피하고는, 아포보스와 티모크라테스를 증인으로

---

17 *proklelsis*.

18 *douloi*,

19 예속인을 심문에 부치자는 제안은 흔히 거부되는데, 예외적으로 합의하고 예속인을 넘겨준 경우는 참조 Andokides, 1. 64.

내세웠어요. 이 사람은 지참금을 주었다고 하고, 아포보스는 받았다고 하는 것이죠. 그래 놓고 이런 거래가 증인 없이 이루어졌다고 하고, 여러분에게 그것을 믿으라고 하는 겁니다. 여러분이 그렇게 소갈머리 없는 줄로 아는 거예요. 39. 그러니 제가 볼 때, 이들이 진실은 고사하고 진실 비슷한 것도 말하지 않는다는 사실이 확실히 증명된 것 같습니다. 그들의 모든 행적은 물론 다음과 같은 사실로부터 그러합니다. 애초에 지참금이 지불되지 않았다고 했다가 나중에 지불되었다고 하는데, 증인도 없고, 시기상으로 보아도, 그 토지는 이미 소송 대상으로 걸려 있었으므로, 그런 상황에서 지불이 이루어졌다는 것은 있을 수 없는 것이죠. 그리고 제가 소개한 모든 다른 증거들이 그런 사실을 충분히 증명한 것으로 봅니다.

31

오네토르에 반대한 명도소송 2

해제

〈오네토르에 반대한 명도소송 2〉는 앞선 동일한 제목의 1편과 같은 재판에서 보충적으로 발표된 것이다. 원고인 데모스테네스는 피고 오네토르의 주장을 반박한다. 그 새로운 요점은, 오네토르가 자기 누이의 지참금을 아포보스에게 건넸고 여전히 돌려받지 못한 것이 사실이라면, 그 책임은 여전히 오네토르에게 있다는 것이다. 데모스테네스의 재산을 담보로 잡아서 피해를 주었기 때문이다.

이 변론은 아주 짧지만, 첫 번째 변론과 같은 형식과 내용을 갖추고 있다.

1. 지난 변론에서 제가 생략했던 것인데, 이들이 아포보스에게 지참금을 건네지 않았다는 증거로서의 중요성이 지난번 변론에 버금가는 것, 그것부터 말씀드리고, 이어서 이 사람(피고 오네토르)이 어떤 점에서 거짓말하는지를 여러분에게 밝히겠습니다. 재판관 여러분, 이 사람이 아포보스의 재산에 대해 처음 소송을 제기했을 때, 지금 주장하는 1탈란톤이 아니라, 80므나의 지참금을 지불했다고 주장했어요. 또 집을 2천 드라크메에, 토지는 1탈란톤에 저당 잡혀서, 토지뿐 아니라 집도 그 사람[1]을 위해 확보하려고 했던 것이죠. 2. 그러나 제가 아포보스를 고소했을 때, 이같이 뻔뻔하게 불법을 저지른 이들에 대해 여러분이 어떤 처분[2]을 내렸던가를 깨달은 그가 잔머리를 굴렸어요. 저의 돈을 얼마나 훔쳤는지 탄로 날 것이므로, 아포보스가 불법으로 가지고 있는 저의 재산을 일부라도 제가 돌려받지 못 하거나, 또 이 사람(피고 오네토르)이 공공연히 저를 훼방하면, 자신이 험할 일을 당할 것 같다고 생각한 겁니다.

3. 그래서 어떻게 했느냐면요, 집의 저당석(抵當石)[3]을 없애고는, 지참금이 1탈란톤이었다고 주장한 겁니다. 그 액수가 토지를 저당 잡은 액수와 같아요. 분명한 것은, 만일 집을 저당 잡은 것이 정당한 사실이라면, 토지의 저당도 정당한 것이 돼요. 그러나 집의 경우 사기를 치려고 가짜 저당석을 세운 것이라면, 토지의 경우도 그 같은 것이 되

---

1 아포보스. 아포보스는 오네토르의 누이와 동거(혼인)했으나, 서로 이혼했다고 아포보스 자신과 오네토르가 주장한다.

2 아포보스에게 유죄 선고(364 B.C.) 내린 사건과 관련된다.

3 *horoi*(저당석). 토지나 집 등이 저당 잡혀 있다는 표식으로 돌이나 기둥을 세운다.

지요. 4. 이런 점은 제가 한 말이 아니라 이 사람(오네토르) 자신의 행동에 근거하여 판단해야 하는 것이죠. 세상에 아무도 그를 강요하지 않았어요. 스스로 저당석을 제거한 것이에요. 이렇듯, 스스로의 행동에 의해 그는 자신이 거짓말하고 있음을 드러낸 겁니다. 제 진술이 사실인바, 그는 지금도 토지가 1탈란톤에 저당 잡혔다고 주장하는 점, 그러나 그에 더하여 집도 2천 드라크메에 저당 잡혀 있다고 주장했던 사실, 그러다가 소송이 개시된 다음 집의 저당석을 뽑아 버린 사실 등을 증명하기 위해서, 제가 이런 사실들을 알고 있는 증인들을 소개하겠습니다. 자, 증언을 읽어 주십시오.

증언들

5. 오네토르가 집을 2천 드라크메에, 토지는 1탈란톤에 저당 잡힌 사실은 명백합니다. 80므나(지참금)를 (아포보스에게) 지불했다는 자신의 주장을 뒷받침하기 위해서 말이죠. 지금 그가 하는 말에 일말의 진실도 없음과 관련하여, 같은 사안에 대해 지금 하는 말이 처음 했던 것과 다르다는 사실보다 더 나은 증거를 여러분은 구할 수 있습니까? 제 소견에, 이보다 더 나은 증거는 아무것도 찾을 수 없을 것 같습니다.

6. 이제 이 사람(오네토르)의 후안무치함을 보도록 하시죠. 그가 뻔뻔하게 여러분 앞에 고하기를, 그가 1탈란톤에 웃도는 토지를 제게서 갈취한 적이 없다고 하고, 또 자신이 그 이상으로 가치를 평가한 적이 없다고 합니다. 그렇다면, 당신이 80므나4를 요구하는 판에, 실제 토지 가치가 그보다 더 클 것이고, 그것만 저당 잡혀도 (80므나의 지참금

을) 확보할 수 있었을 텐데, 왜 토지를 2천 드라크메로 저당 잡히지 않은 거죠? 7. 아포보스의 재산을 다 차지하는 것이 좋다고 당신이 볼 때, 토지는 1탈란톤 가치밖에 안 되는 것이고, 집은 2천 드라크메로 올려놓고, 지참금은 80므나이니, 당신이 2개 재산을 다 가져야 한다는 것이군요. 그런데 이런 것이 당신에게 득을 가져오는 것이 아니라고 한다면, 그 반대가 되어, 그 집은 지금 내 소유로 되어 있으니 그게 1탈란톤 나가고, 토지에서 나오는 것은 2탈란톤을 밑도는 것이 아닌 것이 되고, 그래서 내가 빼앗긴 것이 아니라 오히려 당신에게 피해를 주는 것처럼 보이게 되는 것이오? 8. 당신은 지참금을 내놓았다고 거짓부렁하지만, 아무것도 준 적이 없다는 사실을 당신이 스스로 드러내고 있다는 사실을 당신은 알고 있소? 있는 그대로 왜곡되지 않은 사실은 단순히 처음에 행해진 것에 따라 존재하는 거요. 그러나 당신은 있었던 사실을 반대로 왜곡함으로써, 나를 음해하는 공작을 했던 것이었소.[5]

9. 이 같은 상황에서 그(오네토르)가 어떤 맹세를 했는지, 그런 것을 한 적이 있다면 말이죠, 돌아볼 필요가 있겠습니다.[6] 그가 지참금

---

4 1탈란톤이 60므나이므로, 80므나는 1탈란톤을 상회하여 1탈란톤 20므나가 된다.

5 오네토르가 아포보스와 공모한 사실을 말한다. 앞선 〈오네토르에 반대한 명도소송 1〉(Demosthenes, 31) 전편에 걸쳐 오네토르가 아포보스에게 유리하게 데모스테네스에게 허위진술한 사실을 진술하고 있다.

6 '제안(*proklesis*)' 절차의 또 다른 측면이 소개된다(참조, Demosthenes, 30. 36.). 소송 일방이 상대소송인에게 서면 제안을 하면, 양측은 각자 자기주장이 진실임을 공식적으로 신전에서 맹세한다. 상대소송인이 제안을 받아들이지 않으면, 제안한 이는 재판관들 앞에서 그 내용을 낭독하고, 이로써 상대소송인이 자기주장에 확신이 없다는 점을 증명한다.

이 80므나라고 밝혔을 때, 그 발언이 진실이라고 그가 맹세하는 조건으로 그 돈을 되돌려 받게 된다는 사실에 대해 누군가가 양해를 구했다면, 그가 어떻게 처신했을 것 같나요? 분명히 맹세했겠지요. 지금 그가 그렇게 할 권한을 요구하면서, 당시 그 같은 상황에서 맹세했을 것이라는 사실을 부인하려면 그가 뭐라고 둘러대겠습니까? 지금 그는 80므나가 아니라 1탈란톤을 지불했다고 주장하고 있어요. 스스로 맹세하는데 그 맹세의 내용이 달라질 때, 어떤 이유로 저 말보다 이 말을 더 믿어야 하는 것이겠습니까? 혹은 가벼이 위증하는 것으로 드러나는 사람을 여러분은 어떻게 평가해야 올바른 것이겠습니까?

10. 아마도 그의 모든 행동이 이 같은 것은 아닐 것이고, 또 모든 사안에서 그가 사기꾼이기만 한 것으로 드러난 것도 아닐 테죠. 그러나 아포보스를 위하여 그가 손해액을 1탈란톤으로 정해 놓고, 그 금액을 저에게 지불하는 보증인으로 스스로 자처하고 있어요. 여러분 보십시오. 이런 사실은 그의 아내가 아포보스와 같이 살았고, 또 그 자신도 아포보스와 친하게 지냈을 뿐만 아니라, 스스로 지참금을 지불하지 않았다는 증거입니다. 11. 어떤 사람이 그렇게 멍청해서, 처음에는 그런 거금을 지불했다가, 그다음 시답잖은 토지, 그것도 분쟁의 소지가 있는 땅뙈기를 담보로 취하고, 마침내 앞에서 본 손해에 개의치 않고, 또 자신에게 손해를 입힌 사람이 지금 올바르게 처신하려 한다고 생각하고 법정 판결로 부과된 배상액에 대해 보증인이 되려고까지 하겠습니까? 제 소견으로는 아무도 그런 사람은 없어요. 스스로의 힘으로는 1탈란톤을 주선할 수 없는 사람이 그 같은 금액을 두고 다른 사람에 대한 지불보증을 선다는 것은 있을 수 없는 일이거든요.

이런 사실만 보더라도 분명한 것이, 그가 지참금을 지불한 적이 없다는 것이고, 그럼에도 아포보스의 가까운 친구로서, 자신의 누이가 아포보스와 같이 저의 재산을 차지하도록, 저의 거액 재산을 저당 잡힌 겁니다. 12. 그래 놓고는 여러분을 현혹하고 우롱하면서, 아포보스가 유죄 선고를 받기 전에 이미 저당석을 세웠던 것이라고 주장하는 거예요. 실은, 당신이 지금 말하는 것이 진실이라면, 그것(저당석을 세운 것)은 그에게 유죄 선고 내릴 것이라고 예상하기 전이 아니라는 뜻이 되겠죠. 당신이 그같이 행동한 것(저당석을 세운 것)은 당신이 그(아포보스)가 유죄 선고 받을 것이라고 예상했던 사실을 보여 주는 것이니까요. 그래 놓고는, 이 같은 어리석은 말을 하는 것은 그가 마치 부정한 수작을 한 사람들이 무슨 말로 둘러대려 하는지를 재판관 여러분이 모르고 있는 것처럼 여기기 때문이에요. 또 누구든 침묵하거나 아니면 범법행위를 자백함으로써가 아니라, 제 소견에, 오히려 진실을 말하지 않음으로써 그가 어떤 속성의 사람인지를 드러내기 때문에 유죄 선고를 받는 것이라는 사실도 말이지요. 제가 보기에, 이 사람(오네토르)의 처지가 바로 그런 것 같아요.

13. 자, 말해 보시오. 당신이 80므나에 저당석을 세운 것이라면, 지참금이 80므나가 된다는 것이 어떻게 이치에 맞는 말이 되겠소? 그러면 더 큰 액수에 저당 잡으면, 지참금 액수가 더 많아지고, 저당액이 더 적으면 지참금도 더 적어지는 것이오? 또 지금까지 당신의 누이가 다른 사람과 동거하거나 아포보스와 떨어져 본 적이 없고,[7] 당신

7 참조, Demosthenes, 30. 25, 29.

이 지참금을 지불하지도 않았고, 사건을 밝히기 위해 고문이나 또 다른 어떤 방법으로 밝히고 싶은 마음도 없는 마당에, 당신이 저당석을 세웠다면 그 토지가 당신의 것이 된다는 것이 경우에 닿는 말이오? 나로서는 절대 그렇다고 보지 없소. 진실은 당신이 하는 것처럼, 왜곡하여 그럴듯한 외양을 갖춘 말이 아니라, 우리가 밝혀야 하는 것이죠.
14. 세상에서 제일 기막힌 일은 말이요, 당신은, 건넨 적도 없는 지참금을, 정작 당신이 정작 건넸다 치면, 누구에게 책임이 돌아가는 것이겠소? 당신이 아니던가요? 당신이 내 재산을 저당 잡혀서 그것을 지불했다는 것 아니오. 당신의 사위가 되기 전 만 10년간 아포보스는 내 재산을 가지고 있었지 않소? 재판소에서 나에게 돌려주라고 판결한 그 재산 말이오. 당신이 모든 것을 다 차지하고, 나는 패소하고, 고아로 핍박당하고, 실제 지참금을 박탈당했으며, 1오볼로스[8] 벌금에도 처해져서는 안 되는 유일한 사람인 나는 그 같은 불행을 당하고 아무것도 갖지 못해야 하겠소? 당신네가 사리를 좇아 처분하기를 원했다면, 나로서는 당신네 제안을 수용할 마음이 있었음에도 말이오.

---

8 *epobelia*. 1드라크메당 1오볼로스(6분의 1)로 벌금이나 이자를 지불하는 것을 말한다.

지은이 · 옮긴이 소개

지은이_ **데모스테네스 (Demosthenes, BC 384?~BC 322)**

데모스테네스는 파이아니아 데모스(아테나이 동쪽 히메토스 산기슭)에서 태어났다. 그의 부친은 그와 같은 이름으로 부유한 자산가였고, 모친 클레오불레는 스키티아 계통이었다. 7살 무렵 부친이 타계하며 거액의 유산을 남겼으나, 성인이 되어 후견인들로부터 되돌려 받은 것은 그 10분의 1에 불과했다. 그는 부친의 재산을 되찾기 위해 변론인이 되기로 결심한 후, 유산상속 사건의 변론으로 유명한 이사이오스를 가정교사로 들이고 유산으로 받은 돈을 투자하여 법률과 변론술을 익혔다. 데모스테네스는 변론가이자 기원전 4세기 중후반 아테나이에서 영향력이 큰 정치가로 성장했다. 그는 마케도니아에 대항해 페르시아와 제휴한 반면, 그의 경쟁자 이소크라테스는 마케도니아와 손잡고 페르시아에 저항했다. 기원전 388년 카이로네이아 전투에 패배한 아테나이는 마케도니아에 종속되었다. 알렉산드로스가 바빌로니아에서 사망한 직후인 기원전 322년, 그는 마케도니아에 맞서는 아테나이의 반란에 앞장섰고, 아테나이 서북쪽 라미아에서 벌어진 마지막 전투에서 패배한 후 자살했다. 최고의 법정 변론인이자 명성 있는 정치가로서 이력을 가진 그의 변론문은 정치, 사회, 경제, 법률 등 기원전 4세기 아테나이 사회를 거울같이 조명하는 데 손색이 없는 귀중한 고전이다. 데모스테네스의 변론문집은 변론문 총 61개, 서설 56개, 서신 5개, 그 외 산발적으로 전해 내려오는 단편, 주석 등이 있다.

옮긴이_ **최자영 (崔滋英)**

경북대 문리대 사학과를 졸업(1976)하고, 동 대학교에서 석사학위(1979)를 취득했으며 박사과정을 수료(1986)하였다. 그리스 국가장학생(1987~1991)으로 이와니나대 인문대학 역사고고학과에서 "고대 아테네 아레오파고스 의회"로 역사고고학 박사학위(1991), 이와니나대 의학대학에서 의학 박사학위(2016)를 취득했다. 그리스 오나시스 재단 방문학자(2002~2003), 부산외국어대 교수(2010~2017), 한국서양고대역사문화학회 학회장(2016~2017)을 역임했다. 현재 한국외국어대 겸임교수이자 ATINER(Athenian Institute for Education and Research)의 유럽 지중해학부 부장으로 재임하고 있다. 저서로 《고대 아테네 정치제도사》(1995), 《고대 그리스 법제사》(2007), 《시민과 정부 간 무기의 평등》(개정판, 2019) 등이 있다. 역서로는 아리스토텔레스의 〈아테네 정치제도〉 등을 번역한 《고대 그리스 정치사 사료》(공역, 2003), 기원전 4세기 아테나이 변론가 이사이오스의 《변론》(2011), 크세노폰의 《헬레니카》(2012), 기원전 5~4세기 아테나이 변론가 리시아스의 《리시아스 변론집》 1, 2권(2021) 등이 있다.